E. F. DUC DE CHOISEUL.

d'après Moreau le jeune

CHOISEUL A ROME

— 1754-1757 —

LETTRES ET MÉMOIRES INÉDITS

PUBLIÉS PAR

LE Vte MAURICE BOUTRY

INTRODUCTION

PAR ANDRÉ HALLAYS

PARIS
CALMANN LÉVY, ÉDITEUR
ANCIENNE MAISON MICHEL LÉVY, FRÈRES
3, RUE AUBER, 3
—
1895

INTRODUCTION

I

Voici comment le comte de Stainville, qui depuis fut duc de Choiseul, obtint l'ambassade de Rome et fut amené à traiter des questions théologiques avec le pape Benoît XIV.

En 1752, rien ne faisait prévoir la grande fortune du comte de Stainville. Il avait servi à l'armée. Revenu à la cour, il s'y était fait un renom de malignité tel qu'on le désignait souvent comme l'original du *Méchant* de Gresset. Il était détesté et même méprisé parce qu'il était sans crédit. Deux années auparavant, il avait, il est vrai, épousé la fille d'un financier très riche, mademoiselle Crozat, et ce mariage l'avait opportunément tiré de la gêne. Mais il ne pouvait espérer ni charges ni honneurs; car ses persiflages n'avaient pas épargné madame de Pompadour qui lui gardait une terrible rancune. Il s'appelait lui-même en raillant le chevalier de Maurepas pour exprimer que la favorite le haïssait à l'égal du ministre exilé. Tant qu'il était l'ennemi de madame de Pompadour, il ne pouvait prétendre à rien.

Le comte de Stainville était ambitieux; il résolut d'acheter à tout prix la faveur de la marquise. Dans une cour où s'entre-croisaient tant d'intrigues, l'occasion d'un semblable rapprochement ne pouvait se faire attendre.

Vers cette époque, certains ennemis de madame de Pompadour eurent un moment l'espoir d'enlever le roi à sa favorite. D'Argenson menait l'intrigue et avait su mettre madame d'Estrades dans son jeu. Celle-ci avait obtenu, grâce à madame de Pompadour, sa cousine germaine par alliance, la place de dame d'atour de Mesdames, et elle vivait dans l'intimité de la marquise. Elle était laide, jalouse et trahissait sa protectrice. Elle avait toutes sortes de raisons pour aider d'Argenson dans son entreprise.

Or, dans le même temps, mademoiselle Charlotte-Rosalie de Romanet, nièce de madame d'Estrades et mariée depuis un an à M. de Choiseul-Beaupré, « la plus grosse bête de la cour », avait attiré l'attention de Louis XV qui se laissait prendre aux agaceries de la jeune femme.

La coterie d'Argenson résolut d'exploiter cette passion naissante et, par tous les moyens, on poussa madame de Choiseul-Romanet dans les bras du roi [1]. Madame de Pompadour ne savait rien de cette intrigue secrète.

Madame de Choiseul-Romanet avait reçu une lettre du roi. Elle était fort embarrassée pour y répondre; elle voulait immédiatement pour elle et les siens des honneurs, des emplois et de l'argent; mais elle sentait néanmoins qu'il fallait ne point décourager Louis XV. Elle pensa confier son incertitude et demander conseil à l'un de ses parents, le comte de Stainville. Elle le pria de passer chez elle, lui communiqua la lettre du roi et lui demanda un projet de réponse. M. de Stainville dit que l'affaire exigeait réflexion, garda la lettre et se rendit tout droit chez madame de Pompadour.

Lorsqu'il se présenta chez elle, il commença par reconnaître ses torts passés et ajouta « qu'il ne venait point pour se justifier et feindre des sentiments que peut-être il n'avait pas, mais qu'on pouvait estimer les individus sans avoir pour eux de l'affection; qu'il était convaincu qu'elle était utile au roi par ses conseils et qu'elle voulait le bien de l'État; que ces considérations l'engageaient à lui faire confidence d'une intrigue ourdie contre elle et qu'il était intéressant de déjouer au plus tôt ». Alors il lui montra la lettre du roi. Il dit combien il regretterait de voir une de ses parentes acquérir un crédit « dont le mauvais

---

[1]. *Mémoires de Marmontel*, p. 192 et suiv. Édit. Barrière.

usage serait une tache pour la famille ». Puis, la marquise et lui concertèrent ensemble les moyens de faire quitter la cour à madame de Choiseul. Et, à tous les remerciements de madame de Pompadour, M. de Stainville répondit qu'il n'avait en vue que le repos du roi et le bien de l'État [1]...

Madame de Pompadour ne fut pas ingrate. Un an plus tard, n'ayant pu obtenir pour M. de Stainville l'ambassade de Turin donnée à M. de Chauvelin, elle le fit nommer à celle de Rome. Et le 22 septembre 1754, on remit au nouvel ambassadeur des instructions détaillées dont la première phrase était celle-ci : « La religion a dans tous les temps fait la base des empires, la sûreté des souverains, la félicité des peuples... » et où on lisait ensuite : « Le sieur duc de Nivernais a donné dans l'exercice de cet important ministère (l'ambassade de Rome) des preuves peu communes de zèle et de capacité. Sa santé ne lui ayant pas permis de continuer une carrière qu'il remplissait avec tant de succès, le roi a porté des attentions *particulières* sur le choix de son successeur, et Sa Majesté s'est déterminée à donner la préférence au sieur comte de Choiseul-Stainville, maréchal des camps et armées du roi, gouverneur et grand bailli d'épée de Mirecourt, *parce qu'elle s'est aperçue qu'il réunissait toutes les qualités*

---

[1]. Sénac de Meilhan, *Mélanges d'histoire et de littérature.* V. également Bernis (édit. Masson) t. I, p. 206.

nécessaires pour remplir cette fonction honorable. La sagacité de son esprit lui fera saisir tous les points d'observation intéressants... Il saura profiter des talents qu'il a reçus de la nature pour se rendre agréable dans le lieu de sa destination [1]... »

Le contraste n'est-il pas joli entre les formules du document diplomatique et l'intrigue de cour que Choiseul fit tourner au profit de son ambition ? Car une lettre détournée et livrée par traîtrise fut bel et bien le point de départ de cette rapide fortune qui, commencée par l'ambassade de Rome, devait toujours grandir jusqu'à la disgrâce de 1770.

Le service rendu, il mit tout son soin à acquérir et à conserver l'amitié de la maîtresse du roi. « Il n'eut pas de peine à lui persuader qu'un sentiment plus fort que l'amour même l'avait porté à risquer tout pour lui être utile. » Les ennemis de la marquise firent courir le bruit que Choiseul était son amant... Mais cette fable est démentie par madame du Hausset [2]; et sur ce point on peut la croire, puisqu'elle était la femme de chambre de madame de Pompadour.

L'extérieur de Choiseul n'était pas séduisant.

---

[1]. *Mémoire pour servir d'instruction audit comte de Choiseul de Stainville, maréchal des camps et armées du roi, gouverneur et grand bailli d'épée de Mirecourt, allant à Rome en qualité d'ambassadeur extraordinaire.* — Archives du ministère des Affaires étrangères, correspondance de *Rome,* t. DCCCXVI, f. 3-33.

[2]. *Mémoires de Mme du Hausset.* Édit. Barrière, p. 143.

Il était de taille médiocre. Il avait la tête petite, ronde et laide, le front large et dégarni, les cheveux tirant sur le roux, les yeux animés, mais rendus inquiétants par un peu de strabisme, le nez retroussé et de grosses lèvres joyeusement sensuelles. Mais il avait des manières nobles et polies, avec une cavalière désinvolture qui dérobait les disgrâces de la taille et du visage. Puis, il était un admirable courtisan, plein d'esprit et de grâce, avec des ressources infinies pour varier et nuancer les flatteries et leur donner au besoin cet air d'intérêt passionné par où les femmes sont irrésistiblement prises. Ce fut cette sorte de séduction que subit madame de Pompadour : car elle avait l'esprit vaniteux et l'imagination élégante [1].

Le comte de Choiseul-Stainville partit de Paris dans les derniers jours de septembre 1754 et arriva à Rome, le 5 novembre 1754. Il y demeura jusqu'au 23 janvier 1757. Son ambassade dura donc un peu plus de deux années.

Ce sont les correspondances et mémoires diplomatiques relatives à cette ambassade qui font la matière du présent volume. La tâche modeste du préfacier sera de mettre le lecteur à même de connaître les deux personnages qui vont se trouver en présence : le pape et l'ambassadeur.

1. On pourra lire dans *Madame de Pompadour* par Edmond et Jules de Goncourt, un portrait de Choiseul qui est parmi les plus belles pages de ces historiens.

II

Le président de Brosses se trouvait à Rome, en 1740, au moment du conclave qui donna pour successeur à Clément XII Prospero Lambertini, lequel prit le nom de Benoît XIV. Dans les lettres qu'il adressait à ses amis, et qui forment un si joli tableau de l'Italie au milieu du xviiie siècle, le président a conté les péripéties de l'élection et a tracé du nouveau pape le portrait suivant :

« Prospero Lambertini est né à Bologne dont il était ci-devant archevêque, d'une famille noble, et même, à ce que j'ai ouï dire, assez ancienne, mais non pas illustre. Son âge est d'environ soixante-quatre à soixante-cinq ans. Il est d'une taille au-dessous de la moyenne, assez gros, d'un tempérament robuste, le visage rond et plein, l'air jovial, la physionomie d'un bonhomme; il a le caractère franc, uni et facile, l'esprit gai et plaisant, la conversation agréable, la langue libre, le propos indécent, les mœurs pures et la conduite très régulière, semblable en cela au cardinal Le Camus, évêque de Grenoble. Il conduisait son diocèse de Bologne avec beaucoup de charité et d'édification; mais il faudra qu'il se défasse de l'habitude plus grenadière que papale d'assembler ses phrases. Il a commencé sa carrière par le métier d'avocat qu'il a exercé assez longtemps et auquel il se plaît encore.

Il a la réputation d'homme savant, surtout dans le droit canon et dans les rites ecclésiastiques sur lesquels il a publié un assez long ouvrage. S'il sera propre au gouvernement d'un État, c'est ce que je ne puis vous dire et ce qu'on ne saura que par l'événement; jusqu'à présent, il paraît avoir plus de goût pour s'amuser d'études littéraires dans son cabinet que pour s'occuper d'affaires publiques, pour faire des contes avec quelques amis, que pour se casser la tête de longues vues politiques. Ce sera, suivant l'apparence, un gouvernement tranquille et pacifique. A tout prendre, c'est un fort bon choix[1]. »

Devenu pape, Prospero Lambertini ne changea ni ses mœurs, ni ses goûts, ni son langage. Tel le

---

1. Il faut rapprocher de ce portrait — pour en apprécier l'exactitude, — une note envoyée de Rome par le cardinal de Tencin au cardinal de Fleury, au moment du même conclave. (Il est difficile de savoir si cette note est la traduction d'un mémoire fourni à Tencin ou si elle est l'œuvre de Tencin lui-même). Elle s'exprime ainsi au sujet de Lambertini : « ... Tout le monde convient que le cardinal Lambertini se distingue par son savoir, ayant fait une étude particulière de la Sainte Écriture et des Pères ainsi que des lois civiles et canoniques, par des mœurs sans reproche, assez de douceur, bien de la droiture, des sentiments d'honneur, de l'exactitude à sa parole, avec de l'habileté une grande facilité dans les affaires et tout le talent possible pour trouver des expédients; mais l'excès de sa franchise, son humeur ennemie de toute contrainte, la liberté qu'il se donne de tout censurer, des saillies d'esprit dont il n'est pas le maître qui le font craindre et où la bienséance de son état est quelquefois blessée, lui feront du tort, outre qu'on l'accuse d'avoir des moments de vivacité, de n'être pas toujours d'accord avec la prudence, de prendre trop aisément des engagements et d'avoir autant de peine à les abandonner qu'il montre de hardiesse à en mépriser les risques. »

peignait de Brosses lors de son avènement, tel nous le représentent les historiens de son pontificat, tel il apparaît au travers des rapports diplomatiques de Choiseul.

Benoît XIV puisa dans sa foi et dans le respect de sa fonction l'énergie suffisante pour s'arracher à ses études préférées. Il accepta courageusement la charge des affaires publiques. La joie de l'ambition satisfaite (et la sienne était grande) dut sans doute lui rendre le sacrifice plus facile. Mais, obligé de faire de la politique, il en fit et n'y épargna pas sa peine. Entouré des hommes les plus intelligents et les plus vertueux de la prélature romaine : Valenti, Querini, Passionei, etc., il servit activement les intérêts de l'Église.

De Brosses avait vu juste en prédisant que ce gouvernement serait pacifique. Prospero Lambertini aimait la paix et la modération. Or ses goûts naturels s'accordaient bien avec les exigences du siècle et les besoins de la chrétienté. En plein XVIIIe siècle, à l'approche des bouleversements sociaux que prévoyaient déjà tous les esprits perspicaces, la papauté devait s'efforcer d'éteindre dans les États les vieilles querelles théologiques, de terminer les discordes de l'Europe et d'établir la paix qui seule pouvait permettre aux souverains de discerner et de conjurer les périls de l'avenir. Ce fut ce que comprit Benoît XIV et ce qu'il tenta d'accomplir.

Il ne se payait pas de mots; il n'avait pas de

préjugés; il avait le goût des transactions. « Moins de libertés de l'Église gallicane de votre part, avait dit un jour le cardinal Lambertini au Père Montfaucon, moins de prétentions ultramontaines de la nôtre et nous mettrons les choses au niveau qu'elles doivent avoir. » Et ce fut cette simple conciliation qu'il chercha et réalisa dans sa bulle.

Toute sa politique fut une politique d'apaisement et de tolérance. Il avait conquis l'estime de l'impératrice de Russie (Élisabeth), qui l'appelait *le sage par excellence*. « Le Turc, *le bon Turc*, comme il écrivait à l'un de ses amis, lui faisait dire les choses du monde les plus agréables. » La margrave de Bayreuth, la sœur du roi de Prusse, sollicitait l'honneur d'être reçue par le pape. Et bien d'autres protestants suivaient cet exemple. « Le pape, écrivait Benoît XIV au cardinal de Tencin, ce pape que leur patriarche Luther regardait comme la bête à dix cornes, ce pape ne leur paraît plus si redoutable... ils ne voient plus en lui l'Antechrist. » D'ailleurs, il permettait expressément à Marie-Thérèse de tolérer dans ses États le culte des protestants : « C'est un grand bien, ajoutait-il, de chercher à rapprocher les protestants du Saint-Siège. On ne les convertira jamais que par la persuasion et la douceur. »

Ainsi s'explique le singulier hommage que lui rendit le fils du ministre Walpole en lui faisant élever un monument en Angleterre avec cette inscription : « Aimé des papistes — estimé des protestants — un prêtre sans insolence ou cupidité — un prince sans favori — un pape sans népotisme — un auteur sans vanité, — en un mot un homme — que ni la Dévotion ni le Pouvoir — n'ont pu gâter. »

Obtenir de pareils hommages était peut-être, au xviiie siècle, la suprême politique d'un pape. Et cette politique n'est pas démodée, puisque Léon XIII paraît, de nos jours, en avoir repris la tradition et que nous en avons déjà sous les yeux les grands résultats.

Absorbé par les soins de l'État, Benoît XIV n'avait plus de grands loisirs pour ses études d'autrefois. Et il s'en plaignait beaucoup dans les lettres qu'il adressait à l'un de ses amis le chanoine Peggi, de Bologne, lettres charmantes qu'il faut lire pour bien connaître la physionomie de Prospero Lambertini[1]. Le canoniste trouvait encore à employer sa science dans la rédaction des encycliques et des actes administratifs ; mais le littérateur se plaignait d'être détourné de ses travaux par le souci du gouvernement. Dans sa jeunesse, Lambertini avait fait des vers. Plus tard, devenu

---

1. Le texte original de ces lettres a été publié, pour la première fois, par le professeur Franz-Xavier Kraus (*Briefe Benedicts XIV an den Canonicus Pier-Francesco Peggi in Bologna*, (1829-1758) avec une introduction très intéressante et des fragments de biographies du pape écrites par ses contemporains. — On trouvera aussi de curieux fragments de la correspondance inédite du pape avec le cardinal de Tencin dans un article de M. l'abbé P. Batiffol publié par la *Revue du clergé français* (15 mars 1895).

avocat, il s'arrachait à ses affaires pour enseigner la poésie à quelques jeunes gens et il fut le maître de Métastase[1].

A la vérité, le pape n'avait pas oublié ses classiques et même, dans une occasion mémorable, il tint à en donner la preuve à Voltaire. Celui-ci avait dédié à Benoît XIV, *Mahomet*, consacrant « au chef de la véritable religion un écrit contre le fondateur d'une religion fausse et barbare ». En même temps, il lui faisait communiquer un distique latin qu'il avait composé pour le portrait du pape :

> Lambertinus hic est, Romæ decus, et pater orbis,
> Qui mundum scriptis docuit, virtutibus ornat :

Le distique ayant été publié, le pape apprit ou feignit d'avoir appris que dans une société un homme de lettres français avait soutenu que Voltaire avait commis une faute de quantité et que *hic* devait toujours être long. Mais tel n'est point son avis : *hic* est à volonté long ou bref, et pour justifier Voltaire, il cite deux vers de Virgile, ajoutant avec une coquetterie de vieil humaniste : « C'est peut-être assez bien répondu pour un homme qui n'a pas lu Virgile depuis cinquante ans. » Voltaire remercia le pape, par ce joli compliment : « Si le Français qui a repris avec si peu de justesse la syllabe *hic* avait eu son Virgile aussi présent à sa

---

1. *Fragmentum vitæ Benedicti XIV*, publié par F. X. Kraus, loc. cit.

mémoire, il aurait pu citer un vers où ce mot est à la fois bref et long : ce beau vers me semblait contenir le présage des faveurs dont votre bonté généreuse m'a comblé : Le voici :

Hic vir, hic est, tibi quem promitti sæpius audis.

Rome a dû retentir de ce vers à l'exaltation de Benoît XIV. »

Benoît XIV montra son goût pour les lettres[1] et les arts en fondant des académies à Rome, en faisant exécuter en mosaïque les tableaux de Saint-

---

1. Donnons ici un fragment d'un billet de Benoît XIV au chanoine Peggi. On y verra que le pape avait de l'esprit et des lettres : « En donnant un coup d'œil aux livres et aux travaux qui aujourd'hui sortent des presses et qui touchent à des matières dont nous pouvons nous flatter d'avoir quelque intelligence, nous trouvons trois classes. — La première comprend ceux qui apprêtent des festins délicats (*nozze con funghi*); ils les préparent avec élégance et mettent les ragoûts en des plats variés; tels sont aujourd'hui surtout les Français; ils débitent les banalités comme des raretés, mais ils sont riches en banalités et savent les disposer avec de l'ordre, de l'élégance et de la grâce. — La seconde comprend ceux qui ont tout sous la main : champignons, perdrix, faisans, qui mettent tout sur la table, confondant le bon et le mauvais et vous servent tout sans ordre ni méthode, pêle-mêle : tels sont aujourd'hui surtout les Allemands. — Dans la troisième il faut mettre ceux qui, écartant les banalités et les superfluités, font un choix des mets les plus délicats et les plus faciles à digérer, les disposent en des plats divers, ne négligent pas les condiments appropriés, et règlent le repas avec symétrie sans affolement ni confusion : tels étaient autrefois nos Italiens et tels sont aujourd'hui les Anglais. — L'affection que nous porte notre bon chanoine Peggi le fait nous placer dans la troisième classe. Nous voudrions que son affection ne l'illusionnât pas. » — Kraus, *loc. cit.* p. 125.

Pierre, en prescrivant de traduire en italien des livres anglais et français, enfin en enrichissant la bibliothèque du Vatican et en ordonnant qu'on dressât une notice des manuscrits qu'elle renfermait. Il accueillait aussi les savants et se montrait généreux à leur égard. Un jour, l'abbé Galiani lui présenta une collection de laves et ajouta : *Dic ut lapides istis panes fiant.* Le pape ne se fit pas prier pour accomplir le miracle sollicité et l'abbé fut pensionné.

Mais cet homme de goût, d'esprit, de savoir et de grande vertu conserva toujours cette verdeur de propos et ces habitudes grenadières qui avaient si fort étonné le président de Brosses. « Il fallait que les mœurs de Lambertini fussent bien pures, disait le cardinal Spinelli, puisque la liberté qu'il mit dans ses propos ne jeta jamais le moindre nuage sur ses vertus. » Les anas du XVIIIe siècle donnent de très nombreux exemples du langage pittoresque dont usait Benoît XIV. Il y avait des cardinaux et des diplomates que cet extraordinaire abandon scandalisait un peu. Mais les sujets de ses États savaient gré au pape de sa simple bonhomie, et, s'ils se plaignaient parfois que leur souverain écrivît beaucoup et gouvernât trop peu, ils trouvaient du moins qu'il parlait bien et ses bons mots vifs et crus étaient la joie des Romains. Ils reconnaissaient bien un des leurs dans ce vieillard goutteux et jovial, expansif et rusé, politique et complimenteur, qui gesticulait, s'emportait, se lamentait, flattait, caressait et changeait d'humeur et de visage avec cette mobilité italienne qui déconcerte et séduit les Barbares...

III

Indiscret, étourdi, malicieux mais sans haine, prodigue, accueillant, jouant la bonhomie ou l'orgueil avec un art égal, vain de son esprit, qui était vif et apte aux conceptions générales, incapable de se plier aux détails, inaccessible aux conseils, travailleur, prompt à se décider, imperturbablement confiant en sa fortune, tel nous apparait Choiseul lorsque nous réunissons les traits épars dans les mémorialistes de son temps. Mais n'oublions pas que Choiseul, ambassadeur à Rome, est au début de sa carrière et qu'il serait hasardeux pour le peindre de trop se fier à ces témoignages postérieurs. Celui dont ses contemporains nous ont laissé le portrait, c'est le premier ministre, c'est l'homme parvenu au faîte de sa fortune. Bien des défauts de son esprit et de son caractère avaient dû alors s'atténuer dans la pratique des hommes. D'autres, au contraire, avaient pu se développer dans la sécurité et l'insouciance que donne le pouvoir absolu. Il y a des faiblesses et des qualités qui ne se révèlent chez un politique qu'au jour du succès.

Le plus sûr est donc de nous en tenir à ce qu'il nous apprend de lui-même dans les notes de sa première ambassade. A la vérité, il ne s'y livre pas sans réserve. Néanmoins, je crois que, au travers de ses correspondances diplomatiques, on pourra deviner la vraie figure de l'homme.

Pour remercier, congratuler et flagorner, pour mettre en valeur ses propres services, il a une incroyable variété de tours et de formules. On pourra juger les admirables talents de l' « homme de cour » dans les diverses lettres où il sollicite l'ordre du Saint-Esprit et où il remercie ses protecteurs de la faveur royale.

« Si le roi le trouve à propos, écrit-il à Rouillé le 12 février 1755, je ferai mon entrée après Pâques. Je ne vous parle pas des décorations que mes prédécesseurs ont obtenues en cette occasion ; ce sont des grâce qui ont été données au mérite, et moi je n'ai que la place. C'est à vos bontés pour moi à examiner si, pour le service du Roi, il n'est pas nécessaire de décorer celui qui le représente. »

Un an se passe. Enfin, en janvier 1756, le roi annonce au pape qu'il donne à Choiseul le cordon bleu et le prie d'annoncer lui-même cette nouvelle à l'ambassadeur. Le 13 janvier, Choiseul écrit deux lettres, l'une à Rouillé, l'autre au roi.

A Rouillé : « Je me flatte que vous ne doutez pas de toute ma reconnaissance, c'est à vos bontés que je dois la grâce dont le roi m'a honoré, et je ne saurai trop avoir l'honneur de vous remercier de l'intérêt que vous avez mis à ma proposition et de la sensibilité que vous me marquez de la réussite de votre protection... »

Au roi : « Sire, j'ai remis au pape selon les ordres de Votre Majesté la lettre où elle fait part au Saint-Père de la grâce singulière dont Votre Majesté m'a honoré. Le pape après avoir lu votre lettre, Sire, chercha à m'intimider; il me dit d'un air sérieux qu'il ne savait pas ce qui était arrivé, mais que Votre Majesté lui mandait qu'elle était très mécontente de moi. Je répondis à Sa Sainteté que peut-être sans le savoir j'avais eu le malheur de lui déplaire et que, Votre Majesté en étant informée, je n'étais pas surpris qu'elle en soit mécontente. Le pape rit et me montra alors avec une satisfaction à laquelle j'ai été sensible la lettre de Votre Majesté. Je remerciai le Saint-Père de l'intérêt qu'il avait bien voulu prendre à l'honneur que je recevais; je lui dis que c'était à ses bontés et à l'attention que vous avez pour tout ce qu'il désirait que je devais cette grâce. Enfin, Sire, je marquai au pape ma joie; car elle était et est très grande.... »

Le même courrier devait porter une lettre à madame de Pompadour. Hélas! nous ne la possédons pas.

Choiseul sait d'une façon exquise sauver par la dignité des mots la bassesse presque insolente des sentiments. S'il réussit, il est modeste; s'il échoue, il devient superbe. Il a le coup d'œil sûr; il mesure bien les obstacles; il ne s'attarde pas à des vétilles de forme. Il a le sens net du réel et du possible. Il a le cœur sec et l'imagination plus sèche encore. Il méprise les hommes; il sait bien peser l'utilité de leurs vices et même de leurs vertus, et exploiter les unes et les autres au profit de ses vues.

Sa malignité est féroce. Il y a de lui trois mémoires sur la cour pontificale, les cardinaux et la société romaine, qui sont des chefs-d'œuvre de hautaine impertinence. Choiseul était l'homme de son temps par le style et l'esprit.

Vous lirez ces portraits de cardinaux. Ils sont d'un dessin net et serré. Quand à ses anecdotes sur le patriciat romain, c'est un joli chapitre de la chronique scandaleuse. Il y exerce cette causticité terrible qui lui avait fait tant d'ennemis à Versailles. Enfin, c'est une admirable page que celle qui commence le troisième mémoire et où, pour l'édification de son successeur, Choiseul résume son opinion sur Rome et les Romains.

Les diplomates de l'ancien régime n'étaient le plus souvent préparés à leur emploi — et c'était le cas de Choiseul — que par la vie de cour et d'intrigues. Mais c'est merveille de voir comment ces mêmes hommes, une fois en fonction, prenaient de la dignité et du style pour « le service du roi ».

IV

Les instructions données à Choiseul contenaient ceci :

« Le Roi a porté toutes ses attentions à éteindre les divisions qui ont depuis quelque temps agité l'Église. Le soin que Sa Majesté a eu de ne confier le gouvernement des diocèses de son Royaume qu'à des ecclésiastiques d'une saine doctrine et qui savent concilier ce qu'ils doivent au sacerdoce et à l'empire, achèvera de déraciner toutes les semences de division, et il y a lieu d'espérer que la soumission sera bientôt générale et invariable; mais si, contre toute attente, les ennemis de la subordination entreprenaient de rallumer le feu de discorde, le Pape pourra se reposer sur Sa Majesté du soin de prendre les mesures de prudence et de fermeté qu'elle jugera les plus convenables pour faire rentrer dans les bornes de leur devoir à cet égard tous ceux qui s'aviseraient de vouloir troubler de nouveau la tranquillité publique, et se soustraire à l'obéissance légitime qu'ils doivent aux décisions de l'Église.

« Cependant, en même temps que le Roi continuera de se régler sur ces principes de religion et de zèle, son intention n'est pas de donner la plus légère atteinte aux maximes et aux libertés de l'Église gallicane, et Sa Majesté ne souffrira jamais que la cour de Rome forme aucune entreprise qui leur soit contraire. C'est à quoi le comte de Stainville devra particulièrement veiller, et avec d'autant plus d'exactitude qu'en pareille matière il est ordinairement aussi aisé de prévenir le mal qu'il serait difficile d'y remédier ; au reste, le Roi, en s'opposant aux opinions outrées ou bien aux prétentions injustes des ultramontains, empêchera toujours que ses sujets ne s'écartent du respect qui est dû au Saint-Siège, et Sa Majesté en maintenant l'usage salutaire des appels comme d'abus ne permettra jamais que ces appels deviennent eux-mêmes des abus au préjudice des justes droits de l'Église. Tels sont les principes généraux sur lesquels l'ambassadeur du Roi doit régler sa conduite et ses discours sur ce qui a rapport à la Religion. »

Rapprochons de ces instructions diplomatiques cette conversation entre madame de Pompadour et Louis XV, rapportée dans les Mémoires de madame du Hausset.

« Un jour, le maître entra tout échauffé. — Qu'avez-vous ? lui dit madame. — Ces grandes robes et le clergé, répondit-il, sont toujours à couteaux tirés ; ils me désolent par leurs querelles. Mais je déteste bien plus les grandes robes : mon clergé, au fond, m'est attaché et fidèle ; les autres voudraient me mettre en tutelle. — La fermeté, lui dit madame, peut seule les réduire. — Robert de Saint-Vincent (un conseiller au Parlement, grand janséniste) est un boute-feu que je voudrais pouvoir exiler ; mais ce sera un train terrible. D'un autre côté, l'archevêque (M. de Beaumont) est une tête de fer qui cherche querelle... »

Ce bref dialogue exprime assez bien l'embarras où se trouvait la royauté française depuis qu'elle avait obtenu de Rome la bulle *Unigenitus* (1713). Les Parlements s'étaient faits les défenseurs des jansénistes et des jansénisants, des « appelants », qui refusaient de reconnaître la bulle. Le roi était sans doute disposé à soutenir le clergé ; mais il ne pouvait se passer du Parlement pour l'enregistrement des édits de finances.

L'affaire des *billets de confession* avait naguère exaspéré les adversaires. Des évêques et des curés exigeaient de tout malade réclamant les derniers sacrements un certificat de confession. Cette mesure était prise contre les « appelants ». En 1752, le Parlement avait rendu un arrêt condamnant énergiquement les refus de sacrements. Le roi avait relégué le Parlement à Pontoise (1753), puis l'avait rappelé (1754), en ordonnant le silence sur toutes les matières de la religion.

Les choses en étaient là lorsque Choiseul partit pour Rome. Le Parlement était, en somme, victorieux. Mais le clergé continuait de refuser les sacrements. Et, affaibli par toutes les incohérences commises jusqu'à ce jour, le gouvernement du Roi cherchait, sans le découvrir, un moyen de contenter le Parlement et le clergé et de rétablir la paix dans le royaume.

A Rome, on suivait avec attention les affaires de France. Le pape recevait sans cesse les plaintes des évêques le sollicitant d'intervenir en leur faveur. Mais il se tenait sur la réserve, fidèle à cette maxime de la cour pontificale qui est de ne point se mêler des affaires, même religieuses, des États chrétiens sans en être prié par le souverain, car fatalement un jour vient où le souverain est obligé d'avoir recours au Saint-Siège. Louis XV fut, en effet, forcé de solliciter de Benoît XIV une encyclique. Et ce fut la « grande affaire » de l'ambassade de Choiseul.

Tout d'abord, le pape et l'ambassadeur paraissent l'un et l'autre assez embarrassés. Choiseul a reçu de Versailles des instructions générales, mais non point d'ordres précis. Quant à Benoît XIV, il semble décidé à ne point intervenir *proprio motu* dans les affaires de France. Les évêques français font parvenir leurs doléances jusqu'à Rome. Dans le Sacré-Collège, des cardinaux prennent vivement leur parti. « Mais ces pauvres évêques, monsieur l'ambassadeur, s'écrie le Souverain Pontife, on me reproche de ne pas parler pour eux. Cependant Dieu m'est témoin que je donnerais le peu de temps qui me reste à vivre pour procurer l'union qui est si désirable pour le royaume de France! » D'autre part, il ne craint rien tant que de mécontenter le Roi. La cour de France lui prodigue les assurances les plus flatteuses. Le ministre des Affaires étrangères écrit à

Choiseul : «.... le Pape sait qu'il n'y a pas dans le monde chrétien une cour aussi zélée et aussi agissante que celle de France l'a toujours été *depuis le baptême de Clovis* jusqu'à présent pour la prospérité de la religion catholique et pour les avantages du Saint-Siège. » Et Benoît XIV témoigne le plus grand respect pour le successeur de Clovis. Quand Choiseul lui remet une lettre de Louis XV, le pape en baise la signature avec toutes sortes de démonstrations d'amitié. (C'est, du reste, au même Benoît XIV que Besenval attribue le propos suivant tenu sans doute hors de la présence de l'ambassadeur : « Est-il besoin d'autre preuve de l'existence d'une Providence que de voir prospérer le royaume de France sous Louis XV [1] ! »)

Un jour vient cependant où le pape se sent le maître de la situation. En mai 1755, l'Assemblée du clergé de France s'est réunie à Paris sous la présidence du cardinal de La Rochefoucauld. Le pape n'a pas eu de peine à deviner que cette assemblée sera inévitablement divisée et que le roi de France sera forcé d'appeler le Saint-Siège à son secours; aussi prie-t-il Choiseul d'avertir son souverain « qu'il serait à ses ordres si jamais il désirait quelque chose de lui ».

En effet, les évêques de France se séparent en deux camps, et demandent au pape d'intervenir. Alors le roi de France charge son ambassadeur

---

1. *Mémoires du baron de Besenval*, édit. Barrière, p. 112.

de prier Benoît XIV de se prononcer sur le différend, et le Saint-Siège se trouve ainsi constitué arbitre de la querelle. A partir de ce moment, commence la véritable négociation. Il est inutile de la résumer ici : on lira les dépêches de Choiseul.

Le rôle de l'ambassadeur était d'amener le Saint-Siège à donner une décision conforme aux vues du Roi. On verra comment il y réussit à demi, en dépit des lenteurs et des atermoiements de la cour pontificale et de la cour de Versailles. Il y mit de la patience et du tact, qualités d'autant plus nécessaires que Benoît XIV avait de terribles moments de colère. Dans la lettre du 31 août 1756, on trouvera le récit d'une scène violente qui eut lieu entre le pape et l'ambassadeur. Mais, en réalité, la conversation fut ce jour-là encore plus mouvementée que Choiseul ne le raconta à son gouvernement, car Besenval rapporte que le pape se serait laissé aller à une grande indignation. Révolté des exigences de Choiseul, le Saint-Père aurait pris l'ambassadeur par le bras, et, le poussant dans son propre fauteuil, lui aurait crié : « *Fa el papa!* (fais le pape!) ». A quoi Choiseul sentant qu'il avait été trop loin aurait répondu : « Non, Saint-Père, remplissons chacun notre charge : continuez à faire le pape, moi je ferai l'ambassadeur [1] ». Cette entrevue orageuse fit grand bruit, et les gazettes en parlèrent.

---

1. *Mémoires du baron de Besenval*, édit. Barrière, p. 106.

Enfin, après avoir longuement voyagé de Rome à Versailles et de Versailles à Rome, la bulle sollicitée par Louis XV revint à Rome acceptée par la cour de France, et tout fut terminé, sans que, du reste, la papauté ait transigé sur d'autres questions que sur celles de pure forme.

Il était temps. Car, quelques jours plus tard, le pape tomba malade. On le crut même perdu : on lui administra l'extrême-onction et on fit tous les préparatifs pour les cérémonies funèbres et pour l'aménagement du conclave. Ce fut alors que Choiseul transmit à Benoît XIV la nouvelle du lit de justice tenu par le roi de France pour l'enregistrement des édits et de la déclaration relative à la bulle.

Le pape revint à la santé, et Choiseul qui, depuis que la négociation était terminée, brûlait de retourner à Paris, convoitant l'ambassade de Vienne, quitta Rome. Il partait sur une demi-victoire. Il serait pourtant injuste de méconnaître les brillantes qualités qu'il déploya dans sa négociation et les heureux résultats qu'elle eut pour le bien du royaume. Le 11 août 1756, Benoît XIV écrivait au cardinal de Tencin : « Le comte de Stainville... s'est toujours très bien comporté et est honnête et galant homme. Il a même montré beaucoup plus de capacité qu'on en attendait de lui. »

Telle qu'elle était, la bulle de Benoît XIV eut de grandes conséquences en France. Elle ne pouvait mettre fin aux disputes de la cour et du Parlement; car, dans cette querelle politique, les discussions religieuses n'étaient qu'un épisode. Mais elle ramena la paix et la concorde dans le clergé de France. Au premier abord, les intransigeants, à la tête desquels était l'archevêque de Paris, la trouvèrent trop modérée. Mais dans l'Assemblée du clergé de 1760, M. de Pressy, évêque de Boulogne, s'inspira de la bulle pour rédiger un savant rapport qui ramena, parmi les évêques de France, l'unité de vue et de conduite. « En suivant la route tracée par l'encyclique, disait M. de Pressy, on ne pèche ni par défaut, ni par excès; on n'est ni trop indulgent, ni trop rigide. On n'expose ni le plus auguste sacrement à une profanation scandaleuse, en le donnant à des réfractaires, ni des personnes auxquelles il ne doit pas être refusé publiquement à une diffamation injuste. »

Ce fut ainsi que l'encyclique de Benoît XIV, en réconciliant l'épiscopat français, porta un coup fatal au parti janséniste qui, dès lors, perdit toute importance dans l'État [1].

---

1. En parcourant les lettres et les mémoires diplomatiques de Choiseul ambassadeur à Rome, on est amené à y rechercher son opinion sur l'ordre des jésuites que, ministre, il devait huit ans plus tard bannir du royaume. Des historiens ont même prétendu que, dès cette époque, Choiseul avait résolu et préparé l'abolition de la compagnie. Or, dans les documents que nous avons sous les yeux, il est une seule fois question des jésuites, c'est au cours d'un mémoire où Choiseul passe en revue les religieux réguliers dont l'influence à Rome mérite considération (Voir. p. 293 et suiv.). Il y trace les portraits de quelques jésuites mais ne dit pas un mot de la compagnie.

Besenval dans ses *Mémoires* rapporte, à la vérité, l'anecdote

V

Quelques jours avant son départ, Choiseul avait reçu la nouvelle de l'attentat de Damiens, et il avait d'autant plus hâte de rentrer à la cour qu'il pouvait craindre que la position de madame de Pompadour ne fût menacée par la coterie des dévots.

Néanmoins, il s'arrêta quelques jours à Parme auprès de madame Infante et lui fit sa cour, afin qu'elle demandât au roi pour lui l'ambassade de Vienne. Ce séjour à Parme ne lui fut point inutile dans la suite. Puis il reprit la route de France.

suivante : Sur le point de quitter Paris pour se rendre à Rome, Choiseul soupait un soir chez le ministre des Affaires étrangères, Rouillé. Quelques jours auparavant, un jésuite, le P. Laugier, prêchant devant le roi avait mis dans son sermon toutes sortes de traits contre les jansénistes, le parlement et les ministres ; l'affaire avait fait scandale à la cour. Après le souper, Choiseul exprima l'opinion « qu'il fallait chasser le jésuite de Versailles et ne plus parler de sermons et de jansénistes. » (*édit. Barrière*, p. 115). La compagnie de Jésus fut avertie du propos tenu par Choiseul et lorsqu'il vint à Rome, dit Besenval, son nom était enregistré sur « le livre de mort ». Le père le Gallic révéla à Choiseul les mauvais sentiments que l'Ordre nourrissait à son égard. Mais les jésuites n'en furent pas moins bien reçus à l'ambassade. A vrai dire, Choiseul, tout en leur faisant l'accueil le plus courtois, les tenait obstinément à l'écart de la négociation qu'il avait avec le Saint-Siège ; il témoignait de grands égards à un certain théatin le père Pacciandi, homme de grand savoir qui passait pour détester les jésuites ; enfin le confesseur de l'ambassadrice n'était pas un jésuite. Mais rien ne prouve que, dès cette époque, la destruction de l'ordre fut résolue ou même projetée dans l'esprit de Choiseul.

C'était à Parme qu'il avait reçu de Bernis la lettre suivante :

20 janvier 1757.

Je vous crois à Parme, mon cher comte, et je prie M. de Rochechouart[1] de vous rendre cette lettre. Le Roi a été assassiné, et la cour n'a vu dans cet affreux événement qu'un moment favorable de chasser notre amie. Toutes les intrigues ont été déployées auprès du confesseur. Il y a une tribu à la cour qui attend toujours l'extrême-onction pour tâcher d'augmenter son crédit. Pourquoi faut-il que la dévotion soit si séparée de la vertu? Notre amie ne peut plus scandaliser que les sots et les fripons. Il est de notoriété publique que l'amitié depuis cinq ans a pris la place de la galanterie..... D'ailleurs, pourquoi vouloir diriger la conscience de personne, et pourquoi faire servir la religion de masque à l'intrigue, à l'ambition et à l'esprit de vengeance? que d'ingrats j'ai vus, mon cher comte, et combien notre siècle est corrompu! Il n'y a peut-être jamais eu plus de vertu dans le monde, mais il y avait plus d'honneur. Vous trouverez l'Infante dans de bonnes dispositions pour notre amie, c'est à vous à l'y fortifier. Ses affaires, liées avec celle de Vienne, dépendent de la conservation de madame de Pompadour et l'alliance avec Vienne est tacitement contrariée par tout le monde [2].

1. M. de Rochechouart, évêque de Laon, allait remplacer Choiseul à Rome.
2. *Mémoires et lettres de François-Joachim, de Pierre, cardinal de Bernis*, publiées par M. Frédéric Masson; t. II, p. 111. — On trouve dans cet ouvrage un chapitre très intéressant sur les affaires religieuses de France qui furent l'objet de la négociation de Choiseul (t. Ier, chap. XXIX).

A Versailles, il retrouva madame de Pompadour plus puissante que jamais par le renvoi de Machault et de d'Argenson. Il eut l'ambassade de Vienne. On sait la suite de sa fortune, jusqu'au jour où, en 1770, la Du Barry renversa le ministre qu'avait créé la Pompadour.

Les documents qui sont aujourd'hui publiés éclairent donc un très curieux chapitre de l'histoire religieuse du xviiie siècle. Ils mettent en lumière la figure d'un des papes les plus remarquables des temps modernes et, en même temps, celle d'un homme d'État qui, plus tard, devait gouverner la France. Enfin, si on les lit avec soin, on y découvre sans peine beaucoup de détails qui montrent combien peu ont changé depuis cent années les relation des États, et, en particulier, de la France avec le Saint-Siège. Il nous a paru superflu d'insister sur ces rapprochements.

ANDRÉ HALLAYS.

PREMIÈRE PARTIE

LETTRES

I

A M. ROUILLÉ [1]

A Rome, le 6 novembre 1754.

Monsieur,

Je suis arrivé ici hier au soir très tard [2], et, quoique je sois venu assez vite par de très vilains chemins, madame de Stainville [3] et moi ne sommes pas aussi fatigués de la route que je le craignais. J'envoyai selon l'usage, en arrivant, le marquis de

---

1. Antoine-Louis Rouillé, comte de Jouy (1689-1761), conseiller d'État, commissaire de la compagnie des Indes, chargé du département de la Marine en 1749, eut la direction des affaires étrangères de juillet 1754 à juillet 1757 et fut ensuite surintendant général des postes.
2. Choiseul avait quitté la cour dans les derniers jours de septembre. A son passage à Lyon, le 1ᵉʳ octobre, il avait appris la mort de M. de la Bruère, chargé d'affaires à Rome depuis le départ du duc de Nivernais. Se faisant alors précéder de son premier secrétaire, M. Boyer, pour gérer l'ambassade jusqu'à son arrivée, il avait passé quelques jours à Oullins, chez le cardinal de Tencin, archevêque de Lyon, s'était ensuite arrêté à Turin du 12 au 15 octobre, puis à Parme du 24 au 29.
3. Louise-Honorine Crozat du Chatel, qui avait épousé Choiseul le 12 décembre 1750, était petite-fille du riche financier Crozat, colonisateur de la Louisiane, cousine germaine de la duchesse de Broglie et sœur de la duchesse de Gontaut.

Middelbourg, le maître de chambre, faire part de mon arrivée au Pape et au secrétaire d'Etat [1].

Hier matin, le Pape et le secrétaire d'Etat ont envoyé savoir de mes nouvelles et de celles de madame de Stainville. Le cardinal secrétaire d'Etat m'a fait dire, en même temps, qu'il m'attendait l'après dîner chez lui; j'y fus, je lui remis la lettre du Roi, et l'assurai de l'estime de Sa Majesté, des ordres, et du désir que j'avais de chercher toutes les occasions de lui plaire. Il m'a donné les assurances les plus fortes de son profond respect pour le Roi, et de l'envie qu'il avait que Sa Majesté en fût persuadée. Nous avons parlé d'abord de choses indifférentes; ensuite il m'a dit assez subitement que le Roi devait savoir que, quelque chose qu'on écrivit au Pape, jamais Sa Sainteté ne se porterait à aucune démarche qui pût déplaire au Roi, et causer le moindre trouble dans son Royaume. Je lui répondis que le Roi était très persuadé des sentiments du Pape à son égard, que jamais Sa Majesté n'avait imaginé que des lettres écrites par des personnes qui ne connaissaient ni l'intérêt de l'Eglise ni celui du Royaume, pussent faire impression sur un pontife aussi éclairé qu'était le Pape [2].....

---

1. Silvio Valenti Gonzaga, né à Mantoue le 1er mars 1690, élevé au cardinalat en 1738 par Clément XII, évêque de Sabine, mort à Viterbe le 28 août 1756.

2. Par ces lettres, qui de France arrivent à Rome et seraient capables de faire impression sur Benoît XIV, il faut entendre les plaintes des ecclésiastiques de France contre les entreprises

Notre conversation... finit par le désir que j'avais, en servant avec zèle le Roi, de marquer au Pape le respect profond que je lui devais, et l'envie extrême que j'avais de plaire à Sa Sainteté et à son ministère : « Monsieur l'Ambassadeur, me dit le cardinal Valenti, il y a beaucoup de petites choses qui sont quelquefois arrivées en cette Cour aux ambassadeurs : j'espère que si, par malheur, vous vous trouviez dans le même cas, vous ne prendriez pas avec vivacité des vétilles au-dessous de vous. »

J'assurai Son Éminence que rien n'était vétille pour moi quand il était question du service et de l'honneur de mon maître; que j'avais pour prin-

---

des Parlements, et ceci demande une explication. — La majorité du clergé de France était acquise aux principes de la bulle *Unigenitus* et fidèle à l'esprit de Louis XIV qui l'avait demandée au Saint-Siège; mais ce clergé comptait une minorité janséniste ou jansénisante qui refusait de se soumettre à la Bulle *Unigenitus* : c'étaient les « appelants ». Cette minorité avait pour elle les membres des divers Parlements hostiles par tradition à tout ce qui était acte de la Cour de Rome. Le gouvernement de Louis XV était obligé de ménager le Parlement pour obtenir l'enregistrement des édits bursaux, et obligé aussi de réprimer son zèle à connaître des matières ecclésiastiques et à prétendre défendre les maximes gallicanes; mais, comme dit Bernis, agissant sans plan et sans principe, la Cour compromettait l'autorité royale par des sévérités arbitraires et par des reculades indécentes.

La retentissante affaire des *billets de confession* avait mis les partis aux prises. Pour ne pas laisser administrer les derniers sacrements à des fidèles qui, appelants de la constitution *Unigenitus*, n'auraient reçu que l'absolution non valide de prêtres jansénistes non approuvés, le clergé exigeait un certificat de confession de tout malade sollicitant les sacrements à sa paroisse. Or les Parlements n'avaient pas voulu admettre qu'un cipe de ne pas supposer qu'on pût manquer au Roi; qu'ainsi je dissimulerais les petites fautes d'attention qui pouvaient se rencontrer; mais qu'en même temps je ne pouvais pas m'empêcher de prévenir Son Eminence que j'avais ordre de soutenir, avec toute la dignité d'un ambassadeur du Roi, le respect profond et la considération qui était due à Sa Majesté; que j'espérais que jamais je ne me trouverais dans ce cas-là, et que le Pape et son ministère préviendraient les sujets de plaintes que pourrait avoir un aussi grand prince que le Roi.

Je vous supplie, Monsieur, de me mander si vous approuvez cette première conversation que

---

curé pût les refuser publiquement à un malade; ils s'étaient cru le droit d'ordonner aux curés d'administrer sans condition tout malade les demandant et de décréter de prise de corps les curés qui refuseraient d'obéir.

On conçoit que les conflits se soient multipliés dans cette matière. Le Roi ayant donné raison à l'archevêque de Paris au sujet de l'administration de l'Hôpital général, le Parlement quitte le service (24 novembre 1751), puis, après l'avoir repris par ordre, il rend un arrêt (18 mars 1752) portant défense à tous ecclésiastiques de faire aucun refus public des sacrements sous prétexte d'un déni de représentation de billets de confession ou d'acceptation de la bulle *Unigenitus*. Les refus de sacrements se multiplient; des poursuites judiciaires sont intentées contre les curés et vicaires rebelles; on menace les évêques de saisir leur temporel. Pour couper court à ces empiètements juridiques exorbitants, le Roi exile le Parlement à Pontoise (mai 1753), puis (août 1754) il le rappelle sans condition; mais, par une déclaration du 2 septembre 1754, il annule les poursuites antérieures et impose à tous le silence sur les matières de religion, enjoignant au Parlement de tenir la main à ce que ce silence ne soit troublé ni rompu de part et d'autre. — Voir *Mémoires du cardinal de Bernis*, édition Masson (1878), t. I, p. 314 à 325. — Voir également : Abbé Sicard, *l'Ancien clergé de France* (1893), t. I, p. 359 à 421.

j'ai eue avec le ministre du Pape. J'ai cru que je ne pouvais trop tôt lui marquer la franchise que je crois nécessaire quand on parle au nom d'un aussi grand maître. Ayez la bonté de me guider, si je suis dans l'erreur : mon zèle pour le service et mon attachement pour vous méritent que vous m'accordiez cette grâce.

J'aurai vendredi matin mon audience du Pape; j'aurai l'honneur de vous en rendre compte le prochain ordinaire.

Le Cardinal Portocarrero [1] est venu hier me voir; il monta chez madame de Stainville, et me fit toutes les prévenances les plus aimables. Cette visite a même été remarquée, étant contre l'usage ici que les cardinaux rendent la première visite aux ambassadeurs. Les autres cardinaux lui ont fait des représentations sur cette démarche, auxquelles il a répondu qu'il ne connaissait point d'étiquette quand il était question de marquer son respect et son dévouement au Roi. Ce matin, ce cardinal m'a envoyé un présent de sucreries selon l'usage du pays. Vous jugez bien, Monsieur, que j'ai marqué et marquerai à M. le cardinal Portocarrero combien je suis sensible à ses attentions, et que je ne lui laisserai pas ignorer que je vous en ai rendu compte pour que le Roi en fût informé.

---

1. Joachim-Ferdinand Portocarrero (1681-1760), cardinal en 1743, ambassadeur du roi d'Espagne à Rome.

J'ai eu l'honneur de voir M. l'abbé de Canillac[1] à mon arrivée; je suis on ne peut pas plus content des sentiments qu'il m'a montrés pour le service du Roi et des marques d'amitié qu'il s'empresse de me donner...

Je suis avec respect, Monsieur, votre très humble et très obéissant serviteur.

CHOISEUL DE STAINVILLE.

II

AU ROI

A Rome, le 13 novembre 1754.

Sire,

J'ai eu vendredi matin l'audience du Pape; j'y fus conduit par l'escalier secret qui monte de chez le cardinal secrétaire d'Etat à l'appartement de Sa Sainteté[2]; je remis au Saint-Père, Sire, la lettre, dont Votre Majesté m'avait chargé, et je lui renouvelai en même temps les assurances de son respect filial pour l'Église, et de son attachement pour la personne de Sa Sainteté.

---

1. L'abbé de Canillac, auditeur français de la Rote dont il était à ce moment le sous-doyen. — Voir p. 298.
2. Au Quirinal. — Un ambassadeur qui n'avait pas fait encore son entrée publique (Voir p. 117 et suiv.), était censé ne faire que des visites secrètes : il ne s'était pas « mis en public ».

A peine avais-je commencé à exprimer au Pape les sentiments de Votre Majesté, que Sa Sainteté m'a interrompu pour me dire qu'elle me priait, Sire, de vous mander qu'elle connaissait et admirait le respect de Votre Majesté pour la Religion, et qu'elle la regardait comme en étant un des plus fermes appuis : « Que ferions-nous, a ajouté le Pape, si le cœur du Roi de France n'était pas tel que nous le connaissons ? »

J'assurai le Pape que les principes, qui étaient gravés dans le cœur de Votre Majesté, étaient ineffaçables, et que le Saint-Père pouvait compter sur la protection suivie que Votre Majesté accordait à la Religion. Je joignis, Sire, à ces assurances l'expression des sentiments de Votre Majesté pour la personne du Pape, et le cas distingué qu'elle faisait des talents, de la vertu, et des bonnes intentions du Très-Saint-Père. Je finis, Sire, par dire au Pape que Votre Majesté m'avait ordonné expressément d'employer mon ministère à entretenir et à fortifier de plus en plus l'intelligence qui subsiste heureusement entre le Saint-Siège et la France, et qui est si convenable à tous égards.

Le Pape me parut content de ce que je lui disais au nom de Votre Majesté. Sa Sainteté me répéta le désir qu'elle avait, Sire, que vous rendissiez justice à ses bonnes intentions, et me dit que je verrais, pendant le cours de mon ambassade, combien elle cherchait dans toutes les occasions à plaire à un aussi grand Roi que Votre Majesté, à la nation française et à l'ambassadeur. Le Saint-Père ajouta des expressions flatteuses sur mon compte, que l'honneur d'être ministre de Votre Majesté me méritèrent de sa part. Le Pape finit mon audience en me disant que je pouvais m'adresser à lui directement quand les affaires de Votre Majesté le demanderaient, et qu'il me verrait avec plaisir toutes les fois que je le désirerais.

Après l'audience du Pape, je retournai, Sire, chez le cardinal Valenti; je le priai de dire au Saint-Père que je rendrais compte à Votre Majesté des sentiments de considération et d'attachement que Sa Sainteté m'avait marqués pour elle et que je pouvais l'assurer que Votre Majesté y serait très sensible.

Je suis...

III

A M. ROUILLÉ.

A Rome, le 18 novembre 1754.

Monsieur,

Le cardinal Valenti me parla hier longtemps des différends de nos Parlements et de notre Clergé [1]. Il me dit que je pouvais mander à la Cour que le

---

1. On remarquera que la question des difficultés ecclésias-

Pape ne varierait pas sur les principes de sagesse et de modération que Sa Sainteté juge aussi utiles à la tranquillité du Royaume et à la conservation de la Religion, que le Roi pouvait être sûr que la Cour de Rome s'en rapporterait toujours sur ces difficultés aux sentiments de religion qu'elle connaissait à Sa Majesté, mais qu'il ne fallait pas être étonné si le Pape écrivait des lettres particulières au Roi sur cette matière; que Sa Sainteté croyait que sa conscience était intéressée à faire des représentations à Sa Majesté sur une matière aussi capitale, et que le Pape était embarrassé des reproches que des évêques à la tête du clergé de France faisaient à Sa Sainteté sur la tiédeur qu'elle marquait; que ces reproches donnaient des scrupules au Pape, ce qui l'engageait à écrire au Roi quand les reproches devenaient plus fréquents, mais que

---

tiques de France commence seulement enfin, et que c'est le secrétaire d'État qui l'aborde. Le pape se réserve, Choiseul aussi. Mais le pape, qui n'ignore rien des plaintes du clergé de France, s'en tient strictement et habilement au principe de la non-intervention, au moins jusqu'au jour favorable : il laissait venir les événements, en les prévoyant. La Cour de France n'était pas sans inquiétude sur le compte de ce recueillement; Rouillé écrivait à Choiseul (de Versailles, 3 décembre 1754) : « Le Roi a aussi été très sensible à ce que M. le cardinal Valenti vous a dit des sentiments du Pape par rapport aux affaires présentes. Sa Majesté n'ignore pas que plusieurs évêques écrivent à Rome et ne cherchent qu'à exciter le Pape à des démarches qui seraient tout à fait déplacées dans des temps aussi critiques. La sagesse et la modération du Pape sont une suite des vertus qu'on a toujours aperçues en lui, et nous engagent à former des vœux bien sincères pour sa conservation. » (*Rome*, t. DCCCXV, f. 245).

c'était là où se borneraient les démarches du Saint-Père.

Je louai fort au cardinal Valenti la sagesse du Pape et surtout sa prudence, ainsi que celle de son ministère, à s'en rapporter à la conscience et à la justice du Roi. Je dis au cardinal Valenti que j'aurais l'honneur d'en rendre compte à Sa Majesté, et que j'étais persuadé que ces nouvelles assurances de la part du Saint-Père augmenteraient, s'il était possible, les sentiments d'attachement du Roi pour le Saint-Siège et pour l'Eglise. Je ne cherchais pas à parler de pareilles matières, c'est toujours le cardinal qui a commencé cette conversation. Il m'a même dit que je pouvais mander au Roi que lui, secrétaire d'État, était si sûr des sentiments de prudence et de sagesse du Pape sur cet article, qu'il voulait bien en être garant tant qu'il vivrait.

Voilà, Monsieur, mot pour mot la conversation que j'ai eue sur cela avec M. le cardinal Valenti. Je vois, depuis que je suis ici, que la Cour de Rome connaît ses vrais intérêts et ceux de l'Eglise, et ne songera pas à se mêler dans une affaire qu'elle dit éviter. Je n'ai pas pu encore découvrir quels étaient les évêques qui écrivaient au Pape. Si j'acquiers quelques notions sur ce point, j'aurai l'honneur de vous en informer...

IV

A M. ROUILLÉ.

A Rome, le 18 décembre 1754.

Monsieur [1].

J'ai remercié le Pape et le secrétaire d'État des témoignages avantageux qu'ils ont bien voulu vous rendre sur mon compte; je ferai de mon

---

1. Les événements que la Cour de Rome laissait venir, ne tardent pas à se produire. Les conflits auxquels le Roi a pensé mettre un terme par la déclaration du 2 septembre, se sont inopinément ranimés. Le Parlement, le 27 novembre, c'est-à-dire le jour même de sa rentrée de vacances, a été saisi d'un nouveau conflit : un prêtre de Saint-Étienne-du-Mont a refusé les sacrements à une malade pour défaut de billet de confession. Le Parlement a enjoint aux vicaires de la paroisse, en l'absence du curé, d'administrer la malade. Refus des vicaires en conformité aux ordres de l'archevêque de Paris. L'archevêque, sommé de désavouer les vicaires, a refusé. Le 29 novembre le Parlement a député son premier président au Roi pour dénoncer l'obstination de l'archevêque. La réponse du roi, délibérée au conseil, est rendue le 3 décembre : une lettre de cachet exile l'archevêque à Conflans, maison de campagne des archevêques de Paris, et le Roi écrit au Parlement : « J'ai marqué mon mécontentement à l'archevêque *en le punissant*, de manière à faire connaître la ferme résolution où je suis de maintenir la paix dans mon royaume, et l'exécution de ma déclaration du 2 septembre dernier; ainsi je compte que mon Parlement n'ira pas plus loin contre l'archevêque. Au surplus, le respect du Parlement pour mes volontés me répond qu'... il en usera avec la plus grande circonspection, relativement aux choses spirituelles » (Picot, *Mémoires*, t. III, p. 264-266). La nouvelle de l'exil de l'archevêque de Paris était arrivée à Rome le 14 décembre.

mieux pour que la suite réponde à mon début. Il est certain que je saisirai avec empressement toutes les occasions de plaire au Saint-Père et à son Ministre, lorsque le service de mon maître n'en souffrira pas.

Le courrier que j'avais eu l'honneur de vous envoyer est arrivé ici le 14 de ce mois, et m'a remis la lettre dont vous m'avez honoré le 5 de ce mois [1]... J'ai cru devoir faire part confidemment au secrétaire d'État de l'ordre du Roi qu'avait reçu M. l'archevêque [2] de rester à Conflans, pour qu'il en informât le Pape. Deux choses m'ont déterminé à cette confidence. La première que mon courrier savait la nouvelle et qu'il me l'a dite en me remettant mes lettres, outre que je soupçonne que M. l'abbé de Canillac la sait par des lettres particulières que lui a porté ledit cour-

1. Rouillé écrivait « Je vous confie, Monsieur, et vous l'apprendrez par les lettres particulières que vous recevrez par l'ordinaire, que M. l'archevêque de Paris a reçu avant-hier au soir l'ordre de se rendre à Conflans, et d'y rester. Vous jugerez probablement par les détails que l'on vous fera que cette espèce d'exil a eu pour objet d'empêcher les procédures que le Parlement aurait fait sans cela contre ce prélat, et qui auraient nécessairement renouvellé les disputes et divisions que le Roi s'occupe avec tant de soin d'assoupir. *J'ai peur qu'il n'y puisse pas parvenir, si le clergé n'y veut pas concourir.* Ceci, Monsieur, est pour vous seul, et pour vous prévenir sur un fait dont sûrement il sera bientôt question à Rome » (*Rome*, t. DCCCXV, f. 263).

2. Christophe de Beaumont, né en Périgord le 26 juillet 1703, chanoine et comte de Lyon, abbé de Notre-Dame des Vertus, évêque de Bayonne en 1741, archevêque de Vienne en 1745 n'accepta, l'année suivante, l'archevêché de Paris que sur l'ordre de Louis XV. Il mourut le 12 décembre 1781.

rier. La seconde est que, connaissant l'humeur
violente du Pape, j'ai craint que, lorsqu'il apprendrait par l'ordinaire cet événement, Sa Sainteté,
dans le premier mouvement, ne se laissât emporter
aux impressions de colère auxquelles il est sujet.
Pour éviter cette espèce d'indécence, le samedi au
soir, jour de l'arrivée du courrier, j'ai écrit un
billet au secrétaire d'Etat. Je le remercie et le
prie de remercier le Pape des choses flatteuses qu'il
a eu la bonté d'ordonner au nonce [1] en ma faveur.
Je prends de là occasion de faire l'éloge du Pape,
et je finis par lui dire que j'ai appris par mon
courrier que le Roi avait été obligé d'ordonner à
M. l'archevêque de Paris de rester à Conflans,
jusqu'à ce que Sa Majesté l'en rappelât; que lundi,
jour de mon audience, je lui expliquerais les
motifs de cet ordre de Sa Majesté; et que je connais
trop le jugement du Pape et de Son Éminence,
pour n'être pas sûr qu'il applaudirait à cette détermination du Roi. J'ajoutais dans mon billet que,
n'ayant pas d'ordre de communiquer cette nouvelle au Pape ni à son ministère, et ne la sachant
que par des lettres particulières, je le priais de
regarder comme une marque de confiance la participation que je lui en faisais, et d'en garder
ainsi que Sa Sainteté le plus profond secret. Mon
billet a réussi comme je l'espérais. J'ai été lundi à

---

1. Le nonce à Paris était le prélat Philippe-Auguste Gualterio depuis novembre 1753 : il y devait rester jusqu'en 1759.
Il fut créé cardinal dans la promotion de 1759 par Clément XIII.

l'ordinaire à l'audience du secrétaire d'État. Il m'a remercié de la part du Pape de ma confiance. Il m'a dit que le Pape avait été étonné, mais qu'il avait tant de confiance aux bonnes dispositions qu'il connaissait dans le cœur de Sa Majesté, qu'il était persuadé que tout ce qu'elle faisait était pour le mieux; que pour lui, secrétaire d'État, il n'entendait pas ce que voulait dire cet acharnement de billets de confession, qu'il était nécessaire pour le bien du Royaume que le Roi songeât sérieusement à mettre fin à des troubles qui pouvaient devenir plus considérables ; mais qu'en tout il me répétait que le Pape était (quelque chose qui arrivât) dans les mêmes dispositions dont il m'avait donné les assurances les premiers jours que j'ai été ici, et qu'il se bornait à souhaiter, pour le bien de l'Eglise, du Roi et du Royaume, que ces malheureuses disputes finissent [1]. J'approuvai, comme vous imaginez bien, tout ce que me dit M. le cardinal Valenti. Je l'assurai que le Roi serait instruit,

---

1. L'exil de l'archevêque de Paris était un de ces expédients, que l'embarras politique imposait au cabinet de Versailles. Choiseul avait raison de penser que le pape en serait vivement blessé. L'archevêque de Paris était un esprit borné et de peu de sens politique, mais aussi la plus intrépide conscience du clergé de France. Voltaire disait de lui, pensant le rendre odieux, qu'il était « un vrai saint dans le goût de Thomas de Cantorbéry ». L'avocat Barbier plus simplement le caractérisait : « Un honnête homme qui n'agit que par conscience. » — L'émotion du clergé et des fidèles avait été vive à Paris et dans le royaume : il était impossible qu'elle ne retentît pas jusqu'à Rome. Voir Regnault, *Christophe de Beaumont* (Paris, 1882), t. I, p. 277 et suiv.

et que j'aurais l'honneur de vous en rendre compte. Ainsi, je suis tranquille sur l'effet que les lettres du nonce et des évêques français pourraient produire ici l'ordinaire prochain. Le coup est amorti de façon que le Pape, à ce que j'espère, ne s'échauffera pas sur ce fait. Peut-être qu'il écrira au Roi, mais ces lettres-là ne doivent pas embarrasser Sa Majesté [1].

J'ai donné hier le repas qui est d'usage tous les ans à l'occasion de la Sainte Luce ; il y avait cent vingt personnes : il me semble que tout le monde a été content, et que cette espèce de fête a été assez bien...

V

A M. ROUILLÉ

A Rome, le 25 décembre 1754.

Monsieur,

L'agent de Malte [2], étant vendredi 20 de ce mois à environ midi chez M. le cardinal Valenti, il s'aperçut, au bout d'un quart d'heure de conférence, que la tête et la langue de ce ministre s'appesantissaient. Il prit congé du cardinal, et fut sur-le-champ avertir ses gens de l'état où il l'avait

1. Ce paragraphe est chiffré.
2. L'agent de Malte à Rome était alors le bailli de Solar, V. p. 312.

laissé. On envoya chercher le médecin du Pape qui le fit saigner du pied. Son Éminence se trouva assez bien de la saignée, fit même quelques plaisanteries ; elle se coucha et, une heure après, comme elle mangeait une soupe, il lui reprit un autre accident, mais si violent que sa langue s'embarrassa et que toute la partie gauche de son corps fut frappée de paralysie ; sa tête resta libre, il demanda les sacrements ; après quoi, il dicta comme il put son testament ; il fit dire au Pape, qui descendit chez lui, qu'il priait Sa Sainteté de ne pas entrer, qu'il regardait sa fin comme prochaine, et ne voulait plus songer à aucune autre affaire qu'à celle du salut de son âme. Effectivement, M. le cardinal Valenti a marqué dans cette occasion une fermeté et une piété admirables ; la langue s'est presque débarrassée en entier, il s'en est servi pour ajouter quelque chose à son testament et faire quelques arrangements de famille qu'il a souscrits de sa main. Depuis samedi, il a toujours été un peu mieux. On croit avec vraisemblance que son accident est une goutte remontée ; si cela est, il serait possible qu'il revînt de cette attaque, mais je doute fort qu'il en revienne avec la faculté et la volonté de travailler aux affaires comme auparavant.

Au reste, Monsieur, la perte de ce ministre en est une pour moi, c'était un homme facile en affaires et qui me paraissait désirer de plaire au Roi ; il m'avait marqué autant d'amitié et de confiance que l'on peut en avoir pour quelqu'un que l'on ne connaît que depuis deux mois. L'air de franchise avec lequel je lui parlais de mes affaires me paraissait l'avoir séduit ; il croyait comme moi que la première finesse pour négocier était la franchise, quand on parle au nom d'un aussi grand maître que le Roi. Son principe était, selon ce que lui-même m'a confié, que la Cour de Rome devait faire tout ce qui était en elle pour contenter les grandes Puissances, et qu'elle ne pouvait nullement se mêler de leurs affaires intérieures que pour les aider quand elle en était requise. « Ce système, ajoutait-il, m'a fait beaucoup d'ennemis, et m'en fait encore, mais je le crois si utile au Saint-Siège que je ne le changerai pas. » Le principe de ce ministre, Monsieur, me paraissait sage, et ne pouvait avoir d'inconvénients que lorsque les intérêts du Roi se trouvaient en concurrence avec ceux des deux autres Puissances ; c'était là où l'amitié du secrétaire d'État pouvait faire effet, et je me flattais avec le temps de mériter ce sentiment de sa part tout comme un autre. Ainsi donc, mes regrets sont très sincères ; vous me rendrez service, Monsieur, si vous voulez bien les marquer à M. le nonce.

Dans une Cour avide d'événements et de charges, comme celle-ci, vous jugez bien, Monsieur, que l'accident de M. le cardinal Valenti occasionne beaucoup de brigues. J'ai cru, dans ces circonstances, devoir demander une audience au Pape, et j'ai pris le prétexte du compliment du nouvel an que je désirais faire à Sa Sainteté de la part du Roi. Le Pape m'a reçu avec sa bonté ordinaire ; après que je lui eus souhaité la bonne année de la part de mon maître, et qu'il m'eut prié de rendre au Roi tous les souhaits qu'il faisait pour Sa Majesté, il me parla de l'état du cardinal Valenti ; et, sans être touché de l'accident, le Saint-Père me parut regretter les talents de son ministre. Je crus ne devoir point lui cacher combien j'étais affligé de la perte que faisait Sa Sainteté ; je lui fis l'éloge de M. le cardinal Valenti, et insinuai au Pape qu'il serait prudent de ne pas se déterminer sur un choix pour lui succéder avant que l'événement décidât le sort de ce ministre.

Ce fut en donnant des espérances au Pape sur le retour de la santé de ce cardinal que je fis cette insinuation légère. J'avais deux objets : le principal était de prévenir une nomination qui fût nuisible aux affaires du Roi, en cas que les cardinaux zélants fussent écoutés dans ce moment. Le second était le désir que j'avais que les affaires étrangères restassent entre les mains de M. l'abbé Rota[1] pendant la maladie du cardinal Valenti qui peut traîner en longueur.

Le Pape me répondit que, quoiqu'il n'espérât pas que le cardinal pût revenir de son accident, il attendrait sa mort pour lui choisir un successeur.

---

1. Sur ce prélat de la secrétairerie d'État, voir p. 282. Rota était vendu à l'ambassadeur de France.

Il m'ajouta très obligeamment, et me le répéta deux fois en français et en italien que, pour tout ce qui regardait le Roi, petites ou grandes choses (ce sont ses termes), je devais m'adresser à lui directement avec confiance, qu'il pouvait m'assurer qu'il faudrait que je lui demandasse des choses déraisonnables pour qu'elles ne fussent pas expédiées sur-le-champ, et il ajouta qu'il aurait toujours le temps d'entendre et de faire les affaires de l'ambassadeur du Roi quand je le voudrais. Je remerciai le Pape, Monsieur, avec les termes de respect et de reconnaissance qui étaient dus à la bonté qu'il me marquait...

Le Saint-Père m'a demandé dans l'audience des nouvelles de M. l'archevêque de Paris. Je lui ai répondu que je n'en avais pas d'autres que celles que je lui avais fait communiquer la semaine passée par le secrétaire d'État. Sa Sainteté me dit : « Il faut laisser faire le Roi, il fera tout pour le mieux. » Comme je sais qu'il y a un peu de fermentation entre dix ou douze cardinaux à propos de l'affaire de l'archevêque, je dis au Pape en plaisantant que l'on faisait courir dans la ville la nouvelle que Sa Sainteté défendrait qu'il y eut opéra à Rome ce carnaval, et ordonnerait à la place des prières publiques, à l'occasion de nos affaires de France. Le Pape rit avec moi de cette nouvelle, me dit que, quand on ne savait que dire à Rome, on disait des sottises de cette espèce, et qu'il me savait bon gré de ne pas les croire...

VI

A M. ROUILLÉ.

A Rome, le 8 janvier 1755.

... Le cardinal Valenti est toujours dans le même état, le Pape l'a vu avant-hier; il voulut remettre toutes ses charges à Sa Sainteté; le Pape les refusa et lui répondit qu'il ne convenait ni à l'un ni à l'autre que ce ministre ne conservât pas jusqu'à la mort les charges qu'il avait si bien exercées pendant sa vie. Ainsi le cardinal reste, et l'on attend de jour en jour où un mieux qui le mette en état de travailler, ou le pis qui l'enlève. L'abbé Rota qui était chargé des affaires étrangères, comme j'ai eu l'honneur de vous le mander, vient d'avoir une attaque de goutte si violente, que je doute qu'il soit en état d'aller chez le Pape de quelque temps; il a, outre ses incommodités, près de quatre-vingts ans [1].

Vous voyez, Monsieur, dans quelle situation sont les affaires de cette Cour; on ne sait plus à qui s'adresser. Le Pape m'a donné la liberté effectivement de lui parler librement quand j'aurais des affaires; mais il y aurait de l'indiscrétion à l'im-

---

1. Ce qui suit est chiffré.

portuner, et de l'inconvénient à converser avec lui sur certaines matières.

Par exemple, Monsieur, j'ai des avis certains que le Pape doit tenir ces jours-ci une congrégation avec les cardinaux moines Besozi, Tamburini et Galli sur nos affaires de France [1]. J'ai lieu de soupçonner que ce sont des lettres écrites par des évêques de France à Sa Sainteté, et qui lui reprochent sa tiédeur sur nos affaires spirituelles, qui forcent le Pape à tenir cette congrégation. Je ne crois pas que cette démarche, qui n'est pas publique dans Rome, produise aucun effet; je crois même avoir raffermi de plus en plus le Saint-Père dans la conduite sage qu'il a tenue jusqu'à présent. Mais en tout cela un vieillard de quatre-vingts ans, dont le caractère est naturellement faible et léger et à qui l'on donne des scrupules, me fait trembler, surtout quand je n'ai pas auprès de lui un ministre accrédité, sur la parole duquel je puisse compter. D'ailleurs, Monsieur, vous observerez que je ne parle au Pape de ces sortes d'affaires, que quand Sa Sainteté m'en parle la première, et que j'évite dans mes réponses d'entrer en matière, et même de dire les choses fortes qui pourraient faire impression sur l'esprit du Pape, par la raison, que vous approuvez sans doute, que je n'ai pas d'ordres de me mêler du fonds de ces affaires, et point d'instructions pour la forme. Je

---

1. Voir sur les cardinaux, Tamburini et Galli, p. 230 et 251.

vous prie de juger ma position, et je me flatte que vous sentirez qu'elle est critique. Je travaille et ne songe, sans avoir l'air de m'en mêler, qu'à apaiser un feu qu'il me semble qu'on veut allumer ici.

Au reste, j'ai l'honneur de vous répéter qu'il ne faut pas vous inquiéter à un certain point de la fermentation qu'a produite la dernière poste. Je suis persuadé que cela n'aboutira à rien ; mais je vous demande en grâce de parler au nonce, de lui marquer combien le Roi compte sur la modération et la prudence du Pape, et, en faisant l'éloge du Pape qu'il faut toujours faire, je crois qu'il serait à propos de faire entrevoir dans la conversation le mécontentement de Sa Majesté en cas que les bonnes dispositions du Saint-Père changeassent. Je vous demande pardon de vous donner ce conseil ; je le crois utile. Je crains que M. le nonce n'écrive ici trop fortement, et ne se laisse entraîner aux impressions de quelques évêques de France. J'ajouterai une autre prière ; c'est que le Roi réponde le plus tôt qu'il sera possible à la lettre du Pape ; il est nécessaire que la lettre soit tendre, qu'elle flatte le Saint-Père. Ces deux objets remplis, Sa Majesté peut ne mettre que des mots sur la grande affaire ; cela n'empêchera pas que Sa Sainteté ne soit contente. Le Pape m'a déjà dit deux fois qu'il attendait cette réponse du Roi ; il me paraît en être impatient. Vous verrez par ma lettre que je suis un peu tracassé des bruits que des cardinaux zélés, excités par la France, font courir ici, mais je vous répète toujours que cela ne doit pas vous inquiéter, et je ne vous marque mes craintes et mes petites peines que pour ne vous rien laisser ignorer...

VII

A M. ROUILLÉ.

A Rome, le 15 janvier 1755.

... Je crois que le présent de livres[1] que Sa Majesté veut bien faire au Pape fera un très bon effet; le Pape n'est point un prince avare; mais il a conservé des premières situations où il s'est trouvé un goût assez vif pour les présents. Vous serez même

---

1. Le présent fut fait au pape en septembre 1755. — V. la lettre de Benoît XIV à Louis XV pour le remercier (*Rome*, t. DCCCXVIII, f. 147-148), en date du 17 septembre. C'était un lot de cinquante-huit volumes de l'imprimerie royale, dont dix pour le *Catalogue de la bibliothèque du Roi*, trois pour l'*Oriens Christianus*, le *Chronicon paschale*, les *Scriptores post Theophanem* de la Byzantine du Louvre; et, parmi les autres moins importants, l'*Histoire des insectes* par M. de Réaumur, le *Bombardier français* par Belidor, le *Traité de l'aurore boréale* par M. de Mairan, les *Éléments de botanique* de M. de Tournefort, enfin les *Œuvres de Crébillon*. A sa mort, Benoît XIV légua sa bibliothèque privée à l'Université de Bologne.
Le présent dont parle Choiseul, et dont la première idée datait de l'ambassade du duc de Nivernais (*Rome*, t. DCCCXIV, f. 818), est le seul que la cour de France ait fait au pape sous le pontificat de Benoît XIV.

étonné quand je vous assurerai qu'il y a eu ici un ministre portugais, nommé Sampayo, mort il y a quatre ans, qui portait cinq cents écus romains au Pape tous les mois, que Sa Sainteté acceptait sous le prétexte de faire des aumônes [1]; et, moyennant cette somme d'argent donnée en espèces de la main à la main, ce Sampayo, d'ailleurs un homme de rien et très mauvais sujet, était devenu le maître de ce pays. Dans l'affaire du concordat fait en dernier lieu avec l'Espagne, il y a eu de la vaisselle d'argent donnée au Pape de la part de Sa Majesté Catholique [2]. Je vous dis, en passant, ces anecdotes, pour que vous jugiez dans les occasions de tous les moyens dont on peut se servir à la Cour de Rome [3]...

Le Pape m'ayant paru désirer, Monsieur, que j'allasse de temps en temps lui faire ma cour, j'ai été hier matin à l'audience de Sa Sainteté. Le Pape me parla de la lettre du Roi qu'il avait reçue l'ordinaire dernier; il m'en parut très content. Je lui répétai avec les expressions les plus tendres quels étaient les sentiments du Roi pour Sa Sainteté; il eut l'air on ne peut plus satisfait de ce que je lui disais; il m'embrassa à plusieurs reprises.

Le Pape me parla de nos évêques qui font la

---

1. Voir sur la misère dans l'État romain la lettre de Benoit XIV du 17 mai 1751 (*Bullarium Bened. XIV*, t. III, p. 166).
2. Philippe V (1683-1746).
3. Ce paragraphe est chiffré.

conversation journalière du Sacré-Collège. Je lui répondis que, connaissant, comme Sa Sainteté connaissait, les dispositions favorables qui étaient dans le cœur du Roi pour la Religion, elle devait s'en rapporter aveuglément à Sa Majesté, et être sûre que tout ce que le Roi ferait était pour le bien de la paix et de la religion. « Mais ces pauvres évêques, Monsieur l'ambassadeur, me dit le Pape, on me reproche de ne pas parler pour eux ; cependant Dieu m'est témoin que je donnerais le peu de temps qui me reste à vivre pour procurer l'union qui est si désirable pour le Royaume de France ». J'assurai le Saint-Père que je rendrais au Roi les vœux qu'il formait pour cette union, et que j'étais persuadé que Sa Majesté y serait très sensible.......

Je suis obligé de vous avertir, Monsieur, que je sais que quelques évêques ont écrit ici au Pape et à des cardinaux[2] ; je n'ai pas pu savoir leurs noms, mais il serait important, je crois, que vous ordonniez que l'on ait l'œil à la poste sur les lettres qui viennent à Rome, surtout par la voie de la Suisse Il y a une fermentation dans cette ville sur nos

1. La fin de cette dépêche est chiffrée.
2. Ces lettres manquent, mais on en pourra juger par celle que l'archevêque d'Auch (Montillet) adresse au Roi (27 janvier 1755) et que contresignent les dix suffragants d'Auch (Dax, Lectoure, Comminges, Couserans, Aix, Bazas, Tarbes, Oléron, Lescar et Bayonne) : « La disgrâce de M. l'archevêque de Paris... nous avait déjà pénétrés de la plus sensible affliction, lorsque de nouveaux coups ont presque mis le comble à notre douleur »... etc. (Regnault, *op. cit.*, t. I, p. 283).

affaires très considérable, et, quoique par la sagesse du Pape et par la confiance qu'il me marque je la crois inutile, cependant je ne sais pas si l'on ne doit pas empêcher que nos évêques ne l'augmentent par leurs lettres, sous un Pontife qui a quatre-vingts ans et qui peut baisser d'un moment à l'autre.

J'ajouterai à cette observation, Monsieur, que j'ai vu des lettres de M. le nonce à la secrétairerie d'État beaucoup trop vives, et d'un style qui me fait soupçonner qu'elles sont dictées par un Français. Il serait à propos, à ce que je pense, que dans l'occasion, sans faire entrevoir à M. le nonce ce que j'ai l'honneur de vous mander, vous lui fassiez sentir le mécontentement du Roi un peu sèchement, en cas qu'il écrivît à son maître d'une façon à diminuer les sentiments sages que Sa Sainteté a marqués dans cette occasion.

Je suis avec respect...

VIII

A M. ROUILLÉ

A Rome, le 12 février 1755.

... Le Pape hier matin a senti des douleurs aux jambes et aux pieds; Sa Sainteté a cependant tenu une congrégation après laquelle, la douleur étant augmentée, elle s'est mise au lit. On dit au Pape que c'est la goutte pour le tranquilliser; mais c'est une enflure de jambes considérable, qui fait craindre que ce ne soit le même acccident qui l'année passée dénotait l'hydropisie et était regardé comme très dangereux. Cependant Sa Sainteté n'a point eu de fièvre et s'est levée ce matin comme à son ordinaire; elle a même donné audience. Quoique l'enflure de jambes soit la même et que le Pape soit inquiet de la douleur qu'il sent, je vous prie de ne pas paraître instruit des nouvelles de la santé du Pape que j'ai l'honneur de vous mander; ce prince ayant la faiblesse de vouloir être cru en bonne santé, il me saurait très mauvais gré s'il imaginait que j'eusse mandé qu'il ne se porte pas bien. Cette manie est assez commune aux vieillards, et au Pape plus qu'aux autres. Au reste, il n'y a rien de dangereux réellement, que son âge.

Le cardinal Valenti est toujours de même. Il me marque journellement envie de me voir; cependant cela n'a pas encore été possible, ce qui me fait présumer que ses entours le trouvent plus mal qu'on ne le dit dans le public. Dans cette circonstance, si le Pape tombait véritablement malade, il y aurait une confusion dans cet État qui ne peut se concevoir que quand on y est. Toutes ces raisons me font croire qu'il est à propos, pour la considération due au ministre du Roi, que je me mette en public. Je vais aussi travailler ce carême à faire sur le Conclave des notes que je croirai utiles au service de Sa Majesté [1].

Si le Roi le trouve à propos, Monsieur, je ferai mon entrée après Pâques ; je vous supplie de me mander quelles sont vos intentions sur cet objet. Je ne vous parle pas des décorations que mes prédécesseurs ont obtenues dans cette occasion : ce sont des grâces qui ont été données au mérite, et moi je n'ai que la place. C'est à vos bontés pour moi à examiner si, pour le service du Roi, il n'est pas nécessaire de décorer celui qui le représente....

IX

A M. ROUILLÉ.

A Rome, le 19 février 1755.

Monsieur,

La fermentation sur nos affaires ecclésiastiques est moins vive, quoiqu'elle soit toujours l'objet de la conversation des cardinaux. Je sais que le Pape a l'intention d'écrire une nouvelle lettre au Roi [2].

---

1. Cette première partie de la dépêche est chiffrée.
2. Cette lettre du Pape annoncée par Choiseul devait partir de Rome le 26 février. Répondant à la lettre que Louis XV lui avait adressée le 16 décembre 1754 au sujet des mesures qu'il prenait pour faire cesser les divisions religieuses, Benoît XIV lui demandait de faire connaître que le droit de réglementer

On m'a fait confidence, il y a quelques jours, de l'intention de Sa Sainteté que je n'ai pas désapprouvée, pourvu que ce fût une lettre particulière. Elle ne doit nullement embarrasser le Roi qui peut répondre au Pape tout ce qu'il voudra, en lui montrant un air de tendresse et de déférence.

Le Pape a les faiblesses de son âge, il est nécessaire de le flatter. Ce prince est léger et, avec de la mémoire, oublie quelquefois ce qu'il a dit. J'en viens d'avoir une preuve. Je fus à son audience quelques jours après qu'il eut reçu la dernière lettre du Roi; il m'en parla avec reconnaissance, et me dit qu'il en était fort content. Je lui demandai même s'il trouvait bon que je rendisse compte au Roi de la satisfaction que je lui voyais sur la lettre de Sa Majesté. Le Pape m'en pria. J'ai appris depuis par M. le cardinal Tencin [1] qu'il

l'administration des sacrements était un droit incontestable de l'Église et qui n'appartenait nullement aux tribunaux séculiers; il lui exprimait également le désir de concourir avec lui au rétablissement de la paix dans le Royaume (*Rome*, t. DCCCXVII; f. 220-222).

1. Pierre Guérin de Tencin, né à Grenoble le 22 août 1680, abbé de Vézelay en 1702, accompagna le cardinal de Rohan au conclave de 1721; à force d'intrigues, il obtint du nouveau Pape, Innocent XIII, l'élévation de Dubois au cardinalat. Il resta chargé d'affaires à Rome jusqu'à sa nomination au siège archiépiscopal d'Embrun en 1724. Cardinal en 1739, il retourna à Rome recevoir le chapeau et prit une part active au long conclave de 1740 qui nomma Benoit XIV; archevêque de Lyon en septembre 1740, il entra au conseil d'État en 1742 et se retira, en 1751, dans son diocèse où il mourut le 8 mars 1758.

Depuis 1740, il était resté en correspondance suivie avec le Pape qui lui écrivait régulièrement à chaque ordinaire. Il n'est pas prouvé que Tencin ne jouait pas en cela le rôle d'espion.

lui avait mandé qu'il n'était pas content de la réponse du Roi. Cette variation ne peut pas s'expliquer : je ne chercherai pas même à en connaître le motif, car j'ai pour principe vis-à-vis du Pape, de ne pas douter des sentiments invariables que je lui connais pour le Roi et pour la France, et j'ai établi ce principe avec une assurance si positive, que je suis persuadé que, si de mauvais conseils ou des scrupules mal placés prévalaient dans son esprit, ma sécurité sur la façon de penser en arrêterait l'effet. Je vous prie, Monsieur, de ne pas faire usage de ce que j'ai l'honneur de vous mander sur la lettre du cardinal Tencin, qui m'a averti par amitié de celle du Pape, et qui serait peut-être fâché s'il savait que je vous en eusse écrit. Je vous ai cité cet exemple pour vous faire connaître la légèreté dont je dois me méfier, mais qui dans le fonds me donne peu d'inquiétude; plus j'avance, plus je suis convaincu que cette Cour fera ce que le Roi voudra [1].

J'ai l'honneur d'être...

1. Toute cette dépêche est chiffrée.

X

A M. ROUILLÉ[1]

A Rome, le 19 mars 1755.

... Avant-hier le cardinal Valenti me fit dire qu'il me priait de passer chez lui, et de faire en sorte qu'on ne sût pas que c'était lui qui m'avait averti. Je lui envoyai demander l'audience comme à l'ordinaire, et j'y fus hier matin, et le cardinal me dit qu'il voulait me voir pour me donner un avis qui pouvait être utile au service du Roi. C'est, ajouta-t-il, qu'il y a ici un archevêque de Brinde[2], du royaume de Naples, qui est un homme d'esprit, mais d'un esprit fougueux et enthousiaste, pour qui le Pape commence à prendre de la confiance. Je crois cet homme dangereux à Rome pour la France. Vous devriez écrire à Monsieur d'Ossun[3],

---

1. Benoît XIV avait écrit à Louis XV le 26 février : Louis XV ne devait répondre que le 18 mars. Entre temps, le Roi avait mis l'archevêque exilé de Paris en demeure d'opter entre trois termes : soumission, démission ou punition. L'archevêque avait répondu que le conflit étant entre l'ordinaire et le Parlement sur des matières qui n'étaient point du ministère du Parlement, il n'y avait lieu à l'archevêque ni à se rétracter, ni à se démettre. Le 21 février, le Roi exilait Beaumont à Lagny-sur-Marne.
2. Cet archevêque s'appelait J.-A. de Ciocchis († 1762).
3. Le marquis Pierre-Paul d'Ossun (1712-1788) était, depuis le 1er avril 1754, ambassadeur de France à Naples. Il fut depuis ambassadeur à Madrid.

d'engager Sa Majesté Sicilienne d'ordonner à cet archevêque qui n'a rien à faire ici, de retourner dans son diocèse. « Votre M. d'Ossun le connaît sûrement, me dit le cardinal Valenti, car c'est ce prélat qui est cause de la brouillerie de Naples et Malte ; je ne puis pas vous en dire davantage ; croyez que dans l'état où je suis il est important pour le Royaume qu'un homme d'un pareil caractère ne soit pas à Rome quand je mourrai. Du reste, ajouta le cardinal, je vous donne cet avis parce que je vous aime ; mais, en même temps, soyez persuadé que je ne vous le donnerais pas si je ne croyais que le système de modération est le seul que le Saint-Siège puisse adopter. » Je remerciai le cardinal Valenti ; je lui dis que j'aurais l'honneur de vous rendre compte de l'avis qu'il me donnait et que, dès le même jour, j'en écrirais à M. d'Ossun ; ce que j'ai fait effectivement, en observant cependant, selon ce que M. le cardinal Valenti m'a recommandé, de ne pas faire entrevoir à cet ambassadeur que les notions que j'ai sur l'archevêque de Brinde me viennent du ministre du Pape. J'avertis en même temps M. d'Ossun que j'ai l'honneur de vous en écrire pour que vous puissiez, Monsieur, lui donner un ordre en conséquence [1].

---

[1]. Le Roi des Deux-Siciles, Charles IV, donna l'ordre à l'archevêque de Brindisi de regagner son diocèse, et, le 2 avril, Choiseul informe Rouillé que le prélat vient de prendre congé du Pape (*Rome*, t. DCCCXVII, f. 323). Mieux encore, le 7 mai, Choiseul

Cet avis précipité de M. le cardinal Valenti m'a donné du soupçon sur la fermeté du Pape à me tenir les paroles qu'il m'a répétées si souvent. Je demandai au cardinal s'il était possible que le Pape écoutât les mauvais conseils des boute-feux qui se trouvaient à Rome et en France. Le cardinal me répondit que, tant qu'il aurait les yeux ouverts, il n'y avait rien à craindre du Pape ; que d'ailleurs Sa Sainteté connaissait trop ses vrais intérêts pour varier, « mais comme je ne puis pas espérer de vivre encore longtemps, ajouta le cardinal en pleurant, je veux rendre avant ma mort un dernier service au Pape, qui est d'éloigner de lui des esprits turbulents et faux qui cherchent à se faire un mérite en conseillant au Saint-Père des partis nuisibles à l'Eglise ».

Voilà quel a été, Monsieur, le précis de ma conversation avec le cardinal Valenti que j'ai trouvé moins bien hier qu'il ne l'était le dernier jour que je le vis. Depuis un mois, il a perdu totalement la vue ; cependant il ne m'a paru que ce nouvel accident, qu'il attribue toujours à la *goutte*, ait fait impression sur son esprit. Plus je vois ce ministre et plus je crains sa mort ; il me marque l'amitié et l'intérêt le plus tendre [1]...

peut annoncer au ministre que, par ordre du Roi des Deux-Siciles, on a saisi les papiers et que l'on veille sur la correspondance de cet archevêque « qui est un intrigant et un brouillon » (f. 414-415).

1. Cette dépêche est chiffrée.

XI

A M. ROUILLÉ

A Rome, le 26 mars 1755.

... Les jambes du Pape sont fort enflées ; il est plus abattu qu'à son ordinaire, cependant j'ai des nouvelles très exactes, et sûrement il n'y a rien à craindre pour le moment présent. En même temps le médecin venu de Naples pour le cardinal Valenti, qui a été consulté et qui a vu Sa Sainteté, m'a dit que, pour peu que l'humeur qui est dans les jambes remontât, il était à craindre que le Pape ne mourût tout d'un coup. Je serai fort attentif à vous rendre compte de tout ce qui sera intéressant sur cet objet.

Je travaille au mémoire sur le futur conclave [1] ; c'est avec beaucoup de lenteur, ne croyant pas qu'il soit convenable de vous envoyer rien d'hasardé sur cette matière. Je vais aussi travailler à mon entrée, ce qui est une occupation fort coûteuse et fort désagréable.

Le cardinal Valenti est plus mal ; je ne suis point du tout content de son état ; il y a des moments qu'il semble tomber en enfance ; cependant il travaille, il y a entre lui et Rota une espèce de jalousie qui est embarrassante pour les ministres

---

1. Voir p. 221.

étrangers. Cette dissension ne me donne à moi aucun embarras, parce que je suis très bien avec les deux, et que j'ai pris un ton simple pour traiter les affaires du Roi qui m'éloigne de toutes les tracasseries de l'intérieur du ministère du Pape et qui d'ailleurs m'a paru réussir aussi bien auprès de Sa Sainteté, qu'auprès de ses ministres [1].

J'ai l'honneur d'être....

XII

A M. ROUILLÉ

A Rome, le 2 avril 1755.

Monsieur,

J'ai reçu lundi au soir 31 la lettre particulière que vous m'avez fait l'honneur de m'écrire, ainsi que celle du Roi pour Sa Sainteté [2]. J'envoyai hier

1. Cette dépêche est chiffrée.
2. L'exil de l'archevêque de Paris n'a fait qu'aggraver le trouble : on a donc pensé obtenir la suppression de la formalité des billets de confession, ce qui était supprimer l'occasion des conflits : vingt-six évêques réunis à Paris sur l'ordre du Roi en ont pris la décision. Louis XV en informe le Pape en ces termes. — *Versailles, 18 mars 1755* : « C'est avec une véritable peine que j'ai vu s'élever entre le Clergé et les Tribunaux séculiers les divisions qui agitent mon royaume, et je ne cesse point de m'occuper d'un objet si intéressant pour le bien de la religion et pour le repos de mes sujets. J'ai permis à la fin du mois dernier (*février*) aux cardinaux, archevêques et évêques qui se trouvaient à ma Cour ou dans ma ville ca-

matin demander audience au Pape; Sa Sainteté était obligée d'assister au service divin, et me remit à ce matin.....

J'ai été ce matin chez le Pape, après avoir passé chez le secrétaire d'État qui m'avait prévenu que je serais content. Effectivement, en arrivant chez le Pape, Sa Sainteté m'a dit qu'elle était au désespoir de n'avoir pas pu me voir hier, et que si elle avait su que c'était pour lui remettre une lettre du Roi, elle m'aurait donné audience même pendant la messe. Le Pape a lu la lettre du Roi

pitale, de s'assembler à Paris pour délibérer sur un des principaux sujets des divisions que je travaille à terminer. *Cette assemblée fut composée de 26 prélats*, et le résultat de ce qui y fut conclu porte en substance que, *comme l'usage d'exiger des malades, soit des billets de confession, soit la déclaration du nom du confesseur, n'est pas absolument nécessaire*, puisqu'il n'est pas de tous les temps ni de tous les lieux, l'*archevêque de Paris, par amour pour la paix, peut suspendre la pratique de refuser les sacrements à ceux qui ne voudront pas donner de billets de confession, ou déclarer le nom de leur confesseur, en attendant que l'Assemblée générale du clergé puisse donner son avis sur ce sujet. L'archevêque de Paris*, à qui ce résultat avait été communiqué par mon ordre, *m'a écrit qu'il se soumettait à l'avis de ses confrères*, et cet événement m'a été d'autant plus agréable, que je le regarde comme un moyen de parvenir plus promptement et plus efficacement au but que je me suis toujours proposé, de rétablir la tranquillité et la bonne intelligence entre les différents ordres de mon royaume. Votre Sainteté est trop éclairée pour ne pas prévoir toute l'étendue du danger auquel la religion et le repos de mes peuples seraient exposés, si je ne suivais pas avec persévérance les mesures que j'ai cru devoir prendre pour faire cesser des troubles qui n'ont déjà que trop duré. Je suis le Protecteur et le Père commun des ecclésiastiques et des magistrats, et je ne dois pas permettre que l'un de ces deux ordres puisse faire aucune entreprise au préjudice de l'autre... » (*Rome*, t. DCCCXVII, f. 272-273).

tout haut devant moi. Je puis vous certifier, Monsieur, qu'il en a été enchanté; il l'a baisée à plusieurs reprises, et surtout la signature; il m'a dit que cette lettre était le monument le plus précieux de son Pontificat, et ce qui l'avait le plus flatté. Il m'a fait tous les éloges que l'on peut faire du Roi, et m'a répété plusieurs fois que je pouvais mander à Sa Majesté qu'il serait à ses ordres toute sa vie, et qu'il n'avait jamais connu de Prince qui méritât plus de l'Église et de lui Pape en parculier que le Roi.

Quand le transport de joie du Pape a été calmé, je lui ai dit que vous m'aviez aussi écrit une lettre[1], dont j'étais persuadé que Sa Sainteté serait contente, et que la bonté avec laquelle il me traitait autorisait la confiance que j'avais de lui demander la permission de la lui lire. Sa Sainteté a marqué de la curiosité; je lui ai lu l'extrait de lettre que j'avais fait faire la veille. Cette lecture a réussi comme je le souhaitais, et, à l'endroit de votre lettre où il y a qu'on doit être en garde contre les conseils des personnes trop prévenues et trop zélées, le Pape m'a interrompu avec vivacité, et m'a dit en propres termes que je pouvais mander positivement au Roi que

---

1. Extrait de la lettre de Rouillé du 18 mars 1755 : « ... Le Pape sait qu'il n'y a pas dans le monde chrétien une Cour aussi zélée et aussi agissante que celle de France l'a toujours été depuis le baptême de Clovis jusqu'à présent, pour la prospérité de la religion catholique et pour les avantages du Saint-Siège... » etc. (*Rome*, t. DCCCXVII, f. 270 et suiv.).

jamais il n'écouterait de conseils qui puissent être désagréables à Sa Majesté.

Quand j'ai eu fini de lire la lettre, Sa Sainteté y a donné l'approbation qu'elle mérite, et a repris l'éloge du Roi et de son ministère. Vous imaginez bien, Monsieur, que j'ai dit au Pape qu'il n'était pas étonnant qu'un pontife aussi rare et aussi éclairé que lui eût à se louer d'un Roi aussi attaché à la Religion et à l'Église que mon maître ; j'ai renouvelé au Pape dans cette occasion les sentiments personnels de Sa Majesté pour lui, et je ne les ai pas affaiblis.

Le Pape m'a demandé ensuite ce que je pensais qu'il eût à faire à présent. Je m'attendais à cette question, que Sa Sainteté me fait assez souvent. J'ai répondu que c'était à lui à qui je prendrais la liberté de m'adresser si j'avais des conseils à demander pour mon maître. « Non, mon cher ambassadeur, a dit le Pape, dites-moi franchement ce que vous pensez. — Saint-Père, ai-je répondu, puisque vous me permettez de hasarder mon avis, je croirais qu'il serait à propos que Votre Sainteté écrivît au Roi la satisfaction qu'elle a de sa lettre ; et il paraît qu'en même temps elle pourrait pour le bien de la chose écrire aux cardinaux de la Rochefoucault et de Soubise[1], et

---

1. Frédéric-Jérôme de Roye de La Rochefoucauld (1701-1757), pourvu tout jeune de plusieurs prieurés et abbayes, occupait l'archevêché de Bourges depuis 1729. Il s'était rendu à Rome, en qualité d'ambassadeur, pour y recevoir le chapeau que

leur montrer l'approbation qu'elle donne au sentiment de l'Assemblée des vingt-six prélats, qui s'est tenue avec la permission du Roi à Paris, leur marquant que Votre Sainteté loue et approuve la déférence avec laquelle M. l'archevêque de Paris s'est rendu à l'avis de ses confrères[1]. — Vous avez raison, m'a dit le Pape; quand est-ce

Benoît XIV lui avait conféré en 1747. Il avait présidé l'Assemblée du clergé de 1750 et présidait également celle de 1755.

Armand de Rohan, dit le cardinal de Soubise (1717-1756), abbé de Ventadour, docteur en Sorbonne et membre de l'Académie française, coadjuteur du cardinal de Rohan, reçut lui-même le chapeau en 1747. A la mort du cardinal de Rohan, il lui succéda sur le siège de Strasbourg et dans la charge de grand aumônier de France.

1. L'archevêque de Paris et vingt-six évêques ayant à leur tête le cardinal de la Rochefoucauld et le cardinal de Soubise, ont été d'avis de ne plus exiger de billets de confession. Choiseul va tâcher d'obtenir du Pape qu'il marque son approbation à cette solution théorique : c'est entr'ouvrir la porte à l'intervention pontificale dans les affaires de France, c'est l'occasion que le Saint-Siège attendait : Benoît XIV est trop politique pour la laisser passer sans la saisir. Sa lettre au Roi est à dessein insignifiante : le Roi est remercié des sentiments qu'il témoigne d'attachement à la Religion, de déférence au pontife (2 avril 1755, *Rome*, t. DCCCXVII, f. 327). Mais la lettre aux deux cardinaux français est bien autrement significative. Enfin le Pape peut parler et dire directement au clergé de France ce qu'il ressent (2 avril 1755, *Rome*, t. DCCCXVII, f. 326) : « Vous serez aisément persuadé que nous ne pouvons pas éprouver une douleur plus cuisante que celle que nous causent les troubles qui agitent la France aujourd'hui. Nous avons toujours recommandé au Seigneur la paix et la tranquillité d'un Royaume qui est le bouclier de la Religion, et nous avons toujours eu une espérance dans la piété de Sa Majesté qui est le Fils aîné de l'Église. Nous ne vous dissimulerons pas que nous avons appris avec joie la nouvelle de l'arrangement que l'on a pris dernièrement et qui doit durer jusqu'au temps que se tiendra l'Assemblée générale du clergé, regardant cela comme une voie ouverte pour parvenir au rétablissement si désiré de la concorde sans porter préjudice

que la poste part? — Saint-Père, lui ai-je dit, elle part ce soir, mais les lettres de Votre Sainteté peuvent être retardées jusqu'à la semaine prochaine. — Non, je veux écrire tout à l'heure », m'a dit le Pape. Et, dans ce moment-là, le Pape a eu une si grande impatience d'écrire que j'ai senti qu'il fallait me retirer. Je n'ai eu que le temps de lui recommander le secret qu'il m'a promis, mais je ne suis pas aussi sûr de sa parole sur cela que je le suis de la sagesse constante de ses démarches.

... Le Pape vient de m'envoyer sa lettre pour le Roi que j'ai l'honneur de vous adresser, ainsi que celles que Sa Sainteté écrit aux cardinaux de La Rochefoucault et de Soubise. J'en ai fait des traductions afin que vous puissiez, Monsieur, les lire sur-le-champ. Je crois que ces brefs remplissent l'idée que vous m'avez marquée, et j'ai senti toute l'importance que l'expédition en fût faite avant que le Pape en ait pu parler. Au reste, si ces lettres

---

à la Religion et à l'autorité de l'Église. Nous ne vous dissimulerons pas non plus qu'ayant toujours eu une estime particulière pour M. l'archevêque de Paris, la démarche qu'il vient de faire de se soumettre au sentiment de ses confrères, nous a donné lieu d'admirer encore plus sa prudence et sa sagesse. Nous savons tout ce que vous avez fait et tout ce que vous faites pour la cause de la Religion et de l'Église, et nous vous ferions une espèce de tort si nous vous encouragions davantage à poursuivre le cours de votre zèle pour l'heureux succès de cette importante affaire; mais au lieu de vous exhorter nous vous remercions de bien bon cœur de tout ce que vous avez fait jusqu'à présent, et nous finissons en vous donnant notre bénédiction apostolique. »

aux cardinaux n'étaient pas comme vous les désirez, ou que le Roi eut des raisons pour qu'elles ne fussent pas remises, vous pouvez les soustraire, et je me charge de faire approuver cette soustraction au Pape. Si, au contraire, ces brefs conviennent au Roi, je vous serai bien obligé, après les avoir fait cacheter, de les faire remettre à leur adresse.

Cette affaire m'a engagé dans un détail un peu long que je n'ai pas dû devoir vous raccourcir, parce qu'il m'a paru nécessaire de vous faire, par un fait, le tableau de la situation actuelle de cette Cour par rapport à nous, et de montrer au Roi que ce que j'ai avancé se confirme tous les jours, qui est que Sa Majesté doit être dans la plus grande sécurité sur la conduite du Pape, de l'esprit duquel elle est la maîtresse absolue pour ce qui la regarde et son Royaume.

J'ai l'honneur d'être...

XIII

A M. ROUILLÉ

A Rome, le 9 avril 1755.

Monsieur,

On ne peut pas être plus surpris que je l'ai été en lisant l'arrêt du Parlement du 18 mars [1] ; je l'ai

---

1. Au moment précis où l'on peut croire le conflit terminé par le retrait des billets de confession, le Parlement le rouvre

reçu lundi matin, 7 de ce mois; je vis dans le moment le trouble que cet arrêt mettrait dans le

en l'élargissant : il va s'en prendre maintenant à la constitution *Unigenitus* elle-même. Un sieur Cougniou, chanoine d'Orléans et appelant, étant tombé malade et sollicité de se soumettre, avait répondu au chapitre en qualifiant la bulle d' « œuvre du diable »; le chapitre, qui lui avait refusé les sacrements (septembre 1754), avait été condamné par le Parlement à douze mille livres d'amende, et le Roi avait exilé l'évêque d'Orléans (M. de Montmorency-Laval) à Meung, sa maison de campagne. Le Parlement, qui n'avait connu l'affaire que dans sa chambre des vacations, la fit, le 18 mars, rapporter devant toutes les chambres réunies. L'arrêt portait cet article : « Et attendu les faits de la cause, la Cour reçoit le procureur général du Roi incidemment appelant *comme d'abus* de l'exécution de la bulle *Unigenitus*, notamment en ce qu'aucuns ecclésiastiques prétendent lui attribuer le caractère *ou les effets* de *règle de foi;* et dit qu'il y a abus. En conséquence enjoint à tous les ecclésiastiques de quelque qualité ou *dignité* qu'ils soient, de se renfermer à l'égard de la bulle dans le *silence général et absolu,* prescrit par la déclaration du 2 septembre. Ordonnant que le présent arrêt sera publié et affiché partout où besoin sera, etc. » Le débat se rouvrait donc sur une nouvelle question, celle de savoir si la constitution *Unigenitus* étant, ou non, une règle de foi, obligeait, ou non, sous peine de péché, et cette question n'était autre que celle du principe dont la pratique des billets de confession était l'application directe. Rouillé (25 mars 1755), écrit à Choiseul : « Le jour même que j'eus l'honneur de vous écrire ma lettre du 18 de ce mois et qui accompagnait celle du Roi au Pape, le Parlement rendit l'arrêt dont je joins ici un exemplaire. Ce même tribunal a mandé depuis tous les curés de Paris et en a interrogé plusieurs pour leur faire rendre compte des ordres qu'ils avaient reçus de M. l'archevêque de Paris relativement aux circonstances présentes. Ces deux événements feront sans doute beaucoup de bruit à Rome, mais vous pouvez assurer le Pape et M. le cardinal Valenti que le Roi est extrêmement mécontent de ces nouvelles entreprises de son Parlement, et que Sa Majesté prendra incessamment les mesures nécessaires pour calmer les inquiétudes qu'on pourrait concevoir dans le pays où vous êtes à l'occasion de ce qui vient de se passer » (*Rome*, t. DCCCXVII, f. 301).

palais du Pape et dans le Sacré-Collège. Je pris le parti d'aller sur-le-champ chez M. le cardinal Valenti pour prévenir ce ministre, et l'engager de prévenir le Pape sur cet arrêt avant qu'ils eussent tous deux reçu cette nouvelle par les lettres de la poste.

Je me servis, pour aller chez le cardinal Valenti sans me faire annoncer, du prétexte de la consultation de M. de Sénac, que le président Henaut m'avait envoyée sur la santé de ce ministre [1]. Je donnai à M. le cardinal Valenti cette consultation ; je lui parlai de sa santé assez longtemps et des choses que je sais qui lui sont agréables ; enfin je lui dis que j'avais reçu par l'ordinaire un arrêt du Parlement de Paris dont le Roi était fort mécontent et que j'avais apporté avec moi pour que Son Éminence et Sa Sainteté en fussent prévenues ainsi que des sentiments du Roi sur ce sujet : le cardinal me pria de lui lire, ce que je fis.

Je ne peux pas vous dissimuler, Monsieur, que l'étonnement de ce ministre a été extrême en entendant l'appel comme d'abus de la Bulle *Unigenitus*. Il répéta plusieurs fois : « Ah ! cela est trop fort. Et comment, me dit-il, la Cour de Rome qui s'est si bien conduite depuis trois ans est aussi attaquée ! Vous m'avouerez, ajouta le

---

1. Sénac († 1770) était depuis 1752 premier médecin du roi. On voit que Choiseul l'avait fait consulter sur la santé du cardinal Valenti. — Hénault est l'historien bien connu, président de chambre au Parlement de Paris.

cardinal, qu'il est extraordinaire qu'un tribunal, qui prétend faire exécuter une déclaration qui enjoint le silence sur la Bulle, appelle lui-même de cette même Bulle, et donne des ordres aux ecclésiastiques d'un Royaume avec les termes dont se servirait un concile. »

Je lui répondis : « Monsieur le cardinal, je ne suis pas venu ici pour excuser la démarche du Parlement, qui est blâmée par le Roi; je suis venu pour, en vous faisant part de l'arrêt, vous lire les ordres que Sa Majesté me donne sur cet objet. »

Je lus ensuite à ce ministre la lettre que vous m'avez fait l'honneur de m'écrire, Monsieur. Après l'avoir lue, je fis remarquer au cardinal que les sentiments du Roi étaient très expressément marqués dans cette lettre, que j'attendais de sa prudence et des bonnes intentions que je lui avais toujours connues, qu'il ferait sentir au Pape la confiance qui était due aux dispositions du Roi, et l'importance qu'il y aurait que des mouvements d'impatience ou d'humeur de Sa Sainteté ne donnassent cours aux propos licencieux des têtes chaudes de la Cour de Rome, enfin que je n'avais pas osé aller chez le Pape, mais que j'espérais trop de lui pour ne pas compter que ma négociation serait en bonnes mains entre les siennes.

Le cardinal me répéta, avec un peu plus d'étendue, ce qu'il m'avait déjà dit sur l'appel du

Parlement, et sur l'effet qu'il ferait ici ; il me rappella l'histoire de la Bulle demandée par le Roi [1], enregistrée comme règle de l'Église et de l'État, qu'au reste c'était un décret de la Cour de Rome. Je n'entrai pas dans le détail des faits précédents, ni dans la discussion du fait actuel ; je me bornai toujours à lui demander d'engager le Pape à ne point parler, ni *souffrir qu'on lui parlât de cette affaire.* M. le cardinal Valenti, qui devait voir le Pape deux heures après, me pria de lui laisser l'arrêt et votre lettre ; je ne fis sur cela nulle difficulté, mais je lui demandai qu'en me renvoyant la lettre il m'écrivît de la part du Pape un billet ministériel qui fût une nouvelle assurance des bonnes intentions du Pape dans cette occasion. Le cardinal Valenti me promit de faire ce qui dépendrait de lui pour que je fusse content...

J'ai appris que, ce matin, on avait parlé devant le Pape à la congrégation du Saint-Office de l'arrêt du Parlement, et que Sa Sainteté avait dit qu'elle ne voulait pas qu'on traitât cette matière sur laquelle elle se rapportait au Roi dont les sentiments louables lui étaient connus.

Vous imaginez facilement, Monsieur, à combien de mauvais propos je suis en butte ici depuis lundi. On a écrit de France que le Roi était d'accord avec le Parlement sur l'appel, et que, depuis

---

1. En ce qui concerne la Bulle *Unigenitus*, voir *Louis XIV et le Saint-Siège*, par Ch. Gérin (1894).

que je suis à Rome, je n'ai fait que tromper le Pape sur cette matière. Enfin, il n'y a guère de sottises que l'on ne dise sur ce sujet. Elles me sont, je vous assure, très indifférentes; mais, comme bon serviteur du Roi, je vois avec douleur recommencer plus vivement que jamais des troubles qui me paraissent aussi nuisibles à l'autorité du Roi qu'à la tranquillité du Royaume, et qui donnent lieu à des idées désavantageuses sur notre compte dans les pays étrangers.

J'ai l'honneur d'être...

XIV

A M. ROUILLÉ

A Rome, le 23 avril 1755.

... J'ai été hier à l'audience de Sa Sainteté qui, en entrant chez elle, me dit qu'elle me chargeait de remercier le Roi de sa part de l'arrêt que le Conseil de Sa Majesté avait rendu[1]. Je dis au Pape que j'étais venu pour lui faire part de cet arrêt, et lui faire remarquer les sentiments suivis de Sa Majesté; le Pape me répéta plusieurs fois qu'il me priait d'écrire au Roi combien il

1. Un arrêt du Conseil du Roi cassait l'arrêt des Parlements du 18 mars, et déclarait à nouveau la constitution *Unigenitus* « loi de l'Église et de l'État ».

comptait sur ses bonnes dispositions, et qu'il espérait que de plus en plus il n'aurait que des actions de grâces et d'admiration à rendre à Sa Majesté.

Il est vrai, Monsieur, que cet arrêt du Conseil a fait un effet merveilleux au Palais et dans le Sacré-Collège, d'autant plus qu'on avait voulu jeter du doute sur les assurances que j'avais données au Pape des sentiments du Roi après l'arrêt du 18.

Le Pape me demanda dans mon audience si cet arrêt du Conseil serait enregistré au Parlement; je répondis au Saint-Père que je l'ignorais, mais que cette forme n'était pas nécessaire pour constater, surtout vis-à-vis de Sa Sainteté, l'attention avec laquelle le Roi était déterminé de soutenir l'obéissance due aux décrets de l'Église.

Le Pape me demanda ensuite ce que je croyais que le Parlement ferait, et me dit qu'on lui mandait de Paris qu'il était turbulent. Je dis au Saint-Père que j'étais sûr que Sa Majesté prendrait les moyens les plus efficaces pour terminer les divisions, qu'au reste le Roi me chargeait expressément de renouveler à Sa Sainteté la satisfaction qu'il avait de la prudence et de la sagesse qui dirigeaient sa conduite, ainsi que de la confiance qu'elle avait aux intentions de Sa Majesté.

Le Pape me dit que j'étais témoin de la fermeté avec laquelle il suivait son premier principe, et qu'il m'assurait de nouveau du dessein formel où il était de ne pas varier, et de se contenter d'écrire au Roi dans les occasions où il croirait que sa conscience exigeât cette démarche.....

En sortant de chez le Pape j'ai été chez le cardinal secrétaire d'État qui m'a répété ce que le Pape m'avait dit de l'arrêt du Conseil et m'a assuré que l'on ne pouvait pas avoir été plus content que Sa Sainteté l'avait été lorsqu'elle l'avait reçu. Je dis au cardinal ce que vous mandiez, Monsieur, d'avantageux sur son compte. Il s'attendrit, et me renouvela de bien bonne foi les protestations du dévouement et du respect qu'il a pour le Roi : « Tant que je vivrai, Monsieur l'ambassadeur, me dit-il, vous serez content de moi. »

L'état de ce ministre me fait une peine horrible : il ne lui reste plus que la tête de libre, encore a-t-il presque perdu totalement la vue; cependant il conduit les affaires autant que sa situation le lui permet, et le Pape passe trois heures tous les jours chez lui.

Si le Pape perd ce ministre, et que l'abbé Rota, qui a quatre-vingts ans, ne soit pas chargé des affaires étrangères, il est certain, Monsieur, que nous n'aurons pas la même facilité que j'ai trouvée depuis que je suis ici. Je ne crains cependant pas, tant que la tête du Pape sera saine, que le Saint-Père pense jamais à manquer aux paroles réitérées qu'il m'a données; ce qui m'inquiète quelquefois, c'est la peur qu'après la mort du cardinal, il ne survienne au Pape des incommodités qui le mettent hors d'état de discuter les affaires, et de me donner audience; pour lors tout passerait par des congrégations et l'on verrait renaître les difficultés, et les principes des ultramontains qui ont été écartés sous ce pontificat. Mais dans ce moment ci, Monsieur, ces craintes ne doivent pas vous embarrasser, elles sont prématurées; et je vous assure que, pour le présent, la Cour de Rome est aux ordres du Roi, et, comme la santé du Pape est entièrement rétablie, j'ai ralenti mon travail sur le conclave, et plus j'aurai du temps, plus j'espère pouvoir vous communiquer des connaissances utiles, sur les sujets de cette Cour [1].....

XV

A M. ROUILLÉ

A Rome, le 21 mai 1755.

Je fus hier, Monsieur, chez M. le cardinal Valenti pour lui dire adieu, comptant aller demain m'établir à Frascati jusqu'à la veille de la Saint Pierre, qui est le jour où le Pape revient à Rome. M. le cardinal me dit que Sa Sainteté avait écrit une lettre au Roi [2] qu'il m'enverrait le soir afin que

---

1. Ce paragraphe est chiffré.
2. L'assemblée du clergé allait s'ouvrir : Louis XV en avait

je la fisse passer à Sa Majesté ; que le Pape s'était déterminé à cette démarche, parce qu'il avait reçu des sollicitations très pressantes du clergé de France par la poste de lundi dernier ; que Sa Sainteté désirait que le Roi profitât de l'Assemblée du clergé pour terminer les troubles ecclésiastiques du Royaume, et que le Saint-Père me priait extrêmement de recommander sa lettre au Roi. J'ose vous demander, Monsieur, de tâcher d'engager Sa Majesté à répondre le plus tôt qu'il sera possible à la lettre du Pape ; et, s'il se pouvait que le Roi marquât à Sa Sainteté la même confiance qu'elle lui a marquée dans sa dernière lettre, le Pape serait content pendant quelques mois...

Le Pape compte partir dimanche 25 pour sa campagne. Sa Sainteté m'a paru en assez bonne santé. Le cardinal Valenti a reçu la consultation de M. Senac, dont il m'a paru très content. Ce ministre espère toujours pouvoir aller prendre les eaux à Viterbe pendant que le Pape sera à sa campagne. Par les arrangements que l'on a pris, ces différents voyages n'apporteront aucun retardement aux affaires...

fait part à Benoît XIV. Le 21 mai, le Pape écrit au Roi pour lui demander d'accorder sa généreuse assistance aux membres de l'Assemblée, et pour le prier de lui faire connaître les résolutions que cette assemblée prendra (*Rome*, t. DCCCXVII, f. 440). La lettre de Benoît XIV est à dessein banale.

XVI

AU ROI

A Rome, le 2 juillet 1755.

Sire,

J'ai remis hier au Pape la lettre de Votre Majesté que M. Rouillé m'avait adressée.

Le Pape l'a lue avec empressement devant moi. Il m'a chargé plusieurs fois d'avoir l'honneur de mander à Votre Majesté qu'il était pénétré de reconnaissance des expressions dont sa lettre était remplie. Sa Sainteté l'a baisée à différentes reprises, et elle m'a fait promettre que je vous rendrais, Sire, cette démonstration de sa part.

Le Pape m'a dit qu'il espérait que les différends du clergé et des Parlements s'accommoderaient pendant l'Assemblée, qu'il le désirait bien vivement pour le bien de l'Église et pour la tranquillité de Votre Majesté, à qui il souhaitait tous les bonheurs qu'elle mérite.

Le Saint-Père m'a parlé, Sire, avec la plus grande estime de M. le cardinal de La Rochefoucault [1]; il m'a dit en propres termes que c'était un des plus

---

1. Bernis, *Mémoires*, t. I, p. 325 : « L'Assemblée du clergé tenue à Paris au mois de mai 1755 fut remarquable ; le cardinal de La Rochefoucault, qui présidait cette assemblée, et qui fut chargé dans la même année de la feuille des bénéfices, était à la tête de cette fameuse Assemblée. »

respectables prélats de l'Église, et qu'il joignait à cette qualité celle d'être un des meilleurs sujets de Votre Majesté.

Le Pape a loué les premières déterminations de l'Assemblée du clergé [1], et a fini par m'assurer qu'il serait aux ordres de Votre Majesté si jamais elle désirait quelque chose de lui, qu'il ne pouvait trop me répéter l'amour et le respect qu'il avait pour elle.

Je n'ai eu qu'à applaudir, Sire, aux expressions tendres du Pape pour Votre Majesté; j'ai assuré Sa Sainteté que Votre Majesté y serait très sensible; et j'ai cru devoir ajouter que la confiance que Votre Majesté marquait au Saint-Père était une

---

1. Les premières déterminations de l'Assemblée du clergé ont consisté à voter un don gratuit de seize millions au Roi, puis à procéder aux règlements de compte et autres matières d'ordre administratif inscrites à l'ordre du jour de toutes ces assemblées. Mais le Pape fait allusion à deux démarches plus caractéristiques. A peine, en effet, l'assemblée avait-elle été constituée, que le cardinal de La Rochefoucauld, président, avait proposé de député au Roi trois évêques pour solliciter le retour de l'archevêque de Paris exilé; et, si cette députation n'avait pas été envoyée, ce n'avait été que sur les instances de Christophe de Beaumont lui-même. Puis, le 1er juin, dans sa harangue au Roi, le même cardinal de La Rochefoucauld s'était exprimé avec une remarquable fermeté, rappelant à Louis XV l'obligation où il était d'employer son autorité à « faire respecter celle que Dieu a établie dans l'ordre spirituel »; que le clergé attendait du Roi « la protection nécessaire pour ne point être troublé » dans « l'enseignement de la saine doctrine et l'exercice des fonctions sacrées ». Le cardinal avait ajouté : « Nous ne vous dissimulerons pas les maux qui affligent l'Église, nous vous exposerons nos douleurs pour le passé et nos alarmes pour l'avenir » (Picot, *Mémoires*, t. III, . 282-284).

preuve non seulement de son attachement à l'Église mais de son amitié sincère pour sa personne. Le Pape a été très flatté que je lui parlasse ainsi au nom de Votre Majesté; pendant une heure qu'a duré mon audience, il m'en a marqué à différentes reprises sa satisfaction.

Le Saint-Père se porte à merveille; l'air de la campagne lui a fait beaucoup de bien. Il n'a point été fatigué d'avoir dit la grand'messe le jour de Saint Pierre; il y avait quelques années que les médecins de Sa Sainteté s'étaient opposés à l'envie qu'elle avait de faire cette cérémonie; leur opposition a été inutile cette année, et heureusement, quoique la fonction soit fort longue, le Pape n'en a souffert aucune incommodité.

Je suis...

XVII

A M. ROUILLÉ

A Rome, le 2 juillet 1755.

Monsieur,

J'ai été hier à l'audience du Pape pour faire au Saint-Père le compliment d'usage à l'occasion de l'anniversaire de l'exaltation de Sa Sainteté; je trouvai le Pape, qui avait eu une petite incommodité ces jours passés, en très bonne santé.

Je présentai au Saint-Père l'état des livres dont Sa Majesté lui fait présent; le Pape lut cet état avec empressement, il me parut satisfait de la collection, et me chargea de marquer au Roi sa reconnaissance. Sa Sainteté me demanda quand ils arriveraient. Je lui dis que vous me faisiez l'honneur, Monsieur, de me mander qu'ils étaient partis pour Marseille et que j'espérais qu'ils seraient ici le mois prochain.

Le Pape me parla longtemps de nos différends avec l'Angleterre [1]; il me marqua le désir qu'il avait que l'Italie fût préservée de la guerre. Je dis à Sa Sainteté que vous m'aviez chargé, Monsieur, de l'assurer de la part du Roi que l'intention de Sa Majesté était d'éviter autant qu'il était possible que sa querelle particulière avec l'Angleterre troublât le repos du reste de l'Europe.

Le Pape me demanda la suite des nouvelles de l'Assemblée du clergé, et me dit qu'on lui avait écrit qu'il y avait eu des avis différents parmi les évêques [2]. J'ai répondu au Saint-Père que j'ignorais

---

1. Sans déclaration de guerre préalable, une escadre anglaise sous les ordres de l'amiral Boscawen avait attaqué et capturé deux navires français, l'*Alcide* et le *Lys* (Terre-Neuve, 8 juin 1755). A la suite de cette agression, le port de Dunkerque fut mis en état de défense, les troupes de terre et de marine furent augmentées, et des renforts furent envoyés au Canada.

2. Bernis, *Mémoires*, t. I, p. 325 : « Les évêques furent partagés sur cette question, savoir, si le refus d'acceptation de la bulle *Unigenitus* est un péché mortel, ou simplement un péché en matière grave [Ceci n'est guère exact]. Seize évêques furent du premier sentiment, et dix-sept du second : ce partage scandalisa le public et affaiblit considérablement la force du clergé,

cette particularité, et que je me flattais que les prélats qui composent l'Assemblée se réuniraient

qui consiste principalement dans son union. » — Le bureau de l'Assemblée chargé de préparer un projet sur la matière des refus de sacrements avait rédigé un projet de dix articles, dont on trouvera le texte intégral dans les *Mémoires* de Picot (t. III, p. 301-302). Le projet qualifiait la bulle *Unigenitus* de « jugement dogmatique et irréformable de l'Église universelle », « de jugement de l'Église en matière de doctrine », de « jugement auquel on doit une soumission sincère de cœur et d'esprit », si bien que « ceux qui pèchent contre cette soumission pèchent en matière grave ». Mais le refus public des sacrements est une peine qui ne saurait être infligée qu'à ceux qui, péchant contre cette soumission formellement et opiniâtrement, le manifestent par des actes extérieurs « au point de présenter une notoriété de fait ». La notoriété de fait « doit être distinguée avec soin des conjectures, des soupçons et des rumeurs » : elle doit naître d'un fait « qui persévère au moins moralement, qui a la multitude pour témoin et qui est si évident qu'on ne peut le céler ni l'excuser ». Et comme une telle notoriété est délicate à établir, l'appréciation en est réservée à l'évêque. En d'autres termes, le refus public des sacrements n'était plus applicable qu'à une espèce très déterminée, et vraisemblablement fort rare. Les dix articles avaient été inspirés par le cardinal de La Rochefoucauld de concert avec la Cour. — A ce projet, qui rallia dix-sept évêques, on opposa un contre-projet en huit articles qui rallia une minorité de seize évêques. Ce contre-projet, dont Picot (*op. cit.*, p. 302-303) donne le texte, qualifie la bulle *Unigenitus* de « jugement dogmatique et irréformable de l'Église universelle, auquel on ne peut sans péché mortel refuser une soumission sincère d'esprit et de cœur ». On doit refuser publiquement, non plus seulement le viatique, mais en terme plus général l'eucharistie ou communion « à ceux qui sont notoirement réfractaires à ce jugement solennel, comme à des pécheurs publics ; » et la notoriété existe « toutes les fois que le péché est tellement certain dans le public qu'on ne peut le dissimuler par aucune tergiversation. » On conseille simplement de « consulter l'évêque dans les cas douteux ». L'archevêque de Paris adhéra aux huit articles. — Ensemble les dix, aussi bien que les huit articles, protestaient contre l'ingérance des juges séculiers en ces matières spirituelles et déclaraient gravement coupables ceux qui recouraient à la puissance séculière pour être admis aux sacrements.

pour procurer la tranquillité que Sa Sainteté désirait. Je détournai la conversation, Monsieur, de cet objet, ne pouvant répondre au Pape que des choses générales...

XVIII

A M. ROUILLÉ

A Rome, le 2 décembre 1755.

Monsieur,

J'ai remis au Pape la lettre du Roi qui fait part à Sa Sainteté de la naissance de M. le comte de Provence [1]. Le Saint-Père a pris à cette nouvelle toute la part possible, et marque plus précisément à Sa Majesté, par la lettre ci-jointe, ses sentiments sur cet heureux événement.

Le Pape m'a mis à portée dans cette audience de remplir les ordres que vous m'avez fait l'honneur de me donner, Monsieur, par votre lettre du 11 novembre. Sa Sainteté me parla longuement de la division de notre Clergé [2], et de l'attente où elle

1. La Dauphine Marie-Josephe de Saxe avait mis au monde le 17 novembre, un second fils, ce comte de Provence qui devait être Louis XVIII.
2. L'Assemblée du clergé, s'étant divisée sur les points que nous venons de dire, résolut d'en référer au Saint-Siège. Le procès-verbal de l'Assemblée, séance du 22 octobre, présidence du cardinal de La Rochefoucauld, porte que « il a été délibéré tout d'une voix que l'on consulterait Notre Saint-Père le Pape, pour

était de la lettre du Roi sur ce sujet, et de celle de l'Assemblée. Je dis au Pape que le Roi m'ordonnait de le prévenir confidemment que Sa Majesté avait reçu la lettre de ladite Assemblée, mais, qu'avant de l'adresser au Saint-Père, le Roi croyait, pour le bien de la chose, devoir examiner mûrement les différents articles qui devaient être présentés à Sa Sainteté pour prévoir et prévenir les inconvénients qui pourraient nuire à la Religion et à son Royaume.

Le Pape approuva, Monsieur, le parti sage que prenait le Roi, d'autant plus qu'il est analogue au système que Sa Sainteté s'est proposé, qui est de ne rien faire dans cette affaire sans l'approbation de Sa Majesté. J'assurai le Pape que j'avais déjà prévenu le Roi des dispositions sages où était Sa Sainteté. « Mais, lui dis-je, Saint-Père, ne serait-il pas à propos que je fisse part au Roi, de la part

recevoir ses avis et ses instructions paternelles, et qu'à cet effet les articles ci-dessus seront remis à Sa Majesté, et qu'elle serait très humblement suppliée de les faire présenter à Sa Sainteté ».

Dans la lettre adressée au Pape par l'Assemblée, les prélats s'exprimaient ainsi en terminant : « C'est à vous présentement, Très-Saint-Père, à remplir ce qui appartient à votre dignité pour conduire à une heureuse fin une entreprise si importante. Nous l'espérons d'autant plus que la piété et le respect de tout le clergé français envers la mère et la maîtresse de toutes les Églises, parait avec éclat dans ce désir unanime de consulter le siège apostolique : jaloux de conserver l'unité de l'esprit, dans le lien de paix, nous nous empressons de nous placer devant la chaire principale, d'où est sortie l'unité du sacerdoce, afin qu'instruits par les enseignements de Votre Sainteté, nous puissions plus heureusement venir au secours de l'Église » (Picot, *Mémoires*, t. III, p. 304-305).

de Votre Sainteté, de la forme qu'elle projette de mettre dans l'examen de cette matière? »

Le Saint-Père me dit qu'il comptait faire une congrégation [1]. A ce mot de congrégation dont j'étais prévenu par le cardinal Valenti, je fis observer au Saint-Père que la congrégation avait un air d'éclat qui peut-être nuirait au bien par les intrigues que l'on est assez d'usage de mêler dans les délibérations d'un pareil tribunal. J'ajoutai qu'il était vrai que je n'avais nul ordre du Roi de m'opposer à cette forme, mais que je savais et que je pouvais assurer que la confiance de Sa Majesté était entière en Sa Sainteté, que le Roi en conséquence ne désirait que d'avoir l'avis d'un pontife aussi éclairé, et que la permission que le Roi avait donnée au clergé de recourir au Saint-Père avait pour principal motif l'estime dont Sa Majesté était pénétrée pour les connaissances, la sagesse, et les lumières distinguées de Sa Sainteté.

J'étais préparé à faire ce compliment au Pape, parce que je savais avant de monter chez lui ce qu'il me dirait. Je fus flatté des assurances réitérées que je lui donnai de l'estime du Roi et de la confiance de Sa Majesté; il me fit les protestations les plus vives de son attachement pour le Roi et pour la France. « Mais, me dit-il, je ne peux pas dans une matière aussi délicate juger seul; les con-

---

1. Une congrégation extraordinaire est, en style de Curie, ce qu'on pourrait appeler une commission consultative.

seils que je donnerais seraient critiqués dans ce pays; je crois que je rendrai plus de service au Roi en tenant une consultation, puisque vous ne voulez pas, dit-il, que je la nomme congrégation; ce sera toujours mon avis qui sera suivi, je serai plus en règle selon les usages du Saint-Siège, et d'ailleurs je ne choisirai pour consulteurs que ceux que vous approuverez. »

Je souhaitais que le Pape entrât en matière sur cet article, et je voulais être sûr qu'il choisît des sujets convenables. Sa Sainteté me nomma d'abord les cardinaux Tamburini et Galli, il me dit qu'il fallait qu'il prît pour conseil ces deux théologiens; je répondis que je croyais que le Roi les approuverait.

Le cardinal Tamburini, Monsieur, est excellent, il est le premier de ceux que je désirais; ce cardinal, qui est religieux, est vraiment un saint, un homme fort éclairé, fort doux, des intentions droites, et tendant au bien et à la paix.

Le cardinal Galli est un autre religieux, créature du Pape, que Sa Sainteté au bout de quinze ans, n'en ayant jamais parlé pendant tout ce temps, a tiré de Bologne pour le faire cardinal, et vient de faire grand pénitencier; j'ai eu quelques petites affaires avec lui depuis qu'il a cette charge, j'en ai été très content. C'est un homme fort modeste, et qui, à ce que j'espère, se laissera conduire par ses confrères : je ne l'ai pas choisi, mais je n'ai pas cru devoir le refuser.

Le Pape me nomma pour le troisième, le cardinal Spinelli[1]. Je l'avais demandé ; il est ami intime du cardinal Valenti, je puis dire aussi qu'il est des miens et que je suis de sa façon de penser. Le cardinal Spinelli est un homme vertueux, fort attaché à ses devoirs, qui joint à une grande naissance de l'esprit et de l'étude. On a voulu faire croire en France que ce cardinal était opposé aux intérêts du Roi et de la Nation ; je suis bien éloigné d'avoir de lui la même opinion. J'ai cultivé depuis que je suis à Rome le cardinal Spinelli avec attention ; je lui ai trouvé de la supériorité en tous genres sur les autres cardinaux, et je prends sur moi de vous assurer, Monsieur, que, dans toutes les occasions, le Roi sera content de l'envie qu'il a de marquer son respect à Sa Majesté.

Le Pape me proposa ensuite le cardinal Delci[2] que je refusai. Je dis au Saint-Père que M. Delci ne pouvait pas convenir dans cette occasion, qu'outre son âge très avancé qui le rendait peu propre à examiner une affaire, il mettait ordinairement une chaleur et un entêtement dans son avis qui seraient nuisibles. Le Pape convint que j'avais raison. Mais, me dit-il, il me faut encore deux cardinaux, car le cardinal Valenti que l'on informera de tout ne peut pas être compté, son état ne lui permettant pas d'assister à la congrégation. » Alors je sug-

1. Voir p 224.
2. Voir p. 238.

gérai au Pape les cardinaux Landi et Passionei [1].

Le premier a été dix ans en France ministre de Parme, c'est une créature de la reine douairière d'Espagne [2]. Il est attaché sincèrement à la France; il connait les ménagements nécessaires pour le royaume; il est parent de M. de Saint-Severin; les biens de sa famille sont dans les États de Parme, et il tient sa fortune du cardinal Valenti. Ces différentes considérations m'engagèrent à insister sur lui; quoique le Pape ne l'aime pas personnellement, Sa Sainteté se rendit et me l'accorda.

Pour le cardinal Passionei je ne me suis déterminé à le nommer qu'après y avoir réfléchi depuis plusieurs jours, et avoir trouvé qu'il y avait infiniment plus d'inconvénients à le rejeter qu'à l'admettre; j'avais fait convenir de ce principe, avant d'entrer chez le Pape, M. le cardinal Valenti dont il est ennemi. Il est vrai que le cardinal Passionei a une présomption, un feu, et en même temps une légèreté d'idées dans la tête qui passe tout ce que l'on peut dire, mais, en matières pareilles à celles qui seront consultées dans cette occasion, il est soumis aux avis des cardinaux Tamburini et Spinelli; il se piquera de vouloir le bien qui lui sera sûrement présenté par les cardinaux auxquels il a confiance; d'ailleurs dans tout

---

1. Voir pp. 228 et 247.
2. Élisabeth Farnèse (1692-1766), fille d'Édouard II, prince de Parme, avait épousé en 1714 Philippe V, roi d'Espagne, qui mourut en 1746.

le Sacré-Collège il n'y en avait pas d'autres à choisir, et il en fallait un pour qu'ils fussent cinq. Lorsque je parlai de lui au Pape qui l'accepta avec plaisir, je lui dis que je sentais les inconvénients de ce choix s'il pouvait y en avoir dans un conseil où présidait Sa Sainteté. Le Saint-Père m'assura que je ne devais rien craindre, qu'il veillerait lui-même à ce que toutes les intentions se dirigeassent à la gloire de Dieu, au bien de la Religion et du Royaume, et à la satisfaction de Sa Majesté. Le Pape aurait désiré que l'on joignît à ces cardinaux quelques moines théologiens; j'en fis sentir l'inconvénient à Sa Sainteté, qui condescendit à la répugnance que j'avais que les moines entrassent dans cette affaire.

Le Pape eut la bonté ensuite de résumer toute notre conversation et ce dont nous convenions, dont les différents articles étaient que Sa Sainteté ne songerait pas à cette affaire que les lettres du Roi ne fussent arrivées; que, quand il en serait question, elle ne consulterait que les cardinaux convenus, et qu'elle ne prendrait aucun parti sans l'avoir communiqué à Sa Majesté et en avoir reçu son approbation.

Je remerciai le Pape de la part du Roi, et je lui ajoutai que, devant ces jours-ci renvoyer à la Cour le courrier qui m'était arrivé pour la naissance de M. le comte de Provence, j'aurais désiré que Sa Sainteté me donnât par écrit ce qu'elle venait de me faire l'honneur de me dire, pour que je pusse l'envoyer au Roi par ce courrier, et assurer encore davantage Sa Majesté dans la confiance qu'elle avait au Saint-Père. Le Pape ne désapprouva pas ma demande, et effectivement Sa Sainteté m'a écrit dimanche matin les billets que je joins à cette lettre, qui sont censés écrits de sa propre main ; j'en conserve vers moi les originaux, et j'ai l'honneur de vous en adresser la traduction littérale [1]. Vous y verrez, Monsieur, ce qui est plus

1. Voici le texte des deux billets du pape :

PREMIER BILLET

« Nous envoyons à l'ambassadeur de France notre réponse à la lettre de Sa Majesté T. C. qui nous fait part de la naissance d'un Prince. Nous y joignons un billet à part où est exprimée la conduite que nous avons intention de tenir dans l'affaire de France. »

SECOND BILLET

« 1º Avant que d'examiner les lettres et mémoires qui ont déjà été envoyés à Rome sur les matières qui forment une controverse dans l'Assemblée du clergé, le Pape attendra la lettre de Sa Majesté T. C. aussi bien que celle qui lui est annoncée sur cet objet de la part de l'Assemblée. — 2º Le Pape étant obligé dans les grandes affaires non pas de suivre, mais de rechercher le conseil des cardinaux, il est d'avis de rechercher celui des cardinaux Passionei, Landi, Tamburini, Galli, et Valenti. — 3º L'avis desdits cardinaux leur sera demandé avec la plus grande précaution et le plus grand secret ; pour éviter l'éclat, on tâchera même que le public ignore leurs noms. Enfin lorsque les cardinaux consultés auront remis au Pape leur sentiment, il examinera par lui-même la question agitée, et après s'être recommandé à Dieu pour en avoir des lumières, il ne publiera rien avant de l'avoir communiqué à Sa Majesté T. C. par la voie de son ambassadeur, et avant d'avoir reçu la réponse de Sadite Majesté, n'ayant d'autre but que celui du service de Dieu, de la paix et tranquillité du Royaume de France »
(*Rome*, t. DCCCXVIII, f. 392-393).

en détail dans cette lettre. J'ai été bien aise d'avoir ces pièces pour que les intrigues ne pussent pas mordre sur les dispositions du Pape, et pour que le Roi vît clairement ce que j'ai déjà annoncé sur les sentiments invariables de Sa Sainteté. Vous jugerez, Monsieur, par la manière dont on est déterminé de procéder en cette Cour, que le Roi sera le maître en entier de la détermination qui y sera prise, ce que je croyais un préalable nécessaire.

Le Pape m'a dit dans la conversation que, quand il aurait une idée sur chaque chose, il me la communiquerait et me prierait de l'envoyer par un courrier extraordinaire au Roi, pour accélérer la détermination; je dis au Saint-Père que les expéditions ne souffriraient aucune difficulté. Je vous prie cependant de me mander aussi vos ordres sur cet article.

Le Pape me confia, ce que je savais déjà, que M. l'archevêque d'Auch [1] lui avait écrit une lettre très forte signée de vingt-cinq évêques. J'avais envie d'abord de lui en demander la communication pour vous l'adresser. Par réflexion, je me doutai que ces prélats sans doute avaient fait part au Roi de leur démarche, et je crus devoir y paraître indifférent.

Voilà, Monsieur, la situation exacte de cette affaire à la Cour de Rome; il était de mon devoir

---

1. Mgr de Montillet († 1776).

de vous en rendre compte un peu en détail, pour que vous pussiez la soumettre aux lumières du Roi. J'ai fait de mon mieux; honorez-moi de vos ordres et de vos conseils, et daignez apercevoir dans ma conduite, mon zèle extrême pour le service de Sa Majesté.

J'ai l'honneur d'être...

XIX

A M. ROUILLÉ

A Rome, le 2 janvier 1756.

Monsieur,

J'ai reçu la nuit du 28 au 29 de l'autre mois le courrier que vous m'aviez expédié le 19 décembre. Je fus le lendemain chez M. le cardinal Valenti lui communiquer la copie de la lettre que Sa Majesté a écrite au Pape [1], et en même temps une partie

---

1. Le Roi avait écrit le 19 décembre au Pape, en lui envoyant la lettre que les prélats de l'Assemblée du clergé adressaient à Sa Sainteté pour avoir son avis sur les articles au sujet desquels ils n'avaient pu s'accorder. Il approuvait la démarche du clergé, remerciait le Pape de ses excellentes dispositions, et terminait ainsi : « Je lui ordonne [au comte de Stainville] de suivre avec tout le zèle que je lui connais pour mon service la négociation relative à l'objet important dont il s'agit, et Votre Sainteté doit être bien persuadée de mon empressement à concourir avec elle aux vues de sagesse et de modération qu'elle croira devoir suivre pour faire enfin cesser dans mon Royaume des disputes qui ne sont pas moins contraires au bien de la religion qu'à la tranquillité de mes sujets... » (*Rome*, t., DCCCXVIII, f. 450).

des instructions que vous me faisiez l'honneur de me donner [1]. Je lus à Son Eminence les cinq articles désirés par le Roi; le secrétaire d'État les approuva et me promit que le Pape serait prévenu favorablement pour l'audience du lendemain que j'avais demandée à Sa Sainteté. Ce ministre me conseilla de faire en italien un mémoire précis de ce que je lui avais dit afin de le mettre sous les yeux du Pape qui, en le gardant, aurait le temps de réfléchir sur ce que désire le Roi, et sentirait par cette démarche la confiance de Sa Majesté en lui. J'approuvai cet expédient dont j'étais d'avance résolu de me servir.

1. Rouillé (19 déc. 1755) explique à Choiseul qu'il ne faut point renouveler le procédé employé par Clément IX en 1668, savoir, que le Pape donne un bref que le Roi déclarerait reçu par un arrêt de son conseil. Il faudrait, 1° obtenir de Benoît XIV une bulle solennelle, que le Roi revêtirait de son autorité en la faisant enregistrer dans tous les Parlements; 2° éviter (par respect pour les lois et maximes du Royaume) que dans cette bulle fut insérée la clause *Motu proprio*, et exprimer que le Pape intervenait sur la demande du Roi et sur les instances du clergé; 3° se garder (pour ne pas heurter les parlementaires et les jansénistes) d'y qualifier la bulle *Unigenitus* et surtout de la déclarer règle de foi, mais marquer simplement que les fidèles lui doivent respect et obéissance; 4° que le Pape marque le désir (en conformité à la déclaration royale du 2 septembe 1754) qu'on garde le silence sur les matières contestées pour le bien de la Religion et pour la tranquillité du Royaume; 5° enfin qu'il exhorte le clergé (en conformité à la décision des vingt-six évêques, mars 1755) à laisser les confesseurs seuls juges au seul for intérieur du péché de désobéissance à la bulle *Unigenitus*. Rouillé termine son exposition par ces mots : « Cette époque sera certainement une des plus glorieuses du pontificat du Pape et de votre ambassade, si vous parvenez à obtenir un bref ou une bulle dressée dans le sens que je viens de vous exposer » (*Rome*, t. DCCCXVIII, f. 433-437).

Je fus le lendemain à l'audience de Sa Sainteté ; je lui remis d'abord la lettre du Roi, que le Pape lut tout haut ; il loua la lettre de Sa Majesté beaucoup, et me dit que je connaissais ses sentiments pour le Roi et pour la France, et que je devais être garant auprès de Sa Majesté de l'envie qu'il avait de lui plaire et de calmer son Royaume. Je remis ensuite au Saint-Père la lettre du clergé ainsi que les articles ; il en lut quelques lignes, et le Pape me dit ensuite que tout cela était imprimé et qu'on le lui avait envoyé de plusieurs endroits. J'assurai le Pape, Monsieur, que ces impressions furtives avaient déplu au Roi, mais qu'il était impossible qu'un écrit communiqué nécessairement à tant de personnes ne tombât dans des mains indiscrètes et avides. Le Pape fit cette réflexion sur-le-champ : « Ce serait peu de chose que l'indiscrétion, mais il y a de l'intrigue et de la passion. » J'en convins avec le Saint-Père, en lui ajoutant qu'il n'y aurait jamais que de la religion, de la confiance et de la bonne foi de la part du Roi.

Le Pape attendait que je lui montrasse le mémoire que j'avais concerté la veille avec le cardinal Valenti, et me demanda en riant si je ne lui communiquerais pas autre chose. Je dis à Sa Sainteté que j'avais traduit les instructions particulières qui m'étaient venues sur cet objet, et que, comme je savais par expérience que la meilleure façon de traiter avec Sa Sainteté était de lui communiquer les intentions du Roi, je m'étais préparé à les mettre dans le mémoire que j'avais l'honneur de lui présenter.

Ce mémoire, Monsieur, était la traduction fidèle de la lettre ostensible que vous m'avez fait l'honneur de m'écrire le 19 décembre. Le Pape le lut avec attention.

Il me renouvela les assurances du plan que nous avions concerté, et dont il est fait mention dans votre lettre. Il convint du peu de succès qu'avait eu la paix de Clément IX et approuva infiniment ce que vous m'écrivez sur cette paix. Le Pape lut ce passage deux fois avec satisfaction.

Ensuite, il examina les cinq articles proposés; il les lut d'abord tout de suite, et puis me fit des réflexions sur chacun. Je vais, Monsieur, vous les rendre, et je joindrai à cette relation les réflexions qui me sont revenues de la part du Pape depuis mon audience.

Le premier article, qui demande une bulle de Sa Sainteté, ne souffre aucune difficulté, et vous verrez par la lettre du Pape au Roi qu'il est convenu. Le Pape fait sur cet article une seule demande importante pour l'effet et pour l'honneur de Sa Sainteté, qui est que la bulle soit enregistrée dans tous les Parlements, et en tout soutenue par toutes les forces et formes de l'autorité royale. J'ai assuré à Sa Sainteté qu'elle ne devait sur ce point avoir aucun doute.

Le second article, où l'on désire que le Pape n'insère pas dans la bulle la clause *proprio motu*, est accordé par Sa Sainteté qui en convient expressément (comme je le lui ai demandé) dans sa lettre au Roi.

Le troisième article, où il est question de la qualification à donner dans la nouvelle bulle à la bulle *Unigenitus*, fut le sujet d'une explication du Pape. Il me dit que les évêques de France l'embarrassaient; que la qualification de *dogmatique* qui, à proprement dit, était, selon le style de la Cour de Rome, la même chose que *Règle de foi*, était donnée à la bulle *Unigenitus* par tous les évêques de France, que c'était un décret du Saint-Siège qu'il ne pouvait pas ne pas caractériser des titres reconnus. Je fus étonné, Monsieur, que le Pape fît ces réflexions, le cardinal Valenti m'ayant assuré avant l'audience qu'il ne pensait pas que cet article fût contredit par le Saint-Père. Comme je savais que le Pape avait été un des secrétaires du concile[1] de Rome, et que momentanément dans ce temps il avait été opposé à la qualification de *Règle de foi*, je pris la liberté d'interroger le Saint-Père et de lui demander s'il croyait la bulle *Unigenitus* une *Règle de foi*. Dans le premier mouvement, le Pape me répondit : « Moi, non ». « Eh bien, lui dis-je, Saint-Père, le Roi ne demande que le sentiment de Votre Sainteté — Allons, répliqua le Pape, nous pouvons contenter le Roi sur cet article. »

Depuis mon audience, M. Rota m'a dit que l'on

---

1. Secrétaire de la Congrégation du Concile.

avait rappelé au Pape une déclaration du Roi de 1720, où la bulle est qualifiée un jugement de l'Église en matière de doctrine, qui exige la soumission et le respect des fidèles, et que, si le Pape ne se servait pas des mêmes termes, il aurait l'air d'être en contradiction avec le Roi. J'ai répondu à ce prélat qu'il pouvait sur ce point calmer les inquiétudes du Pape, que je manderais au Roi, cette observation qui ne déplairait pas à Sa Majesté, pourvu toutefois que les termes de *Règle de foi, ou de dogmatique*, ou les équivalents ne fussent pas employés.

Le quatrième article, qui regarde le silence, fut approuvé de Sa Sainteté dans mon audience. Depuis, M. Rota m'a dit que, dans la même déclaration du Roi, le silence y était imposé, excepté aux évêques auxquels il était permis de le rompre pour l'instruction des fidèles de leurs diocèses. J'ai répondu à ce prélat que l'instruction me paraissait superflue sur une matière peu utile à la Religion, nuisible à la tranquillité, et qu'il était important que tout le monde ignorât en France, comme elle est ignorée dans tous les autres royaumes catholiques, sans que la foi et le dogme y soient affaiblis; que d'ailleurs le Pape ne m'avait pas fait de difficulté sur ce point, et que j'espérais que Sa Sainteté sentirait la nécessité de cet article, le cardinal Valenti et quelques-uns des cardinaux qui devaient être consultés étant du même avis que le Roi.

Le cinquième article, qui réduit au for intérieur les punitions de ceux qui sont réfractaires à la bulle, est celui qui a frappé le plus le Pape. Il l'a relu plusieurs fois, et puis m'a dit que cet article demandait un grand examen. « Car, a-t-il ajouté, en voulant faire la paix, il ne faut pas que je sois l'occasion d'une nouvelle guerre. Cet article, a répété le Pape, est important, et je ne puis pas dans le moment vous en dire mon avis. » Cependant le Saint-Père me fit sur-le-champ deux objections : la première qu'il ne pouvait pas réduire au for intérieur ceux qui étaient appellants de la bulle juridiquement et publiquement; la seconde, qui est à peu près la même, qu'il ne pouvait pas retenir la punition spirituelle publique contre ceux qui sans être interrogés par leurs curés déclameraient au lit de la mort contre la bulle, et expliqueraient hautement leur désobéissance : « Parceque, dit le Pape, je ne puis même en pure matière de doctrine, réduire à une peine cachée une offense publique. » Je vous avoue, Monsieur, que ces deux exceptions du Pape m'ont paru solides. J'ai dit à Sa Sainteté qu'elles ne me semblaient pas contrarier les vues du Roi ni les lois du Royaume, que je les rendrais à Sa Majesté qui, en conséquence, me donnerait ses ordres.

Voilà, Monsieur, le précis des sentiments du Pape sur les articles que je lui ai présentés. Celui des cardinaux Valenti, Spinelli, Tamburini et Passionei m'a paru, à des différences peu essentielles près, entièrement conforme aux désirs du Roi.

Le reste de mon audience avec le Pape se passa en assurances de sa part de l'envie qu'il avait de terminer une affaire qui procurerait le bien du Royaume ; il me dit qu'il répondrait à Sa Majesté et mettrait dans sa lettre tout ce qu'il pouvait y mettre dans le premier moment [1].

1. Voici, en traduction, la lettre du Pape au Roi, mentionnée ci-dessus : « *Charissime in Christo fili noster salutem et apostolicam benedictionem.* Le comte de Stainville, ambassadeur de Votre Majesté auprès de nous, nous présenta il y a quelques jours sa lettre du 19 décembre aussi bien que celle de l'Assemblée du clergé de son Royaume. Il nous représenta avec beaucoup de force tout ce que Votre Majesté désirait de nous, les raisons et les motifs pour lesquels elle le désirait. Nous écoutâmes très volontiers ce qu'il nous dit, et nous eûmes de la peine à nous retenir à ne prendre pas la plume pour répondre à la lettre de Votre Majesté, mais les douleurs de la goutte nous en empêchèrent. Aussitôt qu'elle nous l'a permis, nous n'avons pas manqué de remplir notre devoir, répondant comme nous le faisons à la susdite lettre de Votre Majesté du 19. Nous commencerons donc par remercier très vivement Votre Majesté de la continuation de ses bontés envers nous, après quoi nous l'assurerons de notre véritable reconnaissance, et du désir extrême que nous avons de réunir les esprits divisés de la France pour rétablir la véritable concorde entre les ecclésiastiques, et la paix entre le clergé et les laïques parlementaires. Et, pour obtenir ce bon effet, nous prenons Dieu à témoin que nous sacrifierions le peu de vie qui nous reste. Les sentiments des ecclésiastiques sont divisés, ainsi qu'il résulte des dix articles proposés par plusieurs d'eux, et des huit proposés par les autres du même corps. Nous considérerons le tout, et, étant bien persuadés que dans toute affaire et particulièrement dans celle-ci le secret est une partie essentielle pour l'heureux succès, nous assurons Votre Majesté que nous l'observerons inviolablement, et que l'on fera en sorte, avec toute l'exactitude possible, que les autres en fassent de même, ne voulant à cause de cela écouter ceux qui seront consultés dans aucun congrès devant nous, mais voulant que chacun d'eux nous envoie son sentiment par

Nous sommes convenus depuis avec le cardinal Valenti et M. Rota que le Pape ferait un mémoire

écrit, souscrit de sa main et cacheté. Nous avons promis à Votre Majesté de ne rien publier sans le lui avoir communiqué auparavant et avons entendu sa royale volonté. Nous ratifions à présent la même promesse, étant pleinement convaincus qu'on ne pourra jamais rien faire de bon sans l'union des deux puissances, et que nos décisions ne serviraient à rien pour éteindre le feu si elles n'étaient pas appuyées de son autorité royale, mais qu'au contraire elles ne feraient que l'allumer plus que jamais. L'avis que Votre Majesté nous suggère que nous fassions une constitution est bien sage, l'expérience ayant démontré que le système suivi dans la paix de Clément IX n'apporta aucun avantage. Étant de plus bien informés que le mot *proprio motu* n'est pas bien reçu en France, nous nous dispenserons très volontiers de nous en servir. Désirant outre cela que Votre Majesté soit de plus en plus convaincue de notre sincérité, nous lui dirons que les autres articles du projet regardant la bulle *Unigenitus* nous paraissent au premier coup d'œil un peu difficiles. Sur cela nous ferons les plus grandes réflexions et nous verrons s'il sera possible de pouvoir réussir par la tournure des phrases à soutenir l'honneur de la constitution, l'obéissance qui lui est due, et à remplir le désir de Votre Majesté. Nous étant engagés de ne rien publier sans en faire part à Votre Majesté, et étant bien résolus de faire une constitution, elle verra tout par ses yeux, et aura la bonté de connaître, par les raisons que nous lui présenterons avec la copie de la bulle, que l'on aura fait tout ce qu'il est possible de faire, et que tout ce qui n'y serait pas par malheur serait l'effet de l'impuissance et non pas de la volonté. Nous connaissons par la lettre de Votre Majesté qu'elle a beaucoup de confiance dans la personne de son ambassadeur, le comte de Stainville : c'est un ministre qui mérite tout, rempli de capacité, de zèle pour son service, d'un cœur ouvert et sincère ; nous traitons volontiers avec lui, et dans la suite de l'affaire en question nous continuerons toujours d'avoir en lui une entière et pareille confiance que celle que nous avons eue jusqu'à présent. Votre Majesté pardonnera la longueur de cette lettre, et, avec toute l'affection de notre cœur, nous l'embrassons et donnons à sa famille royale la bénédiction apostolique. *Datum Romae apud S. Mariam majorem die 3 januarii 1756. Pontificatus nostri anno decimo sexto.* »

des différents points sur lesquels il veut consulter les cardinaux, pour ensuite former un plan de la bulle, qu'il spécifiera dans ce mémoire particulièrement les cinq articles comme la matière essentielle à cette bulle. Quand les cardinaux auront adopté un sentiment, le Pape les fera venir séparément chez lui, et leur fera mettre par écrit leur avis ; il me sera permis avant ce temps de les voir, et de leur résoudre les doutes qu'ils pourraient avoir sur les points qui doivent cadrer avec les lois du Royaume. Je tâcherai même, quoique le Pape y paraisse opposé, que ces cardinaux se réunissent chez le cardinal Valenti pour y discuter leur avis, afin que dans une matière ainsi délicate j'aie des témoins non suspects de leurs sentiments.

Cette opération finie, le Pape prendra son parti et fera la minute de la bulle, que j'aurai l'honneur de vous envoyer sur-le-champ ; le Roi la fera examiner par des théologiens et des jurisconsultes, et, après cet examen, je la remettrai au Pape et exécuterai pour lors les ordres que Sa Majesté me donnera.

J'espère que, le secret étant gardé et les intrigues prévenues, cette affaire délicate finira à la satisfaction du Roi. Vous sentez bien, Monsieur, que pour les opérations qui, selon ce plan, restent à faire, j'ai besoin de temps ; pour le bien même et la considération de l'affaire, il est à propos que la bulle n'ait pas l'air d'être extorquée par mon crédit, ou le produit d'une fantaisie du Pape. Ainsi j'aurai le temps de recevoir la réponse à cette dépêche, et les nouveaux ordres que vous voudrez bien me donner par le retour de mon courrier. En attendant, je suivrai avec vivacité et zèle, mais sans précipitation, le plan que j'ai l'honneur de vous mander et que j'ai cru le meilleur pour consommer cette affaire.

J'ai l'honneur d'être...

XX

AU ROI

A Rome, le 15 janvier 1756.

Sire,

J'ai remis au Pape, selon les ordres de Votre Majesté, la lettre où elle fait part au Saint-Père de la grâce singulière dont Votre Majesté m'a honoré[1].

---

1. Il s'agit de la décoration de l'ordre du Saint-Esprit. — Le 1ᵉʳ janvier 1756, le Roi avait adressé de Versailles au Pape la lettre suivante : « Très Saint-Père. La conduite du comte de Stainville depuis que je l'ai honoré du caractère de mon ambassadeur extraordinaire auprès de Votre Sainteté m'avait disposé à lui donner des marques de ma satisfaction. J'aurais cependant différé encore à lui accorder la décoration de mon ordre du Saint-Esprit, cette faveur étant la récompense que je destine à des services continués pendant longtemps, mais ayant appris que Votre Sainteté désirait de voir le comte de Stainville revêtu de cette distinction, je me suis volontiers déterminé à faire pour lui une exception à mon usage ordinaire. Je veux même pour ajouter à cette grâce une circonstance dont il sera

Le Pape après avoir lu votre lettre, Sire, chercha à m'intimider : il me dit d'un air sérieux qu'il ne savait pas ce qui était arrivé, mais que Votre Majesté lui mandait qu'elle était très mécontente de moi ; je répondis à Sa Sainteté que peut-être sans le savoir j'avais eu le malheur de lui déplaire, et que, Votre Majesté en étant informée, je n'étais pas surpris qu'elle en soit mécontente. Le Pape rit et me montra alors avec une satisfaction à laquelle j'ai été très sensible la lettre de Votre Majesté. Je remerciai le Saint-Père de l'intérêt qu'il avait bien voulu prendre à l'honneur que je recevais ; je lui dis que c'était à ses bontés et à l'attention que vous aviez pour tout ce qu'il désirait que je devais cette grâce. Enfin, Sire, je marquai au Pape ma joie, car elle était et est très grande. Je supplie

extrêmement flatté, qu'il en apprenne la nouvelle par Votre Sainteté à qui j'adresse dans cette vue le paquet ci-joint pour mon ambassadeur. Je profite avec empressement de cette occasion pour prouver à Votre Sainteté mon attention particulière pour tout ce qui peut lui plaire, et lui marquer le respect filial avec lequel je suis, Très Saint-Père... » (*Rome*, t. DCCCXX, f. 2.) — Il convient d'ajouter que Benoît XIV avait, en effet, sollicité indirectement cette distinction pour Choiseul. Il en avait écrit au cardinal de Tencin qui, bien que retiré dans son archevêché de Lyon, gardait encore un grand crédit auprès de la cour de Versailles : « Nous n'avons, en vérité, que lieu de nous louer de l'ambassadeur, lui di-ait-il dans une lettre du 26 février 1755, et nous voudrions de tout notre cœur avoir occasion de lui faire plaisir. Nous vous écrivîmes il y a huit jours, touchant le cordon bleu, que tout le monde trouvait extraordinaire d'en voir l'auditeur de Rote [l'abbé de Canillac] décoré pendant que l'ambassadeur ne l'a pas. Nous attendons là-dessus votre réponse. Nous sommes prêts à tout faire pour le service de l'ambassadeur » (*Rome*, t. DCCCXIX, f. 65).

Votre Majesté d'agréer que je mette à ses pieds mes très humbles remerciements; je ne crois pas qu'il soit possible que mon zèle pour son service ni mon attachement très respectueux pour sa personne augmentent; je tacherai, Sire, de faire l'impossible afin de me rendre digne d'une grâce que mes faibles services avaient jusqu'à présent si peu méritée!

Je suis avec le plus profond respect...

XXI

A M. ROUILLÉ

A Rome, le 15 janvier 1756.

Monsieur,

Je me flatte que vous ne doutez pas de toute ma reconnaissance; c'est à vos bontés que je dois la grâce dont le Roi m'a honoré, et je ne saurais trop avoir l'honneur de vous remercier de l'intérêt que je sais que vous avez mis à ma promotion et de la sensibilité que vous me marquez de la réussite de votre protection.

J'ai l'honneur de vous adresser la lettre de remerciement que je prends la liberté d'écrire au Roi; je vous supplie, Monsieur, de demander pour moi une nouvelle grâce à Sa Majesté, qui est la permission de porter le Cordon afin que je puisse être décoré à Rome des marques éclatantes de ses bontés.

Vous trouverez aussi ci-joint, Monsieur, la lettre du Saint-Père au Roi en réponse de celle que Sa Majesté lui a écrite à l'occasion de la grâce que j'ai reçue. Je n'ai pas cru qu'il fût nécessaire de traduire cette lettre ; vous verrez par celle que j'ai l'honneur d'écrire au Roi que le Pape a été on ne peut plus sensible à cette attention de Sa Majesté.

A la fin de l'audience que le Pape me donna lundi, je le remerciai de ce que Sa Sainteté m'avait fait communiquer des papiers qui ont été envoyés de sa part aux différents cardinaux qui sont consultés sur nos affaires écclésiastiques. Cette forme effectivement est sage. Le Pape leur envoie la lettre du Roi qui était jointe à celle de l'Assemblée, les différents articles et un mémoire instructif où il leur fait sentir qu'il n'est pas question seulement de décider sur les articles qui leur sont remis, mais que Sa Sainteté désire qu'ils approfondissent la matière de façon que leur avis ait pour objet de réunir les esprits tant ecclésiastiques que séculiers du royaume de France sur la constitution *Unigenitus*. Le Pape ajoute qu'il sait que le Roi aurait agréable que lui, Pape, fît une bulle qui apaisât les troubles qui ont trop duré dans le Royaume pour le bien de la Religion et de l'État, qu'il est dans l'intention d'acquiescer aux désirs du Roi, de communiquer à Sa Majesté l'acte qu'il veut faire avec l'avis des cardinaux, et, en ne produisant rien qui ne soit selon la vraie doctrine, qu'il est déterminé d'éviter par respect pour le Roi et pour la tranquillité du Royaume que la puissance séculière ne trouve dans le décret projeté du Saint-Siège quelques termes ou propositions contraires aux lois établies en France. Il finit, après une exhortation de s'adresser à Dieu pour une si sainte opération, par recommander aux cardinaux le plus grand secret, et par leur ordonner de lui envoyer leur avis cacheté et scellé de leurs armes, chacun séparément. Le Pape se propose par des instructions secrètes de communiquer à chaque cardinal les trois derniers articles des cinq que vous m'avez fait l'honneur de m'envoyer, les deux premiers étant convenus.

Je remerciai donc le Pape de cette forme qui me paraît bien, et à laquelle j'applaudis d'autant plus, que cette instruction aux cardinaux est toute de la main du Pape. Je saisis cette occasion pour parler à Sa Sainteté des lettres qu'elle recevait des évêques de France; je pris la liberté de lui faire observer qu'il était important qu'il ne fît nulle réponse à ces prélats, parce qu'ils se pourraient dans la suite prévaloir contre Sa Sainteté même des termes qui se glissent sans attention dans une lettre familière. Le Pape m'assura qu'il avait pensé comme moi sur cet article, et me dit qu'avant la réception de la lettre du clergé il avait répondu à Messieurs les évêques qu'il ne pouvait leur rien dire avant que d'avoir reçu de la part du Roi la lettre et les articles de l'Assemblée; que depuis il s'était déterminé à ne leur plus répondre jusqu'à ce qu'il eût fini avec le Roi la grande affaire à laquelle il travaillait. Je l'affermis vivement dans ce sentiment et lui représentai avec chaleur que des lettres pareilles à celles surtout que M. l'archevêque d'Auch a écrite à Sa Sainteté marquaient la passion et ne pouvaient produire qu'un mauvais effet si elles étaient connues du public. Le Pape me répondit qu'il avait si bien senti cet inconvénient qu'il n'avait pas voulu communiquer aucune de ces lettres aux cardinaux qu'il consultait.

Je rendis compte en partie au Cardinal Valenti de mon audience avec le Pape, et le priai de ne pas laisser ralentir Sa Sainteté sur le travail qui était, comme il le jugeait lui-même, instant dans les circonstances présentes.

J'ai vu depuis les cardinaux Spinelli, Passionei et Landi. Les deux premiers, ainsi que le cardinal Tamburini, sont précisément de même avis à ce qu'ils m'ont assuré. Je n'en doute pas, car ils se sont concertés ensemble et se regardent avec assez de raison comme les fondateurs du projet que le Pape va suivre. Ils ont été un peu inquiets de la forme que le Pape leur a imposée de mettre leur avis par écrit, craignant que, si Sa Sainteté ne le suivait pas, elle ne le publiât pour leur faire tort. Je les ai rassurés sur ce point et me flatte de leur avoir fait approuver la forme convenue.

Le cardinal Landi n'était pas bien au fait de la

question, les trois premiers cardinaux n'ayant pas voulu se charger de l'instruire. Je l'ai vu, nous avons lu ensemble les pièces que le Pape lui a envoyées, je lui ai fait part ensuite des cinq articles désirés par le Roi. Je ne lui ai point caché l'esprit de religion, de paix et d'accord qui animait conjointement le Pape et le Roi pour le bien ; je lui ai glissé que je verrais son avis, et qu'en cas de conclave, si le Roi en était content, il pouvait compter sur la protection de Sa Majesté. J'étais convenu avec le cardinal Spinelli que j'engagerais le cardinal Landi à se concerter avec lui ; il me l'a promis et de plus, qu'après avoir satisfait à ce qu'il devait à sa conscience, il ne travaillerait dans toute cette affaire que pour remplir les vues de Sa Majesté, qu'il me priait d'en être persuadé. Il ne me reste donc plus à voir que le cardinal Galli. J'ai remis celui-là à la semaine prochaine, parce que je suis convenu avec les cardinaux Spinelli et Tamburini qu'ils le verraient avant moi, débrouilleraient la matière avec lui, et le disposeraient à ma visite.

Voilà où en est l'affaire de la nouvelle bulle. Soyez sûr, Monsieur, que je ne perds pas cette affaire un instant de vue. A moins de malheurs que je ne puis prévoir, j'espère que le Roi sera content dans peu de temps, mais je crois que vous approuvez que je presse, sans précipiter, un ouvrage aussi délicat et aussi important. La seule chose que je vous supplie de dire à Sa Majesté est qu'il est nécessaire d'empêcher autant qu'il est possible que les évêques n'écrivent ici; leurs lettres sont outrées, ils font envisager un schisme et la Religion perdue. Le Pape est timide. Jusqu'à présent, comme j'ai parlé plus haut qu'eux, je l'ai rassuré, mais à la longue on ne donne pas toujours du courage à quelqu'un qui a peur naturellement. Si Sa Sainteté marquait la moindre crainte sur le schisme aux cardinaux, tous seraient effrayés, et leur effroi nous jetterait dans des longueurs infinies : il n'y a plus que six semaines tout au plus à attendre. Pour m'ôter cette petite inquiétude qui ne laisse pas que de me tourmenter, j'ose vous supplier de demander au Roi la permission de faire retenir jusqu'à ce temps les lettres des évêques pour Rome; l'on en trouvera beaucoup dans le paquet de M. le nonce.

Je ne verrais pas le Pape d'ici à huit jours; j'attends vers ce temps le retour de mon courrier qui vraisemblablement m'apportera la réponse du Roi à la lettre du Pape que votre courrier Amaury vous a portée, Monsieur, ainsi que vos ordres sur la dépêche que vous a rendue ledit courrier. Alors le travail des cardinaux sera fort avancé, s'il n'est fini; sûrement le sentiment du Pape sera formé, et je presserai Sa Sainteté de me mettre en état de faire part au Roi, si ce n'est pas de la totalité, du moins de quelque point intéressant...

XXII

A M. ROUILLÉ

A Rome, le 28 janvier 1756.

Monsieur,

La poste de cette semaine n'est point arrivée, je l'attendais et le courrier qui doit me porter la réponse à celui que j'ai eu l'honneur de vous renvoyer pour voir le Pape et mettre la dernière main à l'affaire sur laquelle Sa Sainteté travaille; je sais même que son avis est presque achevé, qu'il est conforme aux désirs du Roi. Le Pape attend celui des cardinaux. Je compte, selon ce qu'ils m'ont promis, qu'ils le remettront au Saint-Père cette semaine. Je me flatte, par ce que j'ai vu, que le Roi sera content de toute cette opération qui ne peut cependant être à sa perfection que quand j'aurai la réponse de Sa Majesté à la dernière lettre du Pape.

Vous sentez mieux que moi, Monsieur, que Sa Sainteté attend cette réponse avec impatience, surtout depuis qu'elle a appris les remontrances que le Parlement a faites au Roi sur le recours du clergé au Saint-Père [1]. La Cour de Rome veut le bien

---

[1]. Ces remontrances du Parlement contre les actes de l'Assemblée du clergé dataient du 13 décembre 1756. Elles avaient pour but de rappeler au Roi que sa déclaration du 2 septembre 1754 devait suffire à réprimer tout trouble et tout scandale, et

du Roi et du Royaume; mais, en même temps, elle désire les assurances les plus positives d'être soutenue en faisant ce que Sa Majesté veut. Je donne au Pape ces assurances, mais la lettre du Roi fait un tout autre effet que mes paroles, et a de plus l'avantage d'établir une confiance parfaite sur ce que je promets. Si cependant le courrier extraordinaire n'arrivait pas d'ici à la semaine prochaine, j'irais toujours en avant, car je trouve qu'il y aurait de l'inconvénient à se ralentir. Je prendrai donc sur moi, Monsieur, si je ne reçois pas de nouveaux ordres, de suivre le projet selon mes instructions, et de vous dépêcher un nouveau courrier, en cas qu'il y ait quelque chose de fini...

XXIII

A M. ROUILLÉ

A Rome, le 4 février 1756.

... Le courrier que j'attends et qui doit rapporter la réponse du Roi à la dernière lettre du Pape n'est pas encore arrivé. Ce retard est cause que Sa Sainteté m'a dit qu'elle ne prendrait pas

---

qu'il importait au Roi « de conserver sans altération cet ouvrage de sa sagesse ». Elles accusaient le clergé de manquer au respect et à la fidélité dus au souverain par le fait « de soumettre au jugement du Pape ce que le Roi avait si légitimement et si solennellement décidé » (Picot, *Mémoires*, t. III, p. 305-306).

son parti définitivement sans avoir reçu les lettres que doit apporter ce courrier. J'ai craint avec raison que cette réponse du Pape ne provînt de la méfiance qu'il a eue de lui-même, ou que l'on a cherché à lui suggérer, que le Roi avait changé d'avis. J'ai pris sur moi de lever tout doute sur cet article; et, en conséquence, j'ai écrit un billet au secrétaire d'État, après avoir eu une conversation avec ce cardinal et M. Rota, où je le prie d'engager le Pape à presser l'avis des cardinaux, et où je lui assure que, par les lettres de la poste vous me mandez, Monsieur, que mon courrier va être renvoyé, et que vous m'ordonnez de la part du Roi de solliciter vivement Sa Sainteté afin qu'elle achève un ouvrage qu'elle a si bien commencé, l'assurant qu'avant peu de jours les lettres que le Saint-Père attend, lui seront rendues, et que d'ailleurs j'ai ordre de lui réitérer d'avance les sentiments invariables de Sa Majesté.

En conséquence, le Pape a écrit aux cardinaux un billet pour leur dire de finir l'examen qui leur a été confié. De mon côté, je les ai vus, et les ai prévenus sur la démarche que j'avais faite, et j'ai la parole positive qu'entre le 7 et le 10 de ce mois tous les avis seront remis au Pape. Je suis en même temps aussi sûr que l'on peut l'être que ces avis seront conformes entre eux et aux volontés du Roi. Dans ce temps je compte que mon courrier sera revenu, et il ne restera plus qu'à exécuter les ordres qu'il m'apportera. Par ce calcul, j'espère,

Monsieur, vers le 20 ou le 25, vous dépêcher la minute de la bulle, ainsi qu'un double des avis des cardinaux, afin que l'on voie là-bas les raisons théologiques et canoniques qui déterminent le Saint-Siège.

J'ai l'honneur de vous prévenir dès aujourd'hui, Monsieur, que j'ai imaginé une chose qui ne commettrait pas le Roi, et qui ferait un très grand effet sur l'esprit du Pape : ce serait, en me renvoyant la minute de la bulle, de m'adresser pour Sa Sainteté une minute de la déclaration que Sa Majesté compte rendre en publiant ladite bulle. Cette confiance rassurerait le Pape totalement sur les craintes qu'il a de n'être point soutenu, et en cas qu'il y eût encore quelques changements à demander à Sa Sainteté, ils ne souffriraient par ce moyen que peu de difficulté. Je vous préviens, Monsieur, sur cette idée dès aujourd'hui, pour que, si vous l'adoptez, vous ayez dans le temps un projet de déclaration tout prêt à m'envoyer ; au reste, s'il était mieux, lors de la conclusion de l'affaire de ne pas suivre en entier ce projet de déclaration, en cas que le Pape en fût instruit, ce serait mon affaire de lui faire approuver les changements. Je ne sais pas si j'explique bien mon idée, mais j'espère que vous comprendrez que ce n'est qu'une forme que je vous demande qui ne doit pas vous gêner [1]...

---

1. Cette lettre du 4 février est accompagnée d'une seconde

XXIV

A M. ROUILLÉ

A Rome, le 11 février 1756.

Monsieur,

Le courrier que vous m'avez renvoyé est arrivé ici vendredi dernier 6 de ce mois. Une heure après son arrivée, le Pape me fit dire qu'il m'attendait le lendemain matin. Je me rendis chez Sa Sainteté après avoir vu le secrétaire d'État que je trouvai trop incommodé pour pouvoir parler d'affaires. Je fus encore privé d'une autre ressource dont je me suis toujours servi utilement avant mes audiences, qui est de faire prévenir par M. Rota le Pape sur ce que je compte lui dire. Ce prélat avait depuis deux jours la goutte dans les entrailles et était précisément vendredi dans un état qui m'inquiétait beaucoup. Pour comble de malheurs, la goutte a repris au Pape vendredi, et j'appris en

lettre, celle-là chiffrée, et concernant les gratifications accordées à M. Rota, au comte de Bielke, au patriarche Rossi et aux prélats de Lerma et Caprara. « Le prélat de Lerma me sert de théologien dans notre grande affaire ; c'est lui que j'envoie chez les cardinaux, et par lequel je fais passer mes intentions. Il s'est conduit dans toute cette affaire avec beaucoup de connaissances et d'esprit, d'érudition et de prudence... Le prélat Caprara est un homme d'esprit, qui pourra nous être utile dans la suite, et qui ne nous l'est pas à présent, quoique je sois très content de lui... »

arrivant au Palais que Sa Sainteté avait passé une assez mauvaise nuit.

Le Pape me reçut comme à son ordinaire fort bien. Je lui remis la lettre du Roi [1] qu'il lut avec empressement; il s'arrêta à l'article du silence sans acception de personnes. Sa Sainteté me dit vivement que cet article n'était pas praticable, que les évêques de France appelleraient de la bulle, que jamais on ne parviendrait à les soumettre au

---

1. Le Roi écrivait, en réponse à la lettre de Benoit XIV du 3 janvier (de Versailles le 25 janvier 1756) :

« ... J'ai reçu avec la plus grande satisfaction la lettre que Votre Sainteté m'a écrite le 3 de ce mois : j'y trouve cette supériorité de lumières, cette pureté d'intentions, et cette candeur de procédés, qui caractérisent Votre Sainteté et lui concilient l'admiration du monde chrétien. Je suis très touché personnellement des nouvelles marques que Votre Sainteté me donne de son amitié et de sa confiance, et je les justifierai toujours par une entière réciprocité de sentiments. J'espère que le zèle avec lequel Votre Sainteté veut concourir avec moi au rétablissement de la tranquillité dans l'Église de mon Royaume aura le succès que j'ai lieu d'en attendre, et pour ces effets j'appuierai de toute mon autorité l'exécution des arrangements de sagesse et de prévoyance qui auront été concertés entre nous. Votre Sainteté est trop éclairée pour ne pas sentir qu'il ne sera possible de terminer efficacement les divisions dont il s'agit, qu'en prescrivant également des règles fixes, et à la désobéissance qui affecte de méconnaitre les lois de l'Église et de l'État, et au zèle inconsidéré qui détruit au lieu d'édifier. Un silence absolu sur les matières contestées m'a toujours paru être l'unique moyen de retenir dans de justes bornes les esprits indociles ou trop vifs, qui de part et d'autre contribuent à alimenter un feu qu'il est essentiel d'éteindre. Je vois avec plaisir que Votre Sainteté est dans les mêmes principes, et je lui renouvelle les assurances de la ferme résolution où je suis d'agir en conséquence, et de punir sévèrement, sans acception d'états, de conditions ou de personnes, tous ceux qui oseront contrevenir à ce qui aura été statué par les autorités réunies du Sacerdoce et de l'Empire... » (*Rome*, t. DCCCXX, f. 80).

silence, et que je voulais l'engager à faire un pas qui le déshonorerait dans ce siècle et dans ceux à venir.

Cette phrase me parut forte, et j'aurai l'honneur sur cela, Monsieur, de vous dire en passant qu'elle a été suggérée au Pape par les lettres des évêques de France, et que sûrement, ainsi que quelques autres propos moins importants que Sa Sainteté m'a tenus pendant mon audience, ne viennent point de son sentiment particulier.

Au lieu de répondre, je priai le Pape de vouloir bien finir la lettre du Roi. Le Pape acheva et me chargea de mander à Sa Majesté combien il était pénétré de la tendresse qu'il lui marquait; il m'ajouta qu'il ne changeait point d'avis, qu'il attendait celui des cardinaux, qu'après cela il formerait le sien, et ne ferait rien, comme il l'avait promis, que de concert avec Sa Majesté.

Je remerciai le Saint-Père; après quoi je lui présentai, en italien, le mémoire que j'avais fait la veille et que vous trouverez ci-joint [1]. Je dis au

1. Le mémoire remis par Choiseul au Pape portait, en substance, les remerciements du Roi à Sa Sainteté pour l'acquiescement qu'elle donne aux désirs de Sa Majesté en lui promettant de publier une bulle qui anéantisse les troubles du royaume, et pour sa condescendance à ne point mettre dans cette bulle le terme *proprio motu*. Choiseul est chargé, sur les trois autres articles, de faire au Pape de nouvelles instances, et de lui communiquer « les réflexions fondées sur la connaissance qu'a Sa Majesté des lois de son Royaume, et des esprits tant ecclésiastiques que parlementaires qu'il est nécessaire de réunir ». On désire pour le bien de la paix que le Pape puisse se dis-

Pape qu'il verrait plus en détail dans ce mémoire les principes que le Roi croyait nécessaires à établir pour parvenir à une paix solide. Sa Sainteté lut le mémoire en entier : les différents articles qui ne regardent pas le silence me parurent avoir son approbation, celui du silence imposé même

penser de donner aucune qualification à la bulle *Unigenitus*. Le Pape, en qualifiant la bulle *Unigenitus*, ne pourrait en parler qu'en disant qu'elle est un jugement de l'Eglise en matière de doctrine; or, le plus grand nombre des évêques de France prétend qu'un jugement de l'Église en matière de doctrine est un jugement dogmatique, ce qui équivaut à la *Règle de foi*. Cette qualification a fait naître les plus grandes oppositions de la part de tous les magistrats du Royaume, et a donné lieu, d'un autre côté, aux excès où le zèle des ecclésiastiques s'est porté. Le Pape est trop éclairé et trop bien intentionné pour ne pas tâcher d'éviter l'un et l'autre inconvénient. — Le second article concerne le silence imposé indistinctement à tous les fidèles, de quelque état et de quelque condition qu'ils soient, sur les matières qui occasionnent les troubles. Le Roi ordonne à son ambassadeur d'insister sur ce moyen, comme sur le seul qui puisse faire cesser les disputes qui agitent l'Église de France. Il est nécessaire que Sa Majesté « ait une règle positive dans la bulle qui tarisse le cours de toutes les disputes sur la Constitution, pour qu'elle puisse plus efficacement faire sentir tout le poids de son autorité à ceux qui, sous quelque prétexte que ce puisse être, voudraient continuer les disputes ». — Le dernier article regarde les punitions à infliger aux réfractaires à la constitution *Unigenitus*. Le Roi ne peut pas demander au Pape de réduire au for intérieur la punition des appelants publics; mais, la loi du silence une fois imposée, quiconque la violera publiquement méritera d'être puni : les ecclésiastiques seront dans ce cas en faisant des questions; les réfractaires à la constitution *Unigenitus* seront également dignes de punition lorsqu'ils parleront contre ce décret. Ce n'est « qu'en tenant la balance égale et sans acception d'état ni de personnes, qu'on parviendra à pacifier l'Église et le Royaume ». Le Roi ordonne enfin à son ambassadeur de presser avec instance le Saint-Père de terminer le plus tôt qu'il sera possible une aussi bonne œuvre, et il exprime le désir que la minute de la bulle lui soit promptement envoyée (*Rome*, t. DCCCXX, f. 112-114).

aux évêques fut le sujet d'une nouvelle discussion très vive.

Le Pape me répéta ce qu'il m'avait dit à la lecture de la lettre du Roi; il s'échauffa et me dit qu'il ne voulait pas que ses ouvrages eussent le sort de ceux de Clément XI, qu'il serait inouï qu'un Pape voulut empêcher les évêques de parler sur un décret de la Cour de Rome, que, par de belles paroles, je l'amenais petit à petit au point de se faire mépriser, et qu'enfin il ne passerait pas cet article.

Je laissai le Pape, Monsieur, se ralentir, ce qu'il fit en me disant des choses obligeantes pour le Roi et pour le bien du Royaume; il y ajouta des compliments personnels sur *mon* compte. Alors je lui demandai la permission de lui dire mon avis sur ce qui me paraissait l'inquiéter aussi vivement. Je lui demandai si le silence qui était observé par les évêques d'Espagne et des autres pays catholiques sur la bulle *Unigenitus* avait nui à la réputation de Sa Sainteté et à celles des papes ses prédécesseurs. J'ajoutai que le Saint-Père lui-même savait que l'impératrice avait fait soustraire un mandement d'un évêque de Flandre qui parlait de la constitution *Unigenitus*, que la Cour de Rome n'avait point réclamé contre cette démarche sage de l'impératrice, et qu'enfin je ne voyais pas pourquoi la liberté de parler sur ce décret de l'Eglise mettrait du trouble en France, tandis que le silence sur ce même décret serait autorisé dans les autres pays.

Le Pape me répondit que c'était Louis XIV qui avait demandé avec instance la bulle *Unigenitus* et qu'il l'avait fait publier, au lieu que les autres puissances l'avaient simplement acceptée et sagement retenu la publication.

« Louis XIV, lui dis-je, Saint-Père, a cru faire le bien ; ses bonnes intentions n'ont pas eu l'effet désiré, les disputes qui ont agité et qui agitent encore le Royaume nous le prouvent, et c'est précisément le remède à ce mal que la confiance du Roi attend de Votre Sainteté ; au reste, ajoutai-je, Saint-Père, Votre Sainteté verra dans le mémoire que j'ai eu l'honneur de lui présenter, et que je la supplie de vouloir bien examiner de nouveau lorsqu'elle sera sur le point de mettre par écrit la bulle, les seuls moyens que le Roi, qui connaît l'intérieur de son Royaume, puisse accepter de la Cour de Rome pour y procurer la paix. Je suis persuadé que Votre Sainteté est trop zélée pour le bien de l'Eglise pour ne pas correspondre à la confiance que le Roi lui a marquée dans cette occasion. Je ne discuterai point avec elle des difficultés théologiques peut-être suggérées par des esprits qui ne veulent que le trouble, je me bornerai à lui dire qu'il n'y a qu'un pontife aussi éclairé qu'elle qui puisse achever un ouvrage aussi glorieux. J'attendrai, Saint-Père, que les cardinaux vous aient remis leur avis sur lequel Votre Sainteté se décidera. Alors ce sera le Roi lui-même à qui j'enverrai la minute de la bulle, qui vous fera ou les objections qui lui paraîtront contraires à la tranquillité désirée, ou les remerciements du service que Votre Sainteté aura rendu à l'Eglise de France. »

Le Pape me dit, Monsieur, qu'il voulait contenter le Roi, qu'il examinerait les avis des cardinaux et qu'il approuvait le parti que je prenais de n'entrer dans aucune discussion sans que la minute de la bulle fût faite, qu'il me promettait de nouveau et que je pouvais le mander au Roi qu'il ne ferait jamais rien sans le concours de Sa Majesté, et que, quand le Roi aurait examiné ladite minute, il priait Sa Majesté de mander en réponse ses objections, et qu'alors il m'assurait qu'il tâcherait d'adopter ce qui paraîtrait le mieux au Roi.

C'était précisément à ce point que je voulais amener l'affaire qui sera presque consommée, lorsque nous aurons la minute de la bulle. Alors, si le Roi a des changements à faire, nous discuterons sur des points certains.

D'ailleurs, Monsieur, je vous apprends avec plaisir qu'une partie des cardinaux a donné son avis, et que les erauts le donneront demain sans faute. Par les informations que j'ai des sentiments que ces avis contiennent, je dois être persuadé qu'ils frapperont le Pape et dissiperont les craintes que notre clergé lui cause.

... Je finis mon audience par demander au Pape

l'expédition la plus prompte sur cette affaire. Il me promit d'y travailler sans discontinuation, autant, me dit-il, que sa santé pourrait le lui permettre, ce qui me fournit l'occasion de lui faire un compliment sur l'intérêt que prenait le Roi à sa conservation.

Je retournai chez le secrétaire d'État après mon audience ; je lui dis le précis de ma conversation avec le Pape, et sur tout qu'il ne me restait plus rien à faire que d'attendre la minute de la bulle, le Pape étant parfaitement instruit des intentions du Roi. Le cardinal Valenti approuva que je me fusse borné à cette décision et me promit qu'autant qu'il pourrait il engagerait le Pape à finir une affaire aussi bien commencée et aussi importante.

Le Saint-Père répondra au Roi par le courrier qui portera la bulle et qui, je compte, partira comme je vous l'ai toujours annoncé à la fin de ce mois.

M. Rota que je n'ai pu voir depuis six jours est mieux aujourd'hui, son rétablissement est un grand bonheur pour nos affaires ; quoique les difficultés paraissent multipliées, je suis toujours dans la confiance que le Roi sera content.

J'ai l'honneur d'être ..

XXV

AU ROI

A Rome, le 18 février 1756.

Sire,

Je supplie Votre Majesté de recevoir avec bonté mes très humbles remerciements sur la nouvelle grâce qu'elle a daigné m'accorder en me permettant de porter les marques de ses Ordres. Plus Votre Majesté me comble de bienfaits, plus je désire les mériter et rendre mes faibles talents utiles à son service.

Le Pape, Sire, a été incommodé cette semaine de la goutte : Sa Sainteté l'a aux deux pieds, mais les douleurs, à ce qu'elle m'a fait l'honneur de me dire, ne sont pas vives, et l'enflure ne passe pas la cheville du pied ; d'ailleurs sa santé est aussi bonne qu'à l'ordinaire. Il m'a paru que ce qui l'inquiétait le plus était de ne pouvoir pas, selon son usage, aller se promener après son dîner.

Le Saint-Père m'a chargé de mander à Votre Majesté qu'il travaillait pour elle, qu'il ne perdait pas de temps, ce sont ses propres termes, et qu'il espérait que Votre Majesté serait contente. Le Pape m'a dit aussi qu'il comptait faire la promotion des Couronnes[1] au commencement du carême ; le

---

1. Promotion au cardinalat des sujets nommés par les divers princes catholiques. Voir p. 117.

carnaval est actuellement la seule raison qui retarde cette promotion.

Je suis...

XXVI

A M. ROUILLÉ

A Rome, le 18 février 1756.

... Les avis des cardinaux consultés ne sont pas encore tous donnés à Sa Sainteté, parce que les cardinaux Passionei et Tamburini ont fait ensemble un grand ouvrage sur la bulle, qui n'a pas pu être copié. J'ai lu, sans pouvoir cependant en garder copie, une partie de ces avis, et le précis de ceux que je n'ai pu lire parce qu'ils ont été remis au Pape sur-le-champ. La substance de tous est que le Pape ne peut ni ne doit en aucune façon qualifier la bulle *Unigenitus*, qu'il n'est pas au pouvoir du Saint-Père d'ordonner un silence absolu aux évêques sur la doctrine de la bulle, à moins que Sa Sainteté ne veuille donner une explication claire de ladite doctrine qui ne puisse pas être contredite par aucun parti; mais que, comme cette explication demanderait un examen un peu long et que la circonstance exige que la paix se rétablisse promptement dans l'église de France, les cardinaux croient que le Pape doit, dans sa bulle, exhorter au silence, laissant au Roi le soin de donner la force de loi à cette exhortation. Cette tournure, comme vous voyez, Monsieur, remédie aux objections qui m'ont été faites par le Pape.

Quant à l'administration des sacrements, les cardinaux disent précisément qu'il ne doit pas être permis aux curés dans aucun cas de priver des sacrements les fidèles de leur propre autorité; que le Pape peut défendre à tous prêtres, de quelque état qu'ils soient, d'interroger les fidèles sur des points de doctrine qui ne soient pas compris dans le rituel commun du diocèse; enfin que la règle inviolable, qui est dans tout le monde catholique et principalement à Rome, doit être renouvelée avec force. Cette règle est que l'on ne peut pas procéder contre un malade pour lui refuser les sacrements par une forme dont on ne se servirait pas pour un fidèle qui serait en santé et qui irait recevoir les sacrements à sa paroisse.

Ce que j'ai l'honneur de vous mander, Monsieur, est dans tous les avis, appuyé d'autorités et de citations théologiques puisées dans les auteurs qui servent de règle à la Cour de Rome.

Depuis la lettre que j'ai eu l'honneur de vous écrire la semaine passée, j'ai pris mes précautions pour que le théologien qui travaille avec le Pape sur notre affaire radoucît les premières idées qu'il avait eues sur le silence, et cherchât à faire goûter à Sa Sainteté l'avis des cardinaux sur cet article. J'y suis parvenu en entier, et crois que ce jacobin, qui s'appelle Rechini, ne sera plus une opposition à ce que je désire. Mes soins auprès de lui ont déjà opéré, car le Pape a fait venir chez lui il y a trois jours le cardinal Spinelli qui est le premier qui ait donné son avis. Il est entré en matière sur les différents points qui sont contenus dans l'avis de ce cardinal, et dont plus haut je vous ai marqué le précis. Le cardinal Spinelli m'a assuré que le Pape avait approuvé son système, et que surtout il lui avait marqué un grand désir de contenter le Roi. Je n'en puis pas douter, car Sa Sainteté m'a fait dire deux fois par son ministre et écrire par M. Rota, qu'il ferait une bulle aussi bien qu'il pourrait, que le Roi l'examinerait, qu'il changerait ce qui ne conviendrait pas à Sa Majesté, et qu'enfin (voilà ses propres termes) « il ferait trois, quatre, cinq bulles, et tant que le Roi voudrait, jusqu'à ce qu'il eût rencontré le sentiment de Sa Majesté ». Le Pape m'a chargé de le mander au Roi, et d'ajouter que samedi Sa Sainteté s'enfermerait selon l'usage jusqu'au mercredi des cendres et que, pendant cette semaine, il travaillerait sans relâche à la minute de la bulle, pour que je pusse l'envoyer au Roi les premiers jours de mars. J'irai vendredi, la veille que le Pape entrera en retraite, à son audience, et l'affermirai dans ses bonnes dispositions. En tout, Monsieur, l'affaire va mieux que jamais, et je persiste toujours à croire qu'elle se terminera absolument comme le Roi le désire. Soyez tranquille sur mes soins ; je me flatte que je préviendrai toutes les intrigues contraires au vrai bien et au repos, mais ne soyez pas étonné si, par hasard, l'envoi de mon courrier retardait d'une semaine; une petite incommodité ou d'autres affaires peuvent retarder de quelques jours, et il me paraît mieux d'avoir de la patience, que de précipiter un ouvrage aussi intéressant. Au reste, quand le Pape aura fait la bulle, le Roi sera le maître de l'affaire; je connais le Saint-Père : il est attaché à ses ouvrages, et il aimera mieux changer ce que l'on voudra que de rendre inutile son ouvrage, mais j'aimerais mieux, moi, que dès la première fois la bulle fût acceptable.

Je vous suis sensiblement obligé, Monsieur, de la grâce que le Roi m'a accordée en me permettant de porter l'Ordre; j'en remercie Sa Majesté par la lettre que j'ai l'honneur de lui écrire et que vous trouverez ci-jointe.

Si le temps me le permet, je ferai mon entrée le mois prochain...

XXVII

A M. ROUILLÉ

A Rome, le 25 février 1756.

... J'ai fait ma cour au Pape vendredi dernier. Sa Sainteté ne voyant personne pendant le reste du carnaval, j'ai cru qu'il était convenable que je la visse le dernier jour qu'elle recevait, tant pour me présenter à elle avec les marques de l'Ordre du Roi, que pour la faire ressouvenir du travail qu'elle se proposait de mettre en ordre et de perfectionner pendant cette semaine. Le Pape, Monsieur, me reçut très bien; il me marqua une vive satisfaction de me voir décoré du Cordon bleu, il baisa même la croix du Saint-Esprit, et jamais Sa Sainteté ne m'avait traité avec plus de bonté. Après que je l'eus remercié des marques qu'elle m'en donnait, je lui dis que j'avais mandé au Roi, que Sa Sainteté m'avait fait espérer qu'elle me mettrait en état d'envoyer à Sa Majesté les premiers jours de mars le plan de la bulle projetée, et qu'heureusement je trouvais le Saint-Père en si bonne santé qu'il n'y avait pas d'indiscrétion à moi de le presser sur ce travail. Le Pape me répondit qu'il travaillait, et qu'il comptait que le plan serait fini et en état d'être envoyé à la fin du carnaval. Il me dit : « Il faut vous attendre que cette bulle fera plusieurs voyages avant que d'être arrêtée, mais vous pouvez mander au Roi que je ferai de mon mieux pour que le premier plan lui convienne, et, à ce que j'ai déjà vu, j'espère qu'il en sera content et très content. » Je ne voulus pas, Monsieur, pousser le Pape sur les détails, l'affaire étant sûre dès que nous tiendrons le premier plan. Je me contentai de marquer au Pape toute la reconnaissance du Roi...

Avant-hier, comme je craignais que les lettres qui arriveraient par l'ordinaire ne pussent diminuer les bonnes dispositions où j'avais laissé le Pape, j'écrivis à M. Rota, avant qu'il allât travailler avec Sa Sainteté, un billet pour le prier de la prévenir sur les lettres des évêques de France et sur l'assurance que le Saint-Père m'avait donnée qu'il ne ferait nulle attention auxdites lettres. J'ajoutai à ce prélat que je serais bien aise de savoir où le travail du Pape en était, pour pouvoir en mander des nouvelles à Sa Majesté; il m'a répondu le billet que j'ai l'honneur de vous adresser, et qui vous fera voir, Monsieur, que l'affaire est en très bon train. Le cardinal Spinelli qui y est cité, est celui des cardinaux sur lequel je compte le plus pour la réussite de l'affaire; elle lui tient à cœur, et il y a travaillé comme un homme instruit et un honnête homme tel qu'il est devait travailler.

J'ai l'honneur d'être...

XXVIII

A M. ROUILLÉ

A Rome, le 3 mars 1756.

Monsieur,

Le Pape a fini son travail. Sa Sainteté m'en a fait avertir en me mandant qu'elle l'avait envoyé au cardinal Spinelli pour l'examiner, qu'elle le communiquerait aux autres cardinaux consultés, et qu'après elle me le remettrait pour le traduire et l'envoyer au Roi en original et traduit. Je compte donc, Monsieur, que mon courrier arrivera presque en même temps que cette lettre, mais je dois vous rendre compte de ce qui s'est passé depuis que j'ai eu l'avis que le Pape avait achevé le plan projeté.

Je me suis procuré l'extrait de ce plan : les trois articles, du silence, de la coaction que devait avoir la bulle *Unigenitus*, et de la qualification de ladite bulle y sont traités fort au long.

Le Pape y ordonne le silence absolu dans les écoles ; il fait une exhortation aux évêques de ne point questionner indiscrètement sur les matières contestées et nommément sur la bulle : nota, que le Saint-Père pense que la déclaration du Roi qui sera jointe à la bulle, rendra cette exhortation efficace.

A l'égard de la coaction, c'est-à-dire des peines spirituelles à décerner aux réfractaires à la bulle *Unigenitus*, le Pape va plus loin que je ne pensais ; car, outre qu'il n'admet aucune punition publique, il déclare qu'il ne regarde la résistance à la bulle que comme un péché véniel. J'ai fait dire au cardinal Spinelli, par qui tout m'a été communiqué, que ce dernier article ne me plaisait pas et pourrait occasionner de nouvelles disputes, que je croyais qu'il valait mieux ôter du plan cette décision de péché véniel; le cardinal est de mon avis; j'espère que le Pape sentira nos raisons et l'ôtera.

Ce qui vous paraîtra extraordinaire, Monsieur, après ces deux articles expliqués fort au long et même plus favorablement que je ne les avais demandés, c'est que le Pape qualifie la bulle *Unigenitus* de dogmatique. Je ne me serais pas attendu, lorsqu'il dit que les réfractaires à cette bulle ne pèchent que véniellement, qu'il la qualifiât de dogmatique. Le cardinal Spinelli en a été aussi surpris que moi; et je suis convenu avec lui, que j'en parlerais à M. Rota qui a travaillé avec le Pape à ce plan, et ferais l'impossible pour seconder les cardinaux qui veulent empêcher une pareille qualification, laquelle romprait toutes nos mesures. Effectivement, j'ai été avant-hier chez ce prélat qui en m'instruisant du travail du Pape, m'a dit la qualification que le Pape donnait à la bulle *Unigenitus*, « non pas précisément, m'a-t-il dit, mais « il demande aux cardinaux consultés encore une « fois leur avis sur ce point. »

M. Rota est convenu avec moi que le Pape avait des craintes sur les lettres redoublées des évêques de France qui lui écrivaient sans cesse qu'il ne pouvait pas donner une autre qualification à la bulle que celle que le clergé de France lui donnait lui-même. J'ai répondu, Monsieur, à M. Rota tout ce qu'il y a à dire sur cet article et particulièrement qu'il n'était pas croyable que l'on se figurât à Rome que le clergé de France sût mieux que le Pape la qualification qui était à donner à une bulle du Saint-Siège. Enfin, Monsieur, j'ai pris sur moi, sans cependant aucun risque, et vous pouvez m'en croire, de déclarer à M. Rota que j'avais ordre du Roi de ne recevoir et de ne lui envoyer aucun plan de bulle, où celle *Unigenitus* fût qualifiée de quelque manière possible, qu'ainsi ce que nous avions fait jusqu'à présent devenait inutile si ce point n'était réformé, et que j'avais lieu d'être étonné de cette nouvelle difficulté, dans le temps que le Pape et son ministère m'avaient paru convenir de cet article; que d'ailleurs les cinq cardinaux consultés étaient d'avis de ne donner aucune qualification, et que le Roi serait à juste titre très mécontent quand il saurait que des lettres des évêques ou peu instruits ou trop emportés de son Royaume avaient fait changer les bonnes intentions de Sa Sainteté pour la tranquillité de la France.

Je répondis ensuite aux objections de M. Rota, et lui dis que, pour plus grande sûreté, je lui écrirais sur-le-champ mon avis et mes ordres, afin qu'il les représentât de nouveau à Sa Sainteté. Ce que j'ai fait, Monsieur, par la lettre ci-jointe dont j'ai l'honneur de vous envoyer copie [1]. M. Rota a fait demander mon secrétaire hier pour me dire qu'il me priait d'attendre quatre ou cinq jours la réponse à ma lettre, parce qu'il ne voulait en faire

---

1. *Rome*, t. DCCCXX, f. 175-176.

usage que dans un moment favorable; je lui ai fait dire que je n'étais point pressé, et que, demain 4, je me trouverais à la conférence qui est indiquée chez lui avec le cardinal Spinelli. Je ne crois pas que M. Rota n'ait pas montré ma lettre au Pape; je suis au contraire persuadé que Sa Sainteté l'a eue sur-le-champ; mais on veut entendre les cardinaux pour réformer cet article, et me répondre après. Je suis certain que tous persisteront dans leur avis. Ainsi d'ici six ou huit jours, le courrier partira. Je mets ce temps parce que l'on m'a dit que le plan dont j'ai vu l'extrait était fort long, et qu'il me faudra du temps pour le bien traduire. On dit d'ailleurs qu'il y a quelque chose à réformer dans l'ordre qui pourrait être meilleur. Je suis bien sûr que les réponses du Roi et les changements que demandera Sa Majesté décideront le Pape qui a travaillé et qui a envie que son travail ne soit pas inutile. Mais j'ai cru qu'il était mieux de tâcher que le premier plan fût bon pour ne pas perdre le temps en allées et venues, et que, sur cette matière, quatre jours de retard étaient moins importants que deux mois.

Je ne sais pas par qui M. le nonce est conseillé à Paris, mais les évêques qui le font agir lui suggèrent des principes bien opposés à ceux de son maître, et j'ose vous dire, Monsieur, qu'il est essentiel, même le plan de la bulle arrivé, que vous ne lui parliez pas de cette opération; cela est d'autant plus nécessaire que la Cour de Rome est à son égard sur cet article de la plus grande réserve. Il est arrivé dans cette affaire un bonheur dont il n'y avait pas d'exemple ici, c'est que le secret, qui nécessairement a été confié à quinze personnes, est gardé au point que les cardinaux qui n'ont point été consultés, les prélats, et les émissaires de toute espèce qui sont sur cette matière en cette Cour, sont persuadés que le Roi a prié le Pape de ne donner aucune décision et de laisser tomber cette affaire. Je vous rendrai compte, Monsieur, par mon courrier, des autres détails qui mériteront de vous êtes rendus sur cet objet.

J'ai l'honneur d'être...

XXIX

A M. ROUILLÉ

A Rome, le 10 mars 1756.

... Je fus hier à l'audience du Pape, qui me traita mieux qu'il ne m'a jamais traité. Sa Sainteté me parla assez longtemps du projet de bulle, qu'elle compte me remettre incessamment. Elle me dit qu'elle priait le Roi de l'excuser si elle n'avait pas dépêché cet ouvrage plus promptement, mais qu'elle avait cru devoir demander de nouveau l'avis des cardinaux; que cet avis lui avait été remis, qu'elle voulait faire traduire tout son projet en français, et que je l'aurais plus tôt que je ne croyais ; « car, m'a dit le Pape, vous pouvez mander au Roi que je veux payer mes dettes, avant de faire mes Pâques ». Malgré ces assurances, Monsieur, je pressai le Saint-Père sur la conclusion d'une aussi grande affaire, et je lui fis sentir combien il serait désagréable si, comme je l'avais écrit à M. Rota, le plan que je devais envoyer était tellement contraire aux instructions du Roi, que j'avais communiquées à Sa Sainteté, que Sa Majesté n'en pût pas faire usage. Le Pape me répondit qu'il n'était pas entêté de son sentiment, que c'était pour cela qu'il avait consulté de nouveau les cardinaux, qu'enfin il me répétait que plus tôt que je ne croyais, le Roi serait content. Je remerciai le Pape, et, en lui marquant toujours mon impatience de voir son ouvrage et le faire partir, je lui dis de la part du Roi les choses les plus flatteuses.

Je vis le soir M. Rota qui, depuis mon audience, avait travaillé avec le Pape ; il m'assura que Sa Sainteté lui avait marqué être fort contente de moi, et que le Pape lui avait dit que, dès aujourd'hui, il commencerait à lui envoyer les premières feuilles de son plan à traduire. Nous sommes convenus avec M. Rota, que ce serait moi qui ferais la traduction : l'ouvrage est long, et il est impossible qu'il puisse partir avant huit jours. Si vous saviez, Monsieur, ce que c'est que de faire travailler un Pape et des cardinaux, vous seriez étonné qu'une pareille affaire fût finie en si peu de mois. Je ne vois rien à présent qui la puisse retarder. Pour ce qui est du fonds de l'affaire, je crois toujours que le Roi en sera content. Je joindrai au plan du Pape mes observations et les changements nécessaires que le Roi pourra exiger. Je vous supplie de n'avoir nulle inquiétude sur cette besogne, d'autant moins que, si nous ne faisons pas le plus grand bien (ce qui j'espère arrivera), du moins sommes-nous sûrs de ne pas faire de mal, car le Pape certainement persiste dans le principe, ou de faire le bien selon la volonté du Roi, ou de ne rien faire du tout [1].....

XXX

A M. ROUILLÉ

A Rome, le 17 mars 1756.

... J'ai achevé hier de traduire l'ouvrage du Pape ; je compte que Sa Sainteté m'enverra aujourd'hui ou demain la lettre qu'elle doit écrire au Roi pour accompagner son projet, et que mon courrier pourra partir vendredi ou samedi. Comme j'ai gardé copie du plan que j'ai traduit, je travaille au mémoire d'observations que je dois avoir l'honneur de vous adresser conjointement avec le projet du Pape [2].

1. Cette dépêche est chiffrée.
2. Ce paragraphe est chiffré.

... J'ai demandé à Sa Sainteté s'il lui plaisait que je fisse incessamment mon entrée, et, sur le désir que m'en a marqué le Pape, j'ai de concert avec Sa Sainteté fixé cette cérémonie au 28 de ce mois, c'est-à-dire que ce jour je ferai ce que l'on appelle ici l'entrée de campagne [1], et huit jours après l'audience publique..

XXXI

A M. ROUILLÉ

A Rome, le 19 mars 1756.

Monsieur,

Voilà le plan du Pape que j'ai l'honneur de vous adresser; M. Rota, chargé de la traduction parce que le Pape s'était entêté de l'envoyer en français au Roi, m'a prié de le traduire; ainsi, cette traduction est de moi. J'ai conservé copie de l'original italien fait par le Pape, et j'ai l'honneur de vous l'envoyer en même temps, pour que vous puissiez juger de la fidélité de la traduction [2].

1. L'entrée publique des ambassadeurs à Rome s'appelle *l'entrée de campagne*, parce que leur maison n'y parait qu'avec les petites livrées, réservant les grandes livrées pour le jour où ils vont à la première audience publique du Pape. — Voir le mémoire intitulé: *Pour le Cérémonial des Ambassadeurs du Roi à Rome* (Rome, t. DCCCXVI, f. 38-76).
2. *Rome*, t. DCCCXX, f. 218-223. — Dans une note jointe au Projet de Bulle (f. 217), Choiseul fait observer que la traduction.

Comme l'ouvrage que je traduisais m'était confié à l'insu de Sa Sainteté, je n'ai point cru devoir marquer d'en avoir connaissance, et il m'a paru que, pour ne pas inquiéter le Pape, il était plus à propos d'envoyer le travail qu'il chérit au Roi, et qu'il me serait plus aisé ensuite, selon les réponses de Sa Majesté, d'y faire faire les changements qui me seraient indiqués par vos ordres.

Peut-être, Monsieur, que le plan du Pape au premier aspect ne vous paraîtra pas aussi favorable à nos intentions qu'il me le paraît; mais je vous supplie de le relire avec attention, et je suis persuadé que, plus vous le lirez, plus vous le trouverez entrer avec une adresse infinie dans les vues du Roi.

Vous verrez, Monsieur, par le mémoire que j'ai fait et que je joins à cette dépêche [1], mes réflexions sur les différents points à corriger; je n'imagine pas même trouver de grandes difficultés pour obtenir du Saint-Père ces corrections en tout ou en partie. Si le Roi les approuve, et que Sa Majesté en ajoute d'autres, je désirerais que vous eussiez la bonté de me les adresser en forme de contre-projet, mais avec la précaution de vous servir des

envoyée par le Pape au Roi diffère sur quelques points de celle qu'il communiqua lui-même à Benoît XIV.

1. *Rome*, t. DCCCXX, f. 224-229 : « ... Enfin l'ouvrage en total, s'il est approuvé du Roi, contiendra trois pièces : une lettre encyclique aux évêques en réponse à celle de l'Assemblée, une bulle concertée entre les deux puissances selon le projet du Pape et le contre-projet que le Roi enverra, et un bref particulier à Sa Majesté.... »

termes de l'ouvrage du Pape autant qu'il sera possible, et de ne faire de changement que dans les paroles consacrées pour ainsi dire au bien. Vous ne sauriez croire, Monsieur, combien le Pape est enthousiasmé de son ouvrage, et combien il serait peiné de voir qu'il n'est pas goûté du Roi [1]. Au reste, le Pape mérite des louanges du travail assidu et pénible que cette matière lui a occasionné, et je dois lui rendre la justice qu'il y a travaillé

1. Avec le projet de bulle, Benoît XIV adressait au Roi la lettre suivante : *20 mars 1756*. — « Nous envoyons enfin à Votre Majesté les pièces sur l'affaire en question; nous les avons composées et écrites nous-mêmes, et pour les rendre plus intelligibles à Votre Majesté nous les avons fait traduire en français par Monsignor Rota, notre secrétaire des chiffres, suffisamment connu à la cour de Votre Majesté. Nous n'exposons pas dans cette lettre tout ce qui est contenu dans lesdites pièces pour éviter les répétitions inutiles, mais nous assurons Votre Majesté des points suivants : le premier, que tout a été fait avec le secret le plus exact, ne s'étant point tenu devant nous aucune congrégation, et que les cardinaux qui ont été choisis avec la participation de l'ambassadeur de Votre Majesté pour donner leur avis, nous l'ont transmis par écrit et cacheté. Le second, que nous avons tout lu nous-même, tout vu, tout considéré, et que nous n'avons pas oublié de nous recommander à Dieu, et nous y faire recommander pour qu'il nous éclairât de ses lumières. Le troisième, que nous n'avons eu d'autre but que le service de Dieu, la gloire de Votre Majesté et la tranquillité de la France pour l'obtention de laquelle nous sacrifierions volontiers le peu de vie qui nous reste. Le dernier, que Votre Majesté renvoyant les susdites pièces approuvées, ainsi que nous l'espérons d'elle, on aura soin de réduire, fidèlement et sans aucune altération, en constitution, ou bulle, ou lettre encyclique aux évêques de France, tout ce que ces pièces contiennent, sans le moindre changement. Voilà tout ce que nous devions exposer à Votre Majesté, à laquelle nous donnons de toute l'étendue de notre cœur la bénédiction apostolique » (*Rome*, t. DCCCXX, f. 236-237).

avec le zèle d'un véritable Père de l'Église, quoique nos évêques de France aient fait l'impossible, par leurs intrigues et par leurs lettres, pour le détourner de suivre les impressions de sa conscience; ils ont même annoncé au Pape depuis quelque temps des écrits en forme d'éclaircissement pour retarder le travail de Sa Sainteté. C'est M. le nonce, lié intimement avec le parti des seize, qui est le porteur de paroles le plus vif sur cet objet, et je sais qu'on lui a répondu le dernier ordinaire que Sa Sainteté le priait de se tenir tranquille et de ne point entrer dans les matières dont on ne le chargeait pas. Mais, Monsieur, plus il y aura d'animosité, plus le Pape pense avec justice qu'il faut garder le secret sur son opération jusqu'à ce qu'elle soit consommée, et en cela je suis entièrement de l'avis du Saint-Père qui, malgré ses bonnes intentions, a quelquefois des timidités qui m'effraient.

Les avis des cinq cardinaux étaient infiniment plus forts que celui du Pape et plus décisifs; aucun ne parlait de *péché mortel*; le Pape lui-même dans son premier plan n'en parlait pas, et faisait entendre, au contraire, qu'il regardait le manque de soumission comme un *péché véniel*. J'ai voulu faire changer cet article, avec celui de *jugement irréfragable et dogmatique* qui y était; pour vouloir trop bien faire, je suis tombé dans un autre inconvénient, parce qu'en trois jours de temps quelqu'un certainement a parlé au Pape et a fait ajouter le commencement de projet qui n'était pas dans l'autre; mais vous observerez par mon mémoire que cet inconvénient est aisé à réparer.

Cinq articles m'étaient recommandés par mes instructions et la lettre que vous m'avez fait l'honneur de m'écrire le 19 décembre [1].

Les deux premiers qui demandent une bulle où le terme de *proprio motu* ne soit pas, n'ont souffert aucune difficulté.

Le troisième, que Sa Sainteté ne donnât aucune qualification, encore moins celle de *Règle de foi* à la constitution *Unigenitus*, est accordé dans le plan du Pape.

Le quatrième, qui regarde le silence, est expliqué par les lois qu'il impose aux curés, et précisément dans les cas qui arrivent le plus souvent et qui ont occasionné le plus de troubles, c'est-à-dire à l'article de la mort, il sera encore plus spécialement déterminé, si le Roi fait usage et que le Pape accorde les réflexions contenues dans mon mémoire.

Le cinquième est entièrement dans le plan de la bulle. Ainsi, Monsieur, sur ces points, il me paraît que l'objet de vos ordres a été rempli

En m'envoyant le contre-projet, je vous supplie, Monsieur, de me donner des instructions particulières qui me règlent et m'éclairent. Si vous

---

1. Voir page 68.

pouviez aussi m'envoyer un projet de déclaration, je ne le confierais pas si je ne voyais que le Pape le désire et si je ne sentais qu'il peut être utile au Roi d'avoir cette confiance.

Il me reste à vous dire, Monsieur, sur cette matière, que je dois rendre au Roi le zèle que M. le cardinal Spinelli a marqué dans cette occasion pour le bien et le service de Sa Majesté. M. Rota s'est conduit dans cette affaire avec l'attachement que vous lui connaissez pour la France; mais le prélat de Lerma est celui de tous qui m'a été le plus utile; c'est lui qui a été de ma part plusieurs fois chez les cardinaux, qui les a instruits des intentions du Roi et qui a rempli toutes mes vues avec des talents et une droiture singulière, outre qu'il a eu la patience d'être mon répétiteur en théologie pendant six mois. En vérité, Monsieur, il mérite une marque de bonté du Roi et de votre part, et je vous serais sensiblement obligé si vous vouliez la lui procurer...

XXXII

A M. ROUILLÉ

A Rome, le 31 mars 1756.

... J'ai fait, dimanche dernier, l'entrée que l'on nomme de campagne. M. le cardinal Portocarrero, ministre d'Espagne, m'a fait l'honneur de m'accompagner dans cette fonction, ainsi que l'auditeur de rote d'Espagne, M. l'abbé de Canillac et M. Acquaviva qui a bien voulu remplacer le second auditeur de rote espagnol qui se trouve manquer à Rome. Je remis dans l'audience que j'eus ce jour-là de Sa Sainteté la nomination du Roi au cardinalat [1].

J'ai reçu pendant trois jours, selon l'usage ordinaire, les visites de la prélature et de la noblesse de Rome. Dimanche prochain, je ferai ma seconde entrée et aurai du Pape mon audience publique; après quoi je commencerai les visites de cérémonie des cardinaux...

J'ai ordonné au maître de chambre des ambassadeurs du Roi, le marquis de Middelbourg, de dresser une relation de mes entrées que j'aurai l'honneur de vous envoyer après celle de dimanche...

ENTRÉE DE CAMPAGNE

(28 mars 1756. — Relation du marquis de Middelbourg).

M. le comte de Stainville, ambassadeur extraordinaire du Roi auprès du Saint-Siège, ayant

[1]. La promotion fut faite le 5 avril au matin : le cardinal nommé par Louis XV était M. de Tavannes, archevêque de Rouen. La promotion comprenait deux autres prélats français, l'archevêque de Sens, P. d'Albert de Luynes, et l'évêque de Beauvais, Et. de Gesvres, le premier nommé par le roi d'Angleterre Jacques III réfugié à Rome, le second par le roi de Pologne, Auguste III. La promotion comprenait en outre les archevêques de Vienne, Séville et Turin, l'évêque de Constance, le principal de la patriarchale de Lisbonne, tous nommés par les couronnes, enfin le gouverneur de Rome, Archinto.

fixé son entrée publique dans Rome au 28 mars, le marquis de Middelbourg, maître de chambre ordinaire des ambassadeurs, se rendit au palais apostolique pour savoir de Sa Sainteté si elle agréait l'intention de Son Excellence. M. Boccapaduli, maître de chambre du Pape, lui répondit que Sa Sainteté recevrait avec bien du plaisir M. l'ambassadeur, et que Son Excellence était la maîtresse de venir quand il lui plairait. On en donna part aussitôt au cardinal secrétaire d'État, et ensuite à M. Reali, premier maître de cérémonie, pour concerter le cérémonial usité en pareil cas. On envoya ensuite les gentilshommes de M. l'ambassadeur chez tous les cardinaux, les ministres étrangers, et les princes romains pour leur faire savoir que, Son Excellence devant faire son entrée publique, elle les priait d'envoyer leurs attelages lui faire cortège. La même invitation fut faite à toute la prélature et noblesse de Rome par les pages de Son Excellence.

Comme il n'y a point ici de cardinal français pour accompagner M. l'ambassadeur chez le Pape, Son Excellence fit prier pour cet effet M. le cardinal Portocarrero, ministre de Sa Majesté Catholique qui accepta avec plaisir cet honneur. M. de Canillac, M. Boral, auditeur de rote espagnol, et M. Acquaviva, commissaire de la marine, furent désignés pour aller avec M. le cardinal Portocarrero, tous en habits de voyage, dans son attelage prendre M. l'ambassadeur à la maison de la chambre apostolique appellée Papajules [1].

M. l'ambassadeur se rendit sur les deux heures après midi à ladite maison avec son maître de chambre dans un carrosse incognito, accompagné seulement de deux laquais, sans coureurs. Toute la maison de M. l'ambassadeur s'y était déjà rendue dans les attelages et autres voitures de Son Excellence.

Vers les trois heures, M. le cardinal Portocarrero arriva avec trois de ses attelages, et chacun des prélats qui l'accompagnaient avait le sien. M. l'ambassadeur alla à la rencontre de cette Eminence jusqu'au dehors de la première salle. Peu de temps après, vint l'attelage de M. le cardinal secrétaire d'Etat où était le maître de chambre de cette Eminence. Il dit à M. l'ambassadeur que son Eminence le lui envoyait pour que Son Excellence s'en servît jusqu'à son palais.

Messieurs les cardinaux, les ministres étrangers, les princes et la noblesse envoyèrent leurs gentilshommes, dans des attelages au nombre de cent dix, complimenter Son Excellence. Ils furent introduits dans la chambre où étaient M. l'ambassadeur et M. le cardinal Portocarrero. Après qu'ils eurent rempli leur commission, on donna l'ordre

---

1. La villa du pape Jules (*Papa Giulio*) bâtie pour Jules III (1550-1555) par Vignole, restaurée en ces derniers temps et transformée en musée d'antiquités. Elle est située à droite de la Voie flaminienne à quelques minutes hors la Porte du Peuple.

pour la marche de la cavalcade, laquelle fut exécutée dans l'ordre suivant.

Deux postillons et deux courriers les précédaient richement vêtus, ayant l'écusson des armes du Roi sur leurs vestes. Ensuite venaient le maître des écuries de Son Excellence, le maréchal et le sellier; six chariots couverts de superbes tapis aux armes de Son Excellence, six chevaux de manège magnifiques, nattés, conduits par six palefreniers; les deux Suisses ayant leurs bandolières chargées de galons d'argent et des habits à brandebourgs d'argent galonnés de même sur toutes les tailles. Trente laquais suivaient, vêtus de même; ensuite deux trompettes magnifiquement habillés, ayant à leurs instruments des banderoles brodées en or et en argent aux armes de Son Excellence. Venaient après vingt-cinq officiers dont l'uniforme était de couleur ventre de biche galonné d'argent à la Bourgogne. Le maître d'hôtel, ayant un habit de même couleur galonné en plein, fermait la marche.

Les coureurs de Son Excellence, superbement vêtus et coiffés de beaux bonnets garnis de plaques d'argent aux armes de Son Excellence, précédaient le carrosse du corps, où étaient avec elle M. le cardinal Portocarrero et les trois prélats dont on a déjà parlé, lesquels avaient aussi leurs coureurs, qui avec ceux de M. l'ambassadeur étaient au nombre de trente. Les huit pages bordaient le carrosse du corps; leurs habits étaient galonnés en plein à la Bourgogne, garnis de beaux nœuds d'épaule. Les quatre attelages de M. l'ambassadeur, composés de chevaux de toute beauté et de différent poil, suivaient le carrosse du corps, ainsi qu'une grande quantité d'autres attelages.

La marche commença, comme on l'a déjà dit, de la maison appelée Papajules, qui est à environ un quart de lieue hors la Porte du Peuple, traversa toute la rue du Cours [1] où tout Rome s'était rassemblé. Les applaudissements et les vivats retentissaient de tous côtés ; on ne se lassait point d'admirer la magnificence d'une entrée aussi pompeuse, et ce qui enchantait encore davantage, c'était la politesse avec laquelle Son Excellence répondait aux acclamations des Romains.

Son Excellence vint descendre chez elle [2], d'où elle alla avec M. le cardinal Portocarrero à l'audience du Pape, suivie d'un nombreux cortège. A son retour, les trompettes, les tambours, les hautbois et autres instruments du Sénat et des autres tribunaux civils de Rome saluèrent Son Excellence qui trouva en entrant dans son appartement M. Previ, maître d'hôtel du Pape, qui lui présenta de la part de Sa Sainteté trente-six grands bassins rempli des comestibles les plus délicats. Son Excellence joignit au remerciement qu'elle lui en fit une tabatière d'or émaillée. Elle donna aussi

1. Le Corso actuel.
2. L'ambassade occupait le palais Cesarini, près de Saint-André della Valle.

au maître de chambre du cardinal secrétaire d'État une montre d'or émaillée.

AUDIENCE PUBLIQUE [1]

(4 avril 1756. — Relation du marquis de Middelbourg).

Quelques jours après l'entrée de M. l'ambassadeur, le marquis de Middelbourg alla chez le Pape pour faire savoir au Saint-Père que Son Excellence demandait à avoir son audience publique. Sa Sainteté répondit que Son Excellence pouvait venir le dimanche 4 avril vers les quatre heures après midi, et qu'elle le recevrait avec plaisir. Cette réponse ayant été rendue à M. l'ambassadeur, on fit aussitôt inviter Messieurs les cardinaux, les ministres étrangers, les princes romains, toute la prélature et la noblesse romaine pour faire cortège à Son Excellence. Les cardinaux envoient dans cette occasion leurs gentilshommes en habit de cérémonie dans des carrosses de fisque; les princes romains en font de même, ainsi que les ministres, et les prélats en charges, tels que le gouverneur de Rome, l'auditeur de la chambre et le trésorier. Les autres prélats, ainsi que la noblesse, viennent eux-mêmes en habit de cérémonie chez M. l'ambassadeur.

Le dimanche, jour intimé pour l'audience publique de Son Excellence, toutes les personnes

1. *Rome*, t. DCCCXX, f. 252-255.

invitées à son cortège se rendirent chez elle sans qu'aucun des cardinaux eût manqué d'y envoyer. Les prélats en très grand nombre, les cavaliers romains et les gentilshommes formaient une foule considérable dans les antichambres de M. l'ambassadeur où l'on servit un splendide rafraîchissement de toutes sortes de fruits gelés. On tira ensuite la portière de la salle d'audience où était M. l'ambassadeur en habit fond d'argent tout brodé d'or, ayant un manteau garni de dentelles d'or d'une magnificence inouïe ; son chapeau était surhaussé de plumes et garni d'une agrafe et d'un très gros bouton de diamant. Les prélats complimentèrent Son Excellence : elle était debout sous un dais de velours cramoisi fond d'or auquel sont attachés le portrait du Pape et celui de Sa Majesté. Les compliments étant faits, une partie des personnes venues pour cet effet prirent les devants pour recevoir Son Excellence au bas de l'escalier du Pape et l'accompagner jusqu'aux antichambres de Sa Sainteté. La prélature resta pour remplir le carrosse du corps et les autres de grand fisque. La marche du cortège était dans l'ordre suivant.

La berline, appelée l'avant-garde, précédait le carrosse du corps ; elle était attelée de six magnifiques chevaux et portait un grand carreau de velours bleu céleste galonné d'argent et garni de houppes de même. Il y avait à côté de cette berline deux laquais dont l'un portait le parasol et l'autre servait à faire écarter les carrosses qui pouvaient se trouver en chemin. Ensuite venaient quarante autres laquais vêtus d'une livrée toute brodée en paillettes d'argent d'un goût et d'une richesse surprenante, les vestes d'écarlate galonnées de grands galons d'argent à la Bourgogne, les chapeaux à point d'Espagne d'argent garnis de plumets de plusieurs couleurs; les six coureurs qui suivaient immédiatement la livrée avaient des vestes de Damas jonquille tout brodés d'argent ainsi que des jupons de Damas ponceau, pareillement brodés d'argent et des écharpes de taffetas de même couleur garnies de grandes houppes à graines d'épinards d'argent; ils avaient des bonnets tout couverts de dentelles d'argent et aux armes de Son Excellence brodées en or. Ensuite venait le grand carrosse du corps, tiré par six chevaux frisons d'une grandeur extraordinaire. Son Excellence y était avec trois archevêques et deux évêques. Les huit pages qui entouraient ce carrosse avaient des habits de velours jonquille brodés d'argent sur toutes les tailles, avec des vestes de drap d'argent à fond cramoisi garnies d'une bavaroise de dentelles d'argent. Dix Suisses, en habit de livrée, marchaient à côté des pages. Leurs baudriers richement brodés en argent et garnis tout autour de franges d'argent augmentaient l'éclat de leurs habits. Immédiatement après le carrosse du corps, venait l'écuyer de Son Excellence en habit de cérémonie et en rabat, monté sur un beau cheval blanc d'Espagne, couvert d'une housse toute brodée d'or. Suivait ensuite le troisième carrosse, tiré par six grands chevaux de Danemark de poil de souris, rempli de prélats. Le quatrième carrosse, tiré par six grands chevaux frisons, était pareillement rempli de prélats, de même que le cinquième qui n'est que de petit fisque. Il y avait dans les quatre autres carrosses de petit fisque une grande quantité de noblesse romaine. Dans les cinq autres, c'étaient les gentilshommes, les secrétaires et les aumôniers de Son Excellence qui les remplissaient.

Lorsque Son Excellence approcha du palais du Pape [1], les soldats de la garde de Sa Sainteté se mirent en haie, et leurs officiers saluèrent de la pique M. l'ambassadeur. Les cuirassiers en firent autant ainsi que les chevau-légers, les uns tenant leurs épées nues, et les autres leurs pistolets; la garde suisse se mit sous les armes. Lorsque M. l'ambassadeur entra dans la cour du palais du Pape, Son Excellence trouva en descendant de son carrosse un nombreux cortège qui, comme on l'a déjà dit, avait pris les devants pour la recevoir au bas de l'escalier. Une foule de prélats, de cavaliers, et de gentilshommes la suivirent. Tous les laquais, les Suisses et les coureurs ayant leurs decans [2] à leur tête, bordaient l'escalier, et les chevau-légers de la première antichambre se mirent en haie. Monsignor Boccapaduli, maître de chambre de Sa

---

1. Le palais du Quirinal, résidence ordinaire du Pape.
2. Leurs doyens.

Sainteté vint recevoir Son Excellence au milieu de cette antichambre; les autres étaient remplies de cavaliers romains, de gentilshommes et de camériers d'honneur de Sa Sainteté. M. l'ambassadeur s'arrêta un instant dans une de ces antichambres pour donner le temps qu'on avertit Sa Sainteté.

Son Excellence fut aussitôt introduite et s'entretint avec le Saint-Père pendant une demi heure. Auparavant de sortir, l'on appella ensuite M. Boyer[1], secrétaire de l'ambassade, que Son Excellence présenta à Sa Sainteté. Il sortit ensuite et peu de temps après vint M. l'ambassadeur, accompagné du maître de chambre du Pape, qui le conduisit jusqu'au dehors de la première antichambre des chevau-légers. Son Excellence alla ensuite, accompagnée du même cortège, chez M. le cardinal secrétaire d'État. En sortant du palais du Pape, tous les corps de garde rendirent à Son Excellence les mêmes honneurs que lorsqu'il y entra. Tout Rome était au passage de M. l'ambassadeur et l'on ne se lassait point d'admirer et d'applaudir à la magnificence d'une pompe aussi somptueuse.

---

1. Joseph Boyer, d'Aix en Provence, après avoir chargé d'affaires en Saxe (1752), fut le premier secrétaire de Choiseul à Rome, puis à Vienne, et chargé d'affaires en son absence. Il devint ensuite ministre à Liège (1760) et envoyé extraordinaire à Gênes (1760).

XXXIII

A M. ROUILLÉ

A Rome, le 5 avril 1756.

... J'ai eu hier mon audience publique du Pape : Sa Sainteté ne m'a pas laissé finir mon compliment ; à peine avais-je commencé qu'elle m'a interrompu en m'embrassant, et qu'elle a renvoyé tout le monde pour que nous restassions seuls. Elle m'a parlé d'abord de l'embarquement qui se faisait à Toulon [1], et a eu la bonté de me dire les nouvelles qu'elle avait sur ce fait ; ensuite elle m'a demandé si je croyais que le courrier extraordinaire que j'avais eu l'honneur de vous dépêcher reviendrait bientôt avec la réponse du Roi. J'ai dit au Saint-Père que cette matière, comme lui-même l'avait vu, demandant un travail réfléchi, je ne croyais pas qu'il dût revenir de sitôt, que le Roi avait à combiner les principes de l'Église avec les lois du Royaume, lesquels deux objets ne se contredisaient pas dans le fond, mais différaient quelquefois sur les formes. Le Pape à cela m'a dit que, quoique véritablement il fût empressé de savoir comment le Roi aurait trouvé son sentiment, il aimait mieux attendre que de voir qu'il n'a pas produit le bien

---

1. Seize mille hommes s'embarquaient sur treize vaisseaux de ligne, quatre frégates et dix-huit bâtiments légers, à destination de Port-Mahon.

qu'il espère, et Sa Sainteté dans cette occasion m'a prié de répéter à Sa Majesté combien elle désirait de coopérer à la tranquillité de l'Église, du Roi et du Royaume...

XXXIV

A M. ROUILLÉ

A Rome, le 7 avril 1756.

...M. Rota m'a confié que le Pape avait reçu une partie du mémoire des seize évêques de l'Assemblée. M. le nonce l'a adressé par l'avant-dernier ordinaire au secrétaire d'État; je ne crois pas que la seconde partie soit encore arrivée. Ce que je puis vous assurer, Monsieur, c'est que ce ministre m'a dit que le Pape n'avait pas lu ce mémoire, et qu'il avait écrit de la part de Sa Sainteté à M. le nonce de ne pas lui envoyer le reste, le Saint-Père n'en ayant pas besoin et n'en voulant faire aucun usage. Vous êtes à portée, Monsieur, de savoir par M. le nonce ou par d'autres voies s'il est vrai, comme le ministère de Rome me l'assure, que l'ordre du Pape sur cet article ait été aussi décisif. Au reste il ne me paraît pas qu'à présent les écrits de France puissent déranger les dispositions du Saint-Père.

...Le ministre de Sardaigne résidant à Rome avait

reçu et publié la nouvelle de la médiation offerte par les rois d'Espagne et de Prusse[1], mais on ignore la réponse du Roi qui me paraît très convenable ; je la garderai pour moi seul, comme vous me faites l'honneur de me le prescrire[2]. Au reste, Monsieur, je trouve que c'est tout ce que le Roi peut faire que d'acquiescer de nouveau à des propositions d'accommodement aux termes de sa réquisition à l'Angleterre ; car je puis me tromper, mais je suis bien éloigné de penser que la paix, dans les circonstances présentes, soit avantageuse à la gloire du Roi. La justice de notre cause est connue de l'Europe ; nos ennemis ont fait des efforts qui font envisager leur ruine ; leur roi est vieux et naturellement doit manquer d'un moment à l'autre, son successeur est mineur ; à sa mort, si la guerre a lieu, il se trouvera plus de troupes sur pied dans les royaumes d'Angleterre qu'il n'y en a jamais eu ; l'oncle du successeur sera à la tête ; il y a apparence qu'il voudra par la force jouer un rôle dans l'administration des affaires ; il est difficile qu'il y réussisse sans contradiction ; ce moment peut produire une guerre civile en Angle-

---

1. Les rois d'Espagne et de Prusse avaient offert séparément leurs bons offices pour obtenir un accommodement entre la France et l'Angleterre. Le Roi, désireux d'éviter la guerre, les avait acceptés sans difficulté, mais après leur avoir déclaré qu'il ne pouvait se prêter à aucune négociation avant la restitution complète des vaisseaux français et de leurs équipages enlevés par la marine anglaise.

2. Dépêche du 23 mars (*Rome*, t. DCCCXX, f. 238-239).

terre qui, jointe à celle qu'elle aura à soutenir contre nous, achèvera de ruiner ce Royaume, et pourra, si nous le voulons, rendre notre commerce et notre marine supérieure à celle des autres puissances de l'Europe. Cette position me paraît évidente; toutes les dépenses sont faites du côté du Roi pour la soutenir; ce n'est pas Sa Majesté qui a cherché la guerre, ce sont des insultes réitérées qui l'occasionnent.

D'après ces idées, je ne suis pas assez éclairé pour comprendre quel serait le motif qui retiendrait le Roi de se venger d'une nation ambitieuse et outrageante qui, peu de moments après l'accommodement, aurait la même mauvaise foi. Je vous demande pardon de cette déclamation, mais j'en suis si pénétré, que j'ai cru devoir hasarder de vous confier mon sentiment.

J'aurais encore à ajouter la position de l'Infant et des petits-enfants du Roi à Parme [1]; il me semblerait qu'il faudrait profiter de l'occasion pour régler leur état aussi peu stable qu'il est indécent et réformer sur ce point l'obscurité du traité d'Aix-la-Chapelle; je le répète, la dépense est

---

1. La fille aînée de Louis XV, Elisabeth (1727-1759), désignée sous le nom de madame Infante, avait épousé en 1739 l'infant don Philippe, fils du roi d'Espagne Philippe V. En 1748, son mari avait obtenu, par le traité d'Aix-la-Chapelle, la souveraineté de Parme, Plaisance et Guastalla, souveraineté qu'il exerça sans prestige. Madame Infante avait gardé une grande influence à la cour de Versailles, et Choiseul s'était habilement ménagé son appui.

faite, les ennemis du Roi ont une peur évidente, Sa Majesté est recherchée et crainte des plus grandes puissances de l'Europe. La paix produira-t-elle un meilleur effet?

J'ai l'honneur d'être...

XXXV

A M. ROUILLÉ

A Rome, le 14 avril 1756.

Monsieur,

J'ai reçu la lettre que vous m'avez fait l'honneur de m'écrire le 30 mars. J'ai fait part au Pape sur-le-champ des louanges que le Roi donnait au travail de Sa Sainteté et de l'examen nécessaire qu'un pareil ouvrage exige pour parvenir au but salutaire que l'on se propose. Le Saint-Père m'a remercié de cette attention et convient avec le Roi qu'il ne faut pas précipiter les démarches dans une occasion aussi délicate. Le Pape promet le secret. Quant au fond de l'affaire, il est aussi bien gardé ici qu'il est possible; quant à la forme, on ne peut pas s'en flatter, et il est simple que le nom des cardinaux ait été mis dans les gazettes, parce qu'il était connu ici peu de temps après qu'ils ont été choisis. Cela est inévitable à Rome; ce que l'on peut désirer, c'est que l'on ne divulgue pas la matière des affaires, et, sur cela, le Pape s'est contenu plus que je n'espérais.

Il est vrai, Monsieur, que le projet du Pape n'est pas totalement tel que j'avais eu l'honneur de vous l'annoncer ; vous aurez vu par mes lettres que les avis des cardinaux et les premières dispositions du Saint-Père devaient me faire espérer mieux. Je crois cependant, qu'à peu de chose près, il remplit les premiers ordres que vous m'avez donnés, et passe de beaucoup les restrictions dont vous m'avez permis d'user dans les dépêches n°s 79 et 78[1]. Il faut connaître ma fonction ici pour comprendre certaines variations que je ne peux empêcher. Le cardinal ministre n'est pas en état de parler quatre minutes d'affaires. M. Rota, qui supplée pour lui et dont j'ai lieu de me louer, est tous les quinze jours à la mort, et des mois entiers sans pouvoir être transporté chez le Pape ; nommément aujourd'hui il a reçu les sacrements, il a la fièvre continue depuis six jours, une dissolution totale du sang, quatre-vingts ans, ce qui fait que j'ai grand peur d'être au moment de le perdre.

---

1. A la suite de certains bruits qui lui sont revenus, Rouillé n'est pas rassuré sur le succès de la « grande affaire ». Craignant un mécompte, il autorise Choiseul à faire quelques concessions si le Pape tarde davantage à remettre la bulle : Si Benoît XIV veut qualifier la bulle *Unigenitus* de jugement de l'Église en matière de doctrine, qu'il y ajoute la défense de lui donner une autre dénomination ; qu'il exhorte au moins au silence s'il ne veut pas l'ordonner, etc... (*Rome*, t. DCCCXX, f. 198-201).

Voilà ce qui compose le ministère politique du Pape!

Dans l'affaire de la bulle dont j'ai connu l'importance, sentant que ces fantômes pouvaient me manquer à toute heure, j'ai demandé au Pape, qui y répugnait, des cardinaux consulteurs. J'espérais que le Pape aurait quelque confiance en eux, et qu'ils suppléeraient au ministère de Sa Sainteté en cas d'accident. Le Saint-Père effectivement a pris leur avis, mais n'a point voulu entrer en matière avec eux, et proprement ne les a consultés que pour dire qu'il les avait consultés.

Dans cette position, j'ai été contrarié par les intrigues secrètes de France et de Rome. Je vois le Pape toutes les semaines, je ne peux pas le voir plus souvent, mais les intrigants ou leurs agents lui font parvenir leurs sentiments tous les jours; c'est un miracle que je sois venu au point où je suis en si peu de temps.

Les cardinaux avaient un grand projet, qui était de donner dans la bulle une explication de celle *Unigenitus*; le Pape même, à ce qu'ils m'ont assuré, ne s'y refusait pas. Ce projet était une suite de celui dont je vous ai fait part dans le mois de décembre; mais, voyant la faiblesse du ministère de Sa Sainteté, l'âge avancé du pontife, l'empressement juste de la Cour de calmer les troubles, les oppositions et les embarras que les écrits des évêques de France pouvaient produire, les instructions et réflexions que vous me faisiez l'honneur de me communiquer, je n'ai pas cru devoir me prêter à ce système qui aurait demandé un temps considérable. J'ai senti dans les derniers jours, combien il était intéressant de presser la conclusion, et j'ai mieux aimé laisser le Roi demander les changements qu'il jugera convenables, que de me mettre au risque de surmonter de nouvelles difficultés. Je vous prie de m'excuser, Monsieur, si je n'ai pas rempli en entier l'idée que vous vous étiez faite de ma négociation : c'est faute de talent plutôt que de zèle...

XXXVI

A M. ROUILLÉ

A Rome, le 21 avril 1756.

... La précaution que le Roi a prise, Monsieur, de donner le plan du Pape à examiner sans nommer Sa Sainteté, est on ne peut pas plus sage [1]. Je souhaite que les examinateurs entrent dans l'es-

---

1. Rouillé annonce à Choiseul que les réflexions qu'il a rédigées sur le projet du Pape ainsi que ce projet ont été communiqués comme deux ouvrages contenant les « idées de deux partisans zélés du repos de l'Église et de l'État ». Il ne lui dit pas le nom des personnes chargées de cet examen.

Le 14 mai, Rouillé adresse sept mémoires rédigés par les « Examinateurs » (*Rome*, t. DCCCXX, f. 396-451). « Vous y verrez, lui écrivait-il, qu'à quelques changements près, qui sont très peu considérables, et qui n'altèrent en rien le fonds de la doctrine contenue dans le projet du Pape, le travail de Sa Sainteté a été précieusement conservé tel qu'elle l'a envoyé au Roi. » (*Rome*, t. DCCCXX, f. 453-456).

prit du Saint-Père, et aperçoivent tout le bien qu'on peut tirer de son projet. Je désire en mon particulier, Monsieur, que vous soyez chargé par Sa Majesté de revoir cet examen ; il y a une suite de faits, dont vous êtes instruit, qui rend votre suffrage nécessaire. Je ne m'attends pas à recevoir de sitôt la détermination du Roi sur cet objet, et j'ai pris mes précautions pour calmer l'impatience du Pape. Cependant je désirerais recevoir le courrier au commencement du mois prochain, pour avoir le temps de terminer cette affaire avant que le Pape allât à la campagne. Il y va le 27 de mai jusqu'à la Saint-Pierre. Pendant ce mois, il n'est guère possible de l'engager à travailler ; ce serait même une indiscrétion qu'il désapprouverait, parce qu'il croit ce temps de repos nécessaire à la conservation de sa santé. Si, au contraire, la réponse du Roi arrive au commencement du mois prochain, ou du moins le dix, cette même raison me servira de prétexte pour presser le Pape à conclure avant son départ[1]...

XXXVII

A M. ROUILLÉ

A Rome, le 28 avril 1756.

... J'attends, Monsieur, avec impatience le retour de mon premier courrier. S'il ne revenait pas avant

1. Cette dépêche est chiffrée.

le 10 du mois prochain, je serais dans l'embarras, et ne pourrait aspirer de finir de deux ou trois mois cette affaire. Outre que le Pape va à la campagne le 24, le cardinal Spinelli, qui est celui sur lequel je compte le plus, est obligé d'aller à son évêché vers le milieu du mois prochain, et dans le mois de juin tout le monde est tellement dispersé, qu'à peine peut-on faire les affaires courantes. Je sens combien cet examen demande de travail et d'attention; mais, Monsieur, la circonstance me presse, et je me flatte que vous approuvez mon impatience [1]...

XXXVIII

A M. ROUILLÉ

A Rome, le 5 mai 1756.

... J'ai pensé, Monsieur, vous envoyer, il y a quelques jours, un courrier extraordinaire pour vous presser sur la réponse de la grande affaire qui regarde cette Cour, et qui est entre vos mains. Le Pape avait marqué de l'impatience; je l'avais calmé en faisant passer à Sa Sainteté l'estime du Roi et la reconnaissance de Sa Majesté pour le travail du Saint-Père. M. le cardinal Valenti me prévint, il

---

1. Cette dépêche est chiffrée.

y a quelques jours, que l'impatience redoublait; que même il y avait eu de l'humeur, que le Pape avait dit qu'on était plus longtemps à examiner son ouvrage qu'il n'avait été à le faire, que, pendant le temps qu'il travaillait, on le pressait l'épée dans les reins et que, depuis, il paraissait que l'on négligeait une affaire sur laquelle on avait marqué tant d'empressement.

J'ai répondu au secrétaire d'État ce que j'avais dit et fais dire au Pape plusieurs fois. J'ai surtout appuyé sur le raisonnement que le Roi voulant de concert avec le Pape prendre un parti décisif, avant que de le prendre, il serait imprudent de n'y pas réfléchir avec maturité. Au lieu d'envoyer un courrier, comme c'était l'avis du ministre, j'ai été chez le Pape hier, espérant par de bonnes raisons calmer l'inquiétude du Saint-Père, à quoi j'ai réussi. Je lui ai dit que vous me faisiez espérer, par le dernier ordinaire, d'envoyer la réponse du Roi incessamment; je fis sentir à Sa Sainteté, que ce retard même était avantageux à la réussite, et que c'était pour profiter avec plus de sûreté de ses bonnes intentions, que l'on mettait plus de temps à cet examen. Le Pape entra avec beaucoup de bonté dans mes raisons; il les approuva, mais il ajouta qu'il me connaissait et que, quand j'aurais les réponses, je ne le laisserais pas en repos jusqu'à ce qu'il eût fait tout ce que je voulais. Je lui répondis que sa prédiction était juste, parce que sûrement ce que le Roi désirerait serait le bien de l'Église et la gloire véritable du Saint-Père.

Le Pape me dit que, tous les ordinaires, on lui envoyait des volumes sur nos disputes ecclésiastiques, qu'il ne lisait aucun des mémoires qui lui étaient adressés, et qu'il avait mandé que son parti était pris ; qu'ainsi il était inutile de lui écrire davantage sur cette affaire. En finissant cet article de mon audience, j'aurai l'honneur de vous faire observer qu'il est important que le Roi envoie promptement sa réponse, parce que je crains toujours que le Pape ne se refroidisse sur la conclusion de cette affaire. Je ne peux plus me servir de M. Rota, il est toujours très mal. M. le cardinal Valenti ne peut m'être utile que dans des moments où Sa Sainteté lui permet de parler d'affaires. Ces moments sont rares ; d'ailleurs, il n'est pas en état de suivre le Pape à la campagne. Les ministres étrangers ont difficilement la permission d'y voir le Saint-Père. Je l'aurai sûrement, mais ce ne sera que pour une fois dans un mois. Dans cette situation et pendant tout ce temps, je ne peux pas parer aux intrigues qui sont très opposées à la paix. Je ne réponds pas, qu'à l'absence totale de ses ministres, on ne lui donne des impressions désavantageuses sur cette affaire. Je n'avais pas imaginé que l'on gardât mon courrier un mois ; c'est ce qui m'a empêché de vous marquer d'avance les inconvénients que je prévois, et qui peuvent être tels qu'ils augmenteront les difficultés à la conclure. Je ne perdrai pas le Pape de vue d'ici à la fin du mois; mais, après ce temps, j'aurai des craintes bien fondées. Au reste, Monsieur, on ne peut pas espérer, si le Pape ne finit point l'affaire avant sa campagne, qu'elle puisse l'être de trois mois. A son retour, c'est la Saint Pierre et toutes sortes de fêtes, puis les grandes chaleurs; une partie des cardinaux sera absente, le mauvais usage que l'on a dans ce pays de travailler moins l'été que l'hiver, tout concourt à me retarder. J'ai l'honneur de vous en prévenir, pour que vous ne soyez pas surpris des lenteurs qui peuvent être la suite du retard de ce courrier [1].

... Le Saint-Père m'entretint longtemps sur les affaires de Venise [2] : il eut la bonté de me remercier d'avoir fait passer à la Cour les craintes que l'ambassadeur de la République avait voulu lui donner sur le refuge de quelques familles albaniennes dans l'État ecclésiastique. Je dis au Saint-

---

1. Cette première partie de la dépêche est chiffrée.
2. Le 7 septembre 1754, le sénat de Venise avait rendu un décret relatif aux dépenses, brefs, bulles et indulgences de la Cour de Rome. Le Pape, se trouvant lésé dans ses intérêts pécuniaires et atteint dans son autorité, témoigna son mécontentement, et fut encouragé dans ses protestations par Choiseul. La Cour de France fut choisie comme arbitre du différend. L'affaire traîna en longueur durant l'ambassade à Rome de Choiseul qui, après son départ, entretint une correspondance suivie avec Benoît XIV, de Paris et ensuite de Vienne. L'abbé de Bernis, qui briguait alors le cardinalat s'occupa activement de cette affaire; et, grâce à ses démarches, le décret fut suspendu, c'est-à-dire rapporté, à la fin de l'année 1757. — V. *Mémoires du cardinal de Bernis*, t. II, p. 407.

Père que je croyais pouvoir l'assurer que, dans tous les cas, le Roi se ferait un plaisir de protéger les États du Saint-Siège et de marquer sa tendresse au Saint-Père. « Je voudrais bien, reprit le Pape, que le Roi parlât aussi pour l'affaire du décret, car elle m'inquiète. » A cette proposition, Monsieur, je ne crus pas devoir rien répondre, et me restreignis à dire qu'il serait extrêmement agréable au Roi de contribuer à la tranquillité d'un pontife qui lui était aussi cher.

M. le président de Coste qui retourne en France désirait prendre congé du Pape. Sa Sainteté le fit appeler à la fin de mon audience; quand je lui dis qu'il était président au Parlement, il me demanda en plaisantant s'il était des bons ou des mauvais. « Sûrement des bons, répondis-je d'abord; et puis, Saint Père, ajoutai-je, depuis l'éloge que j'ai envoyé à Votre Sainteté et qui est dans un réquisitoire, il me semble que le Parlement pense si bien et si juste d'elle, que l'on peut tous les appeler bons ». Le Pape dit, sur cet éloge, à M. de Coste une chose qui m'a paru à merveille, Monsieur. « Si le Parlement, dit-il, loue mon zèle pour le bien et l'envie que j'ai de rétablir avec le concours du Roi la tranquillité dans l'Église de France, il a raison et j'accepte son éloge avec reconnaissance; si le Parlement en me louant a d'autres fins, je n'en aurai pas assez de vanité pour que ces éloges me soient reprochés au jugement de Dieu »...

XXXIX

A M. ROUILLÉ

A Rome, le 12 mai 1756.

Monsieur,

Le courrier que vous m'avez dépêché le 4 arrive au moment du départ du courrier ordinaire.

Les ordres que vous me donnez [1], Monsieur, sont embarrassants, parce qu'ils contrarient ce que j'ai constamment dit au Pape. Vous aurez vu, par ma dernière dépêche, que Sa Sainteté s'est déterminée sur mes insinuations et mes instances à s'en tenir au plan qu'elle a communiqué à Sa Majesté, et à ne plus rien lire sur cette matière

---

1. Extrait de la lettre de Rouillé : « ... Je joins ici en attendant, une lettre de M. le cardinal de La Rochefoucault pour le Pape, à qui ce prélat envoie un écrit dans lequel on compare entre eux les dix et les huit articles dressés par les deux partis qui ont divisé de sentiment les évêques de la dernière assemblée du clergé. Il est nécessaire que vous remettiez cet écrit au Pape avec la lettre de M. le cardinal de La Rochefoucault qui doit l'accompagner. Je crois que Sa Sainteté trouvera, dans cette exposition simple des différences qui distinguent les dix assez des huit, non seulement les principes de la plus saine théologie, mais aussi les règles les plus sages de la discipline ecclésiastique. Je suis persuadé aussi que, si Sa Sainteté veut bien se donner la peine de lire cet ouvrage (et vous devez l'en prier), Elle en sera véritablement édifiée. Au reste, Monsieur, cet écrit a été remis au Roi par M. le cardinal de La Rochefoucault ; et c'est par ordre de Sa Majesté que je vous l'adresse pour le remettre au Pape... » (*Rome*, t. DCCCXX, f. 374-375).

que les observations faites par le Roi sur son travail. Si, dans le moment d'impatience de la réussite de son plan, je lui proposais l'examen du mémoire adressé par M. le cardinal de la Rochefoucault, il est à craindre que le Pape ne prenne de l'humeur et que son amour-propre ne lui fasse faire des réflexions, comme si ce mémoire était une espèce d'instruction qu'on lui donnerait. M. le cardinal de la Rochefoucault vous dira, Monsieur, qu'il n'y a rien de si aisé à blesser que la vanité du Pape, et ce n'est qu'en le flattant à outrance que je parviens à faire ce que je veux. Je réfléchirai, permettez-le-moi, sur la manière dont je dois me conduire d'ici à demain que je n'ai pas encore eu le temps de déterminer, et je tâcherai de prendre la meilleure pour que Sa Sainteté lise et approuve l'ouvrage. Je vous demande en grâce, pour le bien de la chose, de m'envoyer la décision du Roi le plus tôt que vous pourrez : vous sentez combien il est important de presser cette besogne, tant que le faible ministère du Pape respirera[1].

J'ai l'honneur d'être...

1. Cette dépêche est chiffrée.

XL

A M. ROUILLÉ

A Rome, le 19 mai 1756.

Monsieur,

J'ai été lundi dernier à l'audience du Saint-Père. Je lui ai marqué de nouveau la satisfaction que vous me mandiez que le Roi avait du plan de bulle ou bref que Sa Sainteté a adressé à Sa Majesté. J'ai dit au Pape que la réponse du Roi n'était pas parvenue par le dernier courrier que j'avais reçu, parce que Sa Majesté voulait combiner les intérêts de la Religion avec les maximes et usages de son Royaume, de manière que le travail du Pape produisît les bons effets qu'en attendaient les deux puissances, que toutefois vous me faisiez l'honneur de me mander, Monsieur, que vous espériez de m'envoyer bientôt le courrier qui apportera au Pape la réponse du Roi à celle du Saint-Père, et les observations de Sa Majesté sur le plan du Pape.

Sa Sainteté m'a répondu qu'elle aurait désiré que l'examen de son ouvrage eût été un peu plus prompt pour pouvoir terminer cette grande affaire à la satisfaction du Roi avant sa campagne; mais, comme elle portait à Castel [1] des plumes et de

---

1. Castel-Gandolfo, aux bords du lac d'Albano, villégiature ordinaire des papes.

l'encre, si la réponse arrivait dans ce temps, elle travaillerait volontiers dans ces jours de repos pour le service de l'Église et du Roi; qu'elle me chargeait de rendre compte à Sa Majesté du désir ardent qu'elle avait de faire tout ce qui serait en elle pour remplir ses intentions.

J'ai dit ensuite au Pape, Monsieur, que les dix-sept évêques, auteurs des dix articles[1], avaient fait un mémoire en explication de leurs sentiments, lequel mémoire M. le cardinal de La Rochefoucault avait présenté au Roi avec une lettre qu'il écrivait à Sa Sainteté, et que le Roi m'avait fait passer ces deux pièces pour les remettre au Saint-Père, Sa Majesté, observant la différence qu'il y avait entre la conduite de M. le cardinal de La Rochefoucault et des seize évêques de son parti, d'avec celle des évêques du parti contraire[2] qui, quoiqu'il fût convenu selon le droit et la règle qu'il ne passerait rien à Rome que par l'entremise du Roi, avaient osé écrire des lettres au Saint-Père et envoyer des mémoires par le canal du nonce sans en prévenir Sa Majesté, au lieu que M. le cardinal de La Rochefoucault, quand il a cru, à l'invitation des prélats

---

1. C'est-à-dire la majorité de l'assemblée du clergé, le parti modéré. Le cardinal de La Rochefoucault, qui en était le chef, étant ministre de la feuille des bénéfices, on donnait aux dix-sept le nom de Feuillants.

2. La minorité de l'assemblée, les « boute feux », ou comme on disait à Paris les *Théatins*, les seize étaient des créatures de l'ancien évêque d'Agen, Boyer, prédécesseur du cardinal de La Rochefoucault à la feuille et ancien théatin. — V. Sicard, *L'ancien clergé*, t. I (1893), p. 379.

du parti contraire, devoir expliquer au Pape les raisons de ses sentiments, n'a pas imaginé d'autre moyen que de les mettre entre les mains du Roi.

Le Pape m'a répondu, Monsieur, avec assez d'inquiétude, qu'il avait déjà dit plusieurs fois que tous ces écrits d'évêques étaient inutiles ; qu'il croyait avoir assez approfondi la matière dans le plan qu'il avait envoyé au Roi ; qu'il ne s'était point déterminé sans avoir pris toutes les précautions et toutes les instructions qu'il jugeait convenables ; qu'il attendrait la réponse du Roi sur son plan et que, d'après elle, il consommerait son ouvrage sans s'embarrasser des différents mémoires des deux partis. Il m'a ajouté que, dans les commencements, il avait lu quelques lettres du parti contraires au cardinal de La Rochefoucault, et qu'il s'était aperçu que les prélats de ce parti étaient de vrais « boutefeux » : voilà le terme propre du Pape ; que depuis il n'avait plus rien lu de ce qui venait de leur part, qu'ainsi il lui paraissait superflu de lire le mémoire de l'autre parti.

J'ai dit au Pape que, puisqu'il ne paraissait pas souhaiter d'avoir ces écrits, je n'aurais l'honneur de les lui présenter qu'après que j'aurais reçu la réponse du Roi à son plan, et que Sa Sainteté aurait rempli les intentions de Sa Majesté, mais que cependant je me réservais de les lui donner dans le temps, pour qu'il vît combien le cardinal de La Rochefoucault et les prélats de son sentiment étaient conformes à celui du Saint-Père.

J'ai été confirmé, Monsieur, par le peu d'empressement que le Pape m'a montré à voir ce mémoire dans le sentiment où j'étais de ne point exécuter l'ordre que vous m'avez fait l'honneur de me donner par votre lettre du 4 mai, de remettre au Saint-Père la lettre de M. le cardinal de La Rochefoucault ainsi que le mémoire qui y était joint...

Vous aurez remarqué, Monsieur, au commencement de cette lettre que, dans mon audience d'avant-hier, le Pape m'a encore parlé des seize évêques, comme les regardant plus propres à mettre le feu dans les affaires de l'Église de France qu'à y rétablir la tranquillité. Il est donc certain que les dix-sept évêques ont tout l'avantage qu'ils méritent et n'ont nul besoin d'apologie. D'ailleurs, il est bien aisé de voir, en confrontant le plan du Pape avec celui de M. le cardinal de La Rochefoucault, combien ces deux écrits se ressemblent, et les différences qui s'y trouvent ne seront pas aussi difficiles à rapprocher qu'il l'a été de porter les choses au point où elles sont à présent; mais j'ose dire qu'en comparant les deux ouvrages, celui du Pape pour le bien du Royaume mérite la préférence.

Au reste, Monsieur, le Saint-Père n'est pas insensible à l'opinion d'homme savant et éclairé surtout en matière de doctrine; il n'aime pas à adopter les systèmes par lesquels il semblerait qu'on eût envie de lui faire la leçon en employant des raisons théologiques et l'autorité des canons et des Saints Pères. Il est persuadé que personne au monde n'est versé autant que lui dans ces connaissances. C'est avec beaucoup de délicatesse que je suis parvenu à lui faire adopter le projet que vous m'aviez indiqué. Je me suis accordé avec les cardinaux consultés, pour que leurs avis fussent utiles sans qu'ils eussent l'air d'être une leçon. Le cardinal Passionei, s'étant un peu écarté de cette route faute de docilité pour ceux qui voulaient mieux le conduire et ayant prétendu traiter la matière fort en détail selon ses principes et appuyer son avis des faits et des autorités les plus recherchés, n'a pu éviter le mépris du Pape.

Il serait donc à craindre, Monsieur, que l'écrit que vous m'avez ordonné de remettre ne blessât le Pape qui, en remarquant la ressemblance qu'il y a entre son ouvrage et celui des dix-sept évêques, pourrait soupçonner que ces prélats, en s'appropriant son travail, feraient entendre, après la conclusion de l'affaire, que la décision de Sa Sainteté est une suite de leurs sentiments. Il me paraît plus à propos de ne remettre cet écrit et la lettre du cardinal au Pape que quand la bulle sera concertée en entier et envoyée à la Cour. Alors je le présenterai à Sa Sainteté comme un gage de l'approbation de la plus saine partie des évêques.

Voilà, Monsieur, les réflexions qui m'ont déterminé à prendre sur moi de ne pas exécuter les ordres que vous m'avez fait l'honneur de me donner sur cet objet. Si vous ne les trouvez pas aussi bonnes qu'elles me le paraissent, le peu de temps qu'il y aura de perdu ne peut pas nuire à la volonté du Roi, en cas que Sa Majesté persiste à vouloir que cet écrit et la lettre du cardinal soient remis au Pape...

XLI

A M. ROUILLÉ

A Rome, le 26 mai 1756.

Monsieur,

Le courrier que vous m'avez dépêché le 14 de ce mois est arrivé à Rome la nuit du 23. Le lendemain lundi, je fus chez le secrétaire d'État pour le prier de faire savoir au Pape l'objet de l'audience que je lui demandais pour le lendemain; Sa Sainteté me fit dire qu'elle m'attendait avec impatience.

Je fus le même soir chez M. Rota. Je lui expliquai les changements que le Roi désirait au plan du Pape. Je crois que je parvins à le persuader qu'ils étaient nécessaires et ne détruisaient en rien l'essence du plan de Sa Sainteté. Je lui priai d'écrire au Pape, pour le prévenir sur ces explications, afin que le lendemain, jour de mon audience, je pusse sur-le-champ entrer en matière avec le Saint-Père. M. Rota se prêta à ce que je désirais et reçut du Pape la réponse que j'ai l'honneur de vous adresser et qui est le précis de ce que le Pape m'a dit d'essentiel à mon audience [1].

Je remis au Saint-Père le paquet du Roi. Il lut d'abord la lettre de Sa Majesté dont il me parut être très satisfait [2]. Ensuite, il parcourut le mémoire de réflexions et me dit que M. Rota lui avait déjà mandé, selon mon intention, en quoi consistaient les changements ; qu'il ne pouvait pas dans le moment me répondre sur les corrections désirées, mais qu'il portait le tout à Castel et qu'il travaillerait, comme je pouvais le mander au Roi,

1. Voir la « traduction d'un billet du Pape à Mgr Rota », 25 mars 1756 (*Rome*, t. DCCCXX, f. 443) :
« ... Pour ce qui est de l'affaire en question, il faudra faire sur chaque demande les réflexions nécessaires. Nous commencerons par les faire nous-mêmes, et ensuite *nous aurons soin de les faire faire sans bruit*, et, sans aucune formalité de congrégation, aux cardinaux déjà consultés sur cette matière, ne nous paraissant pas à propos de rien changer à leur insu du plan qu'ils ont vu... »

2. La lettre de Louis XV au Pape (Versailles, 14 mai 1756) s'exprime ainsi : « ... J'ai lu cet excellent ouvrage avec l'attention que mérite tout ce qui vient de Votre Sainteté, et j'y ai reconnu avec autant de joie que d'admiration et de reconnaissances ses lumières supérieures, son amour pour la paix de l'Église, et son amitié personnelle pour moi. J'ai donné aussi cet ouvrage à examiner à quelques-uns de mes ministres et à quelques prélats et magistrats en qui j'ai une confiance particulière. Ils se sont tous réunis dans un même avis, et j'envoie à Votre Sainteté un mémoire qui contient en substance leurs observations. J'espère que Votre Sainteté voudra bien y avoir égard, puisqu'elles sont également fondées sur le bien de la religion, sur les maximes de mon royaume, et sur la nécessité des circonstances » (*Rome*, t. DCCCXX, f. 452).

à remplir autant qu'il lui serait possible les vues de Sa Majesté.

J'exposai au Pape les éloges que le Roi et ceux qui avaient examiné par ordre de Sa Majesté le plan envoyé par le Saint-Père donnaient unanimement à son ouvrage. Je lui dis que l'on avait pensé en France que rien ne pouvait produire un meilleur effet que le projet proposé, que cet ouvrage serait un monument de gloire pour lui et l'objet de la reconnaissance du Roi et du Royaume, et que, hors quelques changements peu essentiels dans le fond, le Roi désirait que les propres paroles du plan du Pape fussent conservées avec exactitude. Le Saint-Père fut sensible, à ce qu'il me parut, à ces éloges; il me renouvella les assurances du désir qu'il avait de faire le bien.

... Le Pape me permit ensuite de lui aller faire ma cour à Castel. Il approuva que j'eusse l'honneur de lui écrire directement quand j'aurais quelque chose de nouveau à lui faire savoir, et me dit qu'il m'écrirait de même, mais que, pour les détails, je pouvais m'adresser à M. Rota qu'il informerait de tout.

Il y a apparence que, dès cette semaine, le Pape fera communiquer le mémoire de réflexions aux cardinaux consultés, et, qu'après leur réponse, il fera la lettre encyclique. J'aurai attention de prévenir les cardinaux afin que leurs avis soient conformes aux sentiments du Roi, et je ferai de mon mieux pour que, quoique le Pape ainsi que plusieurs cardinaux soient à la campagne, cette affaire ne languisse pas. Je peux d'avance vous assurer que tout est dans une très bonne disposition; mais, d'ici à quinze jours, il ne sera guère possible que je puisse vous mander quelque progrès, parce que le Pape travaillera peu ou point les premiers jours qu'il sera à la campagne, et attendra vraisemblablement que l'avis des cardinaux lui soit revenu pour former sa décision.

J'aurai l'honneur de vous envoyer, Monsieur, la minute de la lettre encyclique par un courrier extraordinaire, ce retard n'étant que de trois semaines, je me méfie trop de moi avec raison, pour que je ne juge pas à propos de la mettre sous les yeux du Roi avant que la lettre soit écrite en forme.

J'ai l'honneur d'être...

XLII

A M. ROUILLÉ

A Frascati, le 2 juin 1756.

Monsieur,

Cette lettre particulière est pour vous instruire de ce qui s'est passé ici sur nos affaires ecclésiastiques depuis la semaine passée.

Le Pape a envoyé au cardinal Spinelli le mémoire

d'observations qui lui a été adressé par le Roi, la lettre de Sa Majesté et le mémoire en conséquence de mes instructions que j'ai remis au Saint-Père avant son départ pour Castel. Le Pape dit, dans son billet au cardinal Spinelli, que quand il aura examiné ce que le Roi propose, il fera passer les pièces au cardinal Landi, lequel les fera passer au cardinal Tamburini qui, après son examen, les enverra au cardinal Galli, et ce dernier les remettra à la secrétairerie d'État qui a ordre de les renvoyer ainsi que l'avis de ces autres cardinaux au Saint-Père, pour qu'il puisse, même pendant sa villégiature, travailler à la lettre encyclique.

Les cardinaux Spinelli et Landi avaient déjà fait passer hier les papiers au cardinal Tamburini qui comptait les envoyer demain au cardinal Galli; je suis convenu avec le secrétaire d'État qu'il m'avertirait lorsque le tout serait entre les mains du Pape, parce que je compte, quelques jours après que Sa Sainteté aura les avis des cardinaux, aller lui faire ma cour à Castel.

Les sentiments de M. le cardinal Spinelli et du cardinal Landi seront vraisemblablement ceux qui prévaudront dans l'esprit du Saint-Père. J'ai vu ces deux prélats en particulier, leur façon de penser est uniforme...

Le parti de la lettre encyclique est approuvé du Pape, et Sa Sainteté sur cela a dit aux cardinaux ce qu'elle m'avait dit à moi-même, qu'il était juste, qu'ayant pris le Roi dans cette affaire pour son guide, elle employât les moyens qui lui étaient indiqués par Sa Majesté...

Si le Pape suit l'avis des prélats qu'il consulte, tout est préparé de manière que j'espère que le Roi sera content. Chaque ordinaire je vous ferai part des connaissances que j'aurai acquises sur cet objet, et, d'ici un mois, j'espère être en état de vous adresser la minute de la lettre.

J'ai l'honneur d'être...

XLIII

A M. ROUILLÉ

A Frascati, le 9 juin 1756.

... J'ai reçu l'explication des seize évêques [1] ; je n'ai pas encore eu le temps de la lire.

Vous jugez, Monsieur, par ce que j'ai eu l'honneur de vous mander le 19 de mai, que je me garderai bien de donner au Pape cet écrit, sans de nouveaux ordres de votre part. Je ne doute pas que les prélats qui en sont censés les auteurs, n'aient fait parvenir cet ouvrage à Sa Sainteté, avant que de l'avoir remis au Roi ; nous avons même eu connaissance, il y a plus de trois semaines, de l'envoi qui en a été fait en deux parties, et c'est sur ces

---

1. Toujours la minorité de l'Assemblée, les prélats « boutefeux ».

mémoires que le Pape me dit, dans ma dernière audience, que véritablement les dix [1] évêques étaient des « boutefeux ». La seule critique, que j'ai parcourue, qu'ils font dans ce mémoire, des avis de leurs confrères, prouve combien le système emporté de ces prélats demande d'attention.

L'opinion des cardinaux sur les observations envoyées sera remise demain au Pape. La restriction, en parlant du refus de sacrements, au seul viatique souffre de grandes difficultés ainsi que la spécification de ne regarder comme coupables, que *ceux qui, par état*, etc... Le reste va à merveille ; je verrai si je peux gagner auprès du Pape quelque chose sur ces deux points ; j'irai mardi à la campagne de Sa Sainteté, pour en conférer avec elle et découvrir, autant qu'il me sera possible, si elle est dans l'intention de suivre l'avis des cardinaux....

XLIV

A M. ROUILLÉ

A Frascati le 16 juin 1756.

... J'ai été hier à l'audience du Pape à Castel... Sa Sainteté d'elle-même me parla de l'avis des Cardinaux qu'elle avait reçu depuis trois jours ; elle

---

1. Évidemment « *lesdits* ».

me dit qu'elle travaillait à la lettre encyclique, qu'elle n'avait pas encore pris son parti sur tous les objets ; elle m'assura qu'elle acquiesçait à l'observation sur le péché mortel et sur les termes d'esprit et de cœur ; que celles des appels et des auteurs des livres lui paraissaient raisonnables [1], que, pour les autres, étant obligée de se servir du style romain, elle tâcherait de ne pas s'écarter du style français et de remplir les intentions du Roi.

Le Saint-Père insista pour que je mandasse à Sa Majesté ce que j'ai déjà eu l'honneur, Monsieur, de vous écrire plusieurs fois, qu'après la gloire de Dieu, ce qu'il désirait le plus était de contenter le Roi. Il me demanda ensuite si j'enverrais la minute de la lettre encyclique à Sa Majesté. Je lui fis observer que, quoique je fusse persuadé que le Roi n'aurait qu'à remercier Sa Sainteté de son ouvrage, il me paraissait nécessaire que Sa Majesté vit la minute de la lettre et l'approuvât avant qu'elle lui parvînt en forme.

[1]. Le projet du Pape contenait cette phrase : « Aucun fidèle ne peut, sans risque de son salut éternel et sans commettre de péché mortel, lui refuser [à la bulle *Unigenitus*] la soumission d'esprit et de cœur qui lui est due ». Or, à Versailles, on trouvait cette phrase trop rigoureuse ; pour l'atténuer, on demandait la suppression des termes « d'esprit et de cœur » et de s'en tenir « au risque de salut éternel » en omettant de parler de péché mortel. — On demandait également au Pape de ne pas faire allusion aux appels, afin de ne pas en rendre le goût qui commençait à passer et jugeant préférable de « laisser les appelants et réappellants, s'il en reste encore quelques-uns, vivre et mourir dans leur obscurité », et enfin de ne pas parler de ceux qui avaient écrit contre la bulle puisqu'ils ne signaient pas leurs ouvrages de leur véritable nom.

Le Pape me dit qu'il me donnerait aussi la minute du bref au Roi. Je tâchai de lui faire sentir que, ce bref étant secret, cette minute m'était inutile; cependant je n'insistai pas sur cet article. Sa Sainteté me demanda ensuite comment la lettre parviendrait aux évêques. Je lui répondis que le Roi, qui s'était chargé de faire tenir à Sa Sainteté la lettre du clergé de France, ferait de même tenir la réponse.

Le Saint-Père, sur toute cette affaire, répéta ce dont nous convenions, et me promit qu'incessamment il me ferait tenir la minute que j'attendais. En tout, Monsieur, selon les avis des cardinaux et selon les dispositions du Pape, je crois pouvoir me flatter que le Roi sera très content et que dans peu je serai en état de vous dépêcher la minute...

XLV

A M. ROUILLÉ

A Frascati, le 30 juin 1756.

... Je n'ai pu voir le Pape depuis son retour de Castel. Sa Sainteté a été pour la fête de Saint Pierre loger au Vatican et n'a point donné d'audience; elle m'a fait dire qu'elle me recevrait mardi prochain.

Hier au soir, en revenant du Vatican à Montecavallo[1], le Pape entra chez M. le cardinal Valenti;

---

1. C'est-à-dire au palais du Quirinal.

il y trouva par hasard le cardinal Spinelli avec lequel Sa Sainteté eut une conférence devant le secrétaire d'État sur la lettre encyclique. Le Pape, selon ce qui m'a été écrit par le cardinal, l'assura qu'il suivrait le plan de lettre que les cardinaux lui avaient envoyé, lequel plan est presque entier conforme au mémoire d'observations que j'ai présenté [1]. Sa Sainteté ajouta que son travail n'était pas encore fait, mais qu'il le serait dans peu de jours; qu'alors il enverrait à tous les cardinaux consultés la minute de la lettre encyclique et du bref particulier qu'il doit écrire au Roi, qu'après qu'ils l'auraient vu et que tout serait arrangé, il me remettrait les deux minutes avec protestation qu'il ne changerait rien à ce qu'elles contiennent, ni pour la substance ni pour la forme. Si, contre mon attente, le Roi trouve encore quelques changements à demander, cette protestation ne m'effraie pas.

Le Pape se plaignit, dans la conversation, que je le pressais beaucoup, mais en même temps tous ses discours marquèrent un aussi grand empressement que le mien de finir cette affaire. Il y a apparence que mardi, quand j'irai à l'audience du Pape, son travail sera presque achevé, et qu'à la fin de la semaine, je serai en état d'avoir l'honneur de vous dépêcher les minutes...

---

1. *Mémoire en observation sur le projet du Pape joint à la lettre du 19 mars 1756* (*Rome*, t. DCCCXX, 224-229).

XLVI

A M. ROUILLÉ

A Frascati, le 7 juillet 1756.

Monsieur,

J'ai été hier à l'audience de Sa Sainteté que j'ai trouvée dans la meilleure santé du monde. Le Pape m'a dit que la lettre encyclique était faite, qu'il l'avait envoyée aux cardinaux pour qu'ils la vissent avant qu'elle me fût remise, et que, dans peu de jours, il me l'adresserait ainsi que le bref particulier qu'il écrivait à cette occasion au Roi.

Le Saint-Père m'assura que la lettre encyclique était conforme aux intentions du Roi; il comptait en conséquence qu'il ne sera pas nécessaire d'en envoyer la minute. Je remerciai le Pape d'avoir acquiescé aussi promptement aux désirs de Sa Majesté; mais je lui fis observer qu'il m'était ordonné d'envoyer la minute avant la lettre et que cette formalité exigée par le Roi ne retarderait que peu de semaines la conclusion de l'affaire. Le Pape acquiesça à ce que j'avais l'honneur de lui demander; il me proposa même de me donner en même temps la minute du bref. Quoique cette minute soit superflue, je ne refusai pas cette proposition. Le Pape ajouta, sur l'article du bref, que c'était une lettre particulière au Roi qui ne devait être vue de personne, qu'il aurait grande attention qu'elle ne fût pas connue ici, et que probablement le Roi ne la communiquerait pas en France; qu'ainsi cette pièce n'était, à proprement dit, que pour l'acquit de sa conscience, et pour pouvoir dans l'occasion assurer qu'il avait écrit au Roi sur la juridiction que veulent s'attribuer les Parlements au préjudice du clergé. Je ne contredis pas, Monsieur, le bref, parce qu'effectivement ce doit être une pièce cachée.

Le Pape me demanda quelle serait la forme que le Roi choisirait pour faire tenir sa lettre encyclique aux évêques. Je lui répondis que j'imaginais que Sa Majesté ferait appeler le président de l'Assemblée et les agents du clergé, et qu'elle-même leur remettrait la réponse de Sa Sainteté, pour qu'ils eussent à la communiquer à tous les évêques de France. J'ai dit sans hésiter, Monsieur, que le Roi en userait ainsi pour que le Pape ne pensât plus à cette forme.

Le Pape reprit tout ce qu'il avait dit sur cette affaire et convint qu'aussitôt que les cardinaux lui auraient renvoyé la minute il me l'adresserait avec un billet de sa main pour l'authentiquer, et que je la ferais sur-le-champ passer à la Cour par un courrier extraordinaire, dans la supposition toutefois qu'elle était conforme au plan approuvé par le Roi, et aux observations que j'ai remises de la part de Sa Majesté.

Depuis mon audience avec le Pape, j'ai eu un moment en main cette minute; je n'ai pu que la parcourir, elle m'a paru conforme à la volonté du Roi et à l'original français, l'ordre en étant cependant un peu interverti. Il n'y a, à ce qui me paraît, autant que l'on peut juger d'un ouvrage pareil en courant, que deux choses différentes. La première : je n'ai pas vu dans la lettre latine la proposition qui était dans le plan français qui est que le *viatique ne peut pas être refusé à la mort à un fidèle à qui les sacrements n'ont pas été refusés dans sa paroisse lorsqu'il était en santé.* J'ai fait observer sur cela au cardinal Spinelli, chez qui j'étais, qu'il était important de faire remarquer au Pape qu'il ne pouvait pas retrancher de sa lettre une proposition aussi principale qui avait été mise dans son premier plan. Il m'a promis d'insister sur ce point vis-à-vis du Pape et il espère que la proposition sera rétablie.

L'autre observation que j'ai faite, c'est que la proposition qui, dans le mémoire d'observations de la Cour dit *que l'on ne doit regarder et traiter comme vrais réfractaires ceux qui par état doivent connaître les matières qui regardent la bulle Unigenitus*, n'est point du tout exprimée dans la lettre. Cette omission est faite à dessein, aucun des cardinaux n'ayant voulu passer cette proposition. Je crois, Monsieur, qu'il serait inutile d'insister sur ce point.

Voilà tout ce que je puis avoir l'honneur de vous dire sur cet ouvrage que je compte que vous recevrez aussitôt que cette lettre.

Quant au bref particulier pour le Roi, il est assez mal écrit ; mais comme il ne sera pas connu, il ne mérite aucune observation...

Je reviens à mon audience... Je parlai ensuite à Sa Sainteté de l'exclusive que j'avais donnée de la part du Roi à M. de Buonacorsi[1] pour la charge de gouverneur de Rome. J'expliquai assez au long au Saint-Père les raisons qui m'avaient déterminé à cette démarche. Le Pape me répondit fort obligeamment que, sans entrer dans la discussion du droit des Couronnes sur les exclusives, il suffisait qu'un sujet déplût au Roi pour qu'il ne le fît pas gouverneur. Sa Sainteté eut même la bonté d'ajouter qu'il suffirait qu'il déplut à l'ambassadeur du Roi, mais il me dit que ce prélat était plus coupable d'imprudence que de mauvaise volonté, qu'il ne fallait pas un grand mérite pour être gouverneur, et que c'était pour condescendre à ceux qui le lui avaient recommandé qu'il aurait désiré de lui donner cet emploi. Le Pape me pressa avec une bonté infinie de lever cette exclusive. Comme je sentis que lui-même n'avait pas envie de faire M. Buonacorsi gouverneur, et que c'était par complaisance qu'il parlait en sa faveur, je répondis à Sa Sainteté que ce prélat avait tenu des propos indécents sur la nation et nommément sur nos affaires ecclésiastiques, qu'en cela il avait été excité par les maisons Albani et Chigi[2], adorateurs des ouvrages de Clé-

---

1. Voir p. 306.
2. Voir p. 205 et 306.

ment XI, et qui fomentent à Rome et peut-être en France les tracasseries sur la bulle *Unigenitus*, que j'avais dissimulé longtemps ce qui me revenait desdites maisons, mais que, trouvant l'occasion de faire un exemple sur un sujet qui n'était recommandable d'aucun côté, j'avais pris les ordres du Roi qui étaient tels que je ne croyais pas qu'il fût possible de les changer, qu'outre cela par le bruit que les protecteurs de M. Buonacorsi avaient fait dans Rome en se vantant que, malgré l'opposition de la France, il serait gouverneur, il était intéressant pour le service du Roi et pour ma décoration personnelle qu'il ne le fût pas, et, qu'outre le caractère dont j'étais revêtu, l'amitié dont le Pape m'honorait me faisait espérer qu'il ne me donnerait pas un dégoût, que les ministres de Vienne, qui, depuis cinquante ans, ont exclu une douzaine de prélats pour le gouvernement, n'avaient point éprouvé.

Le Pape me dit à cela qu'il dirait à ceux qui le sollicitaient qu'il avait fait ce qu'il avait pu, mais que j'étais intraitable, et m'assura que je pouvais être tranquille. Je le suis effectivement sur cet article, mais peut-être que par faiblesse on engagera le Pape d'écrire au Roi afin que Sa Majesté m'ordonne de me désister de cette exclusive.

Je vous supplie d'observer, Monsieur, qu'un pareil ordre me décréditerait à Rome de façon que je n'aurais pas la possibilité de faire réussir la moindre petite affaire. D'ailleurs, vous pouvez être persuadé que le Pape ne se soucie pas de M. Buonacorsi, et que, supposé qu'il fasse quelques instances à la Cour, elles ne lui seront arrachées que par importunité...

XLVII

AU ROI

A Rome, le 18 juillet 1756.

Sire,

J'ai l'honneur d'adresser à Votre Majesté un paquet que le Saint-Père m'a chargé de lui envoyer, dans lequel elle trouvera la minute de la lettre encyclique que le Pape doit écrire au clergé de France en réponse à la lettre dudit clergé que j'ai remise à Sa Sainteté de la part de Votre Majesté[1].

1. L'ambassadeur a d'abord obtenu communication du *plan* de la bulle, qui a été envoyé à la Cour de Versailles. Maintenant il s'agit de la *minute* de la bulle, qui est pareillement expédiée à Versailles. Dans la lettre à Louis XV, qui accompagne la minute de la bulle, le Pape s'exprime ainsi : *18 juillet 1756* : « ... Si Votre Majesté a la bonté de revoir les observations qu'elle avait envoyées il y a quelque temps sur le plan de la lettre encyclique que nous lui avions adressée, elle verra que nous n'avons rien négligé de ce qui a dépendu de nous pour remplir ses intentions ; mais il ne nous a pas été et il ne nous est pas possible de rien faire de plus. Nous avons eu encore en dernier lieu assez de peine à engager les cardinaux consultés à en venir au point où ils sont enfin venus, ce qui nous tenait fort à cœur. Ce n'est pas que nous ne sachions que notre autorité ne dépend point du conseil des cardinaux, mais on ne peut disconvenir qu'une résolution du Pape prise avec l'avis uniforme des cardinaux consultés n'ait dans le monde quelque

Le Pape se flatte d'avoir dans cette lettre rempli les vues de Votre Majesté ; du moins, Sire, Votre Majesté n'y verra-t-elle rien de contraire à ses intentions et aux ordres qu'elle m'a fait l'honneur de me donner.

Le Pape a voulu absolument, Sire, joindre à la minute de la lettre encyclique celle du bref qu'il doit écrire en même temps à Votre Majesté, et c'est ce qui a retardé de quelques jours la conclusion de cette affaire. Comme ce bref est uniquement pour Votre Majesté, et que par là il ne peut être sujet à aucun inconvénient, j'avais cru, Sire, qu'il était inutile de vous l'adresser d'avance, mais le

---

chose de plus imposant... Voilà tout ce que nous avons fait et pu faire pour la paix du Royaume. Si nous avons la consolation, ainsi que nous l'espérons, de voir cette paix solidement établie, nous bénirons les travaux, les peines et les fatigues que nous avons essuyés. Dieu est témoin de nos intentions, et que nous l'avons prié et prions tous les jours de nous accorder sa divine assistance ; mais comme Dieu même se sert des causes secondes pour gouverner le monde, Votre Majesté trouvera bon que nous lui disions qu'elle est dans cette affaire la cause seconde que Dieu a choisie. Ainsi nous la supplions avec instances et les larmes dans les yeux non seulement d'avoir à cœur de faire observer le contenu de notre lettre encyclique, qui sans le secours de l'autorité royale n'aurait aucun effet, mais aussi de faire exécuter tout ce qui est contenu dans notre bref ; autrement l'autorité de l'Église serait opprimée, contre l'intention de Votre Majesté, dans son Royaume au sujet des sacrements, et les deux puissances ne pourraient jamais se concilier comme il est à désirer, les évêques ne pouvant point céder le pouvoir que Dieu a donné pour la conduite des âmes et pour leur salut. Votre Majesté ne désapprouvera pas la liberté que prend un pauvre vieux père qui se voit aux portes de l'éternité, et qui aime de tout son cœur le fils aîné de l'Église. » (*Rome*, t. DCCCXXI, f. 111-112).

Pape l'a voulu et j'ai été obligé d'acquiscer à sa volonté.

Je désire infiniment que Votre Majesté soit satisfaite, et qu'elle daigne approuver mon zèle pour son service et le très profond respect avec lequel je suis...

XLVIII

A M. ROUILLÉ

A Rome, le 11 août 1756.

... Vous aurez vu, Monsieur, que la lettre encyclique est conforme au plan envoyé précédemment, surtout dans les parties essentielles [1]. Le Pape attend avec impatience le retour du courrier qui en a apporté la minute au Roi, Sa Sainteté compte qu'il arrivera cette semaine. Je désire sincèrement que cela soit, pour que cette affaire soit terminée sans retour...

---

1. Dans une lettre à Rouillé (18 juillet 1756) Choiseul marquait nettement que le moment des retouches possibles était passé : « Au reste, Monsieur, si par malheur le Roi n'était pas satisfait de la lettre, je suis obligé de vous prévenir qu'actuellement il serait bien difficile de faire corriger au Pape son ouvrage, Sa Sainteté m'ayant déclaré qu'elle ne ferait plus aucun changement; les cabales du pays avaient prévalu dans cette matière sur son esprit, et j'ai eu des peines infinies à réduire la lettre au point où elle est. » (*Rome*, t. DCCCXXI, f. 116-117).

Pour ce qui regarde M. Buonacorsi, je commence par vous remercier, Monsieur, de la manière obligeante dont vous avez bien voulu vous prêter à ce que j'ai cru du bien du service dans cette occasion. M. le cardinal Valenti étant aux eaux de Viterbe, la réponse que vous avez faite à M. le nonce et qui était adressée à cette Eminence, ne pouvait pas être communiquée de quelques jours au Pape, ce qui m'a déterminé à en faire part à M. Rota. Je lui ai rendu les intentions du Roi, Monsieur, et les vôtres sur cet objet de la manière la plus flatteuse de la part de Sa Majesté pour le Pape. Ce ministre qui a rendu compte à Sa Sainteté ce matin de cette affaire, m'a fait dire que le Saint-Père n'avait point du tout été étonné de la persévérance de l'exclusion, que Sa Sainteté était très indifférente pour les intérêts de M. Buonacorsi, et qu'elle voudrait trouver des occasions plus importantes de marquer son attention pour le Roi. Il a été bien vérifié, Monsieur, dans cette conversation, que le Pape ne s'intéressait nullement à ce prélat, comme j'ai eu l'honneur de vous le mander, et le Saint-Père m'a fait dire ce matin il qu'il m'attendait à son audience vendredi, qu'il me montrerait combien il était éloigné d'être affligé d'une telle exclusion.

Ainsi, Monsieur, vendredi en remerciant le Pape sur cette petite affaire, j'y joindrai les protestations de l'envie que le Roi aura toujours de lui plaire, et je vous prie d'être sûr que je ne ferai jamais ici rien qui puisse diminuer les sentiments du Saint-Père pour Sa Majesté.

J'ai l'honneur d'être...

XLIX

A M. ROUILLÉ

A Rome, le 18 août 1756.

Monsieur,

J'ai été vendredi dernier, à l'audience du Saint-Père. Je confiai à Sa Sainteté que j'avais demandé au Roi la permission de conduire en France madame de Stainville, et lui dis que, quoique je n'eusse pas de nouvelle que le congé me fût accordé, je ne voulais pas qu'elle apprît par d'autres que par moi mes démarches. J'ajoutai que, si le Roi me permettait de m'absenter de Rome, ce ne serait que pour peu de mois. Le Pape me répondit que mon absence lui ferait une peine qui ne pouvait être diminuée que par l'assurance de mon retour; je la donnai au Saint-Père et, en même temps, lui demandai s'il approuverait que pendant mon absence, supposé qu'elle eût lieu, j'eusse l'honneur de lui écrire tous les ordinaires, et de traiter par lettres les affaires personnellement avec lui. Le Pape agréa infiniment, Monsieur, cette proposition de ma part et me dit obligeamment que je ne le prévenais que d'un moment sur cette demande.

... Le Saint-Père me parla ensuite de lui-même du prélat Buonacorsi, et me dit qu'on lui avait rendu compte de la réponse du nonce. J'interrompis Sa Sainteté pour lui dire que M. le nonce n'avait marqué que les intentions du Roi, mais que j'avais ordre d'y ajouter, que, si Sa Majesté pouvait imaginer que le prélat exclu intéressât le Pape, le Roi par attention pour Sa Sainteté oublierait les torts qui ont été le motif de l'exclusive. Le Saint-Père reprit vivement qu'il n'avait point d'envie de le faire gouverneur, qu'il était de *son devoir* (il se servit de ce terme) de se prêter aux intentions du Roi, et qu'il voudrait avoir des occasions plus essentielles de *lui obéir*. Il me pria ensuite de faire savoir au Roi, non seulement que M. Buonacorsi ne serait pas gouverneur, mais que lui, Pape, s'était prêté à ce changement avec toute la grâce possible...

J'ai lieu de croire, Monsieur, que Sa Sainteté s'est déterminée, depuis mon audience, à choisir pour gouverneur de Rome le prélat Caprara, [1], auditeur de Rote et frère du marquis Monti dont je viens de vous parler [2]. Cette destination est encore tenue secrète, et aura lieu si le Pape ne la confie pas à ses entours avant de la divulguer. M. Rota

---

1. Voir plus loin, p. 283.
2. Le marquis de Monti, colonel du régiment Royal-Italien, s'était distingué au siège de Port-Mahon.

m'a assuré que Sa Sainteté lui avait dit qu'elle voulait choisir ce prélat attaché à la France pour marquer au Roi son attention et combien peu l'exclusive de M. Buonacorsi lui était désagréable [1].

L

A M. ROUILLÉ

A Rome, le 31 août 1756.

Monsieur,

Je me trouve dans l'obligation très pressée de vous dépêcher un courrier extraordinaire. M. le cardinal Valenti est mort aux eaux de Viterbe, il y a quelques jours; nous en avons appris la nouvelle dimanche matin. M. Rota s'était flatté, ainsi que moi, sur ce que le Pape m'avait dit plusieurs fois qu'il resterait prosecrétaire d'État. Tous les ministres étrangers, pour leur intérêt et par mes insinuations, concouraient au désir que j'en avais. Mais hier nos espérances ont été trompées, le Pape m'ayant fait dire secrètement qu'il était déterminé à donner la charge de secrétaire d'État au cardinal Archinto [2]. Dès que j'appris cette disposition du Saint-Père, j'en fis part à M. Rota, et je convins avec lui que, ne pouvant pas mettre d'oppo-

---

1. Ce paragraphe est chiffré
2. Voir p. 240.

sition de la part du Roi à la volonté du Pape, je me réserverais à supplier Sa Sainteté de différer la nomination à la secrétairerie d'État jusqu'à ce que notre grande affaire fût terminée.

En effet, Monsieur, j'ai été ce matin à l'audience de Sa Sainteté. Elle m'a parlé dans le premier moment du retour de mon courrier; je lui ai expliqué les raisons sages qui en retardaient l'expédition. Le Pape sur cela m'a dit que, comme il n'avait envoyé qu'une minute, il ne comprenait pas comment le Roi retardait aussi longtemps son approbation, que, si Sa Majesté pour la publication avait des égards à ménager, ce ne serait que quand sa lettre encyclique serait dans la forme où elle devait être publiée.

J'ai représenté au Pape que le déplacement de la Cour [1], les affaires de l'intérieur du Royaume, et celles que la circonstance présente de guerre occasionnait [2], étaient la véritable raison du retard de la réponse du Roi; que Sa Majesté m'ordonnait de marquer à Sa Sainteté qu'avant peu de temps cette affaire qui l'intéressait autant que le Pape serait terminée. Le Saint-Père sur cela a eu une agitation extraordinaire; il m'a dit avec beaucoup de feu que le Roi ne finirait jamais, que, quand c'était lui qui travaillait, on l'avait pressé en lui disant que le bien de la Religion et du Royaume

1. A Compiègne.
2. La guerre avec l'Angleterre avait été déclarée le 17 mai 1756.

demandait qu'il terminât promptement son ouvrage, mais que, quand il était question d'obtenir une décision de la France, elle était plus longue à venir que l'on avait été ici à examiner et à former le plan de l'ouvrage; qu'il voyait bien que la Cour ne voulait pas finir, et que l'espérance qu'il avait de rétablir le repos en France avant sa mort était vaine [1].

Je vous répète, Monsieur, mot à mot les paroles du Pape qui m'ont été dites par Sa Sainteté avec beaucoup de chaleur et d'impatience. J'ai marqué à Sa Sainteté mon étonnement sur les reproches vifs qu'elle me faisait et que ma Cour ne méritait pas; j'ai cru devoir lui confier alors que, le Roi devant tenir un Lit de justice [2], il avait été de la prudence de Sa Majesté de calmer les esprits des Parlements sur les différents objets qui les agi-

---

1. Quelques années auparavant, en 1743, Benoît XIV s'exprimait ainsi dans une lettre qu'il adressait, le 8 février, au cardinal de Tencin alors secrétaire d'État « ... Les hommes de bonne volonté excitent le Pape à faire telle ou telle chose, et, quand il l'a faite, s'ils ne s'en repentent pas, ils lui disent du moins qu'ils ne peuvent pas le secourir. Nous avons vu, de nos propres yeux, Clément XI se mordre les doigts plus d'une fois lorsque, ayant publié la constitution *Unigenitus*, il vit que Louis le Grand ne lui tenait pas la promesse qu'il lui avait faite de la faire accepter généralement, et que M. Amelot lui dit, parlant à sa personne, que le Roi avait la meilleure volonté du monde mais qu'il ne pouvait pas tout ce qu'il voulait... » — Voir Batiffol, *Histoire du bréviaire romain*, p. 320. — On comprend donc l'inquiétude et la déception du Pape en présence de ce long retard.

2. Le lit de justice du 21 août 1756 ordonnant l'enregistrement d'ordonnances fiscales.

taient, avant que de mettre au jour une décision aussi importante que celle de Sa Sainteté. Enfin, Monsieur, j'ai fait ce que j'ai pu pour calmer le Pape, qui me répétait sans cesse qu'il mourrait avant que de finir cette affaire, et que la France aurait à se reprocher sa mort.

Le Pape, Monsieur, par ses propos, est rentré dans son naturel qui précédemment était contenu par le cardinal Valenti et M. Rota. Après un moment de silence, le Saint-Père m'a parlé de la mort de son ministre, et m'a dit qu'il était déterminé à choisir M. Archinto pour le remplacer dans la charge de secrétaire d'État. Sa Sainteté m'a demandé si la Cour n'avait nulle opposition à sa volonté. J'ai assuré le Saint-Père que les ordres du Roi n'avaient rien d'opposé à l'élévation du cardinal Archinto, qu'au contraire vous m'aviez fait l'honneur de me mander que, pendant son séjour en Pologne, Sa Majesté avait eu lieu d'en être satisfaite, qu'ainsi je croyais que le Roi applaudirait au choix de Sa Sainteté, mais j'ai ajouté au Pape que, puisqu'il me faisait l'honneur de me confier sa volonté, je croyais devoir lui faire faire une réflexion, qui était que, vu l'importance de l'affaire que nous avions à finir, il me paraissait prudent de ne pas déclarer le secrétaire d'État jusqu'à ce qu'elle fût terminée, que ce ne pouvait être l'attente que de quinze jours, que, si Sa Sainteté le nommait à présent, je serais obligé d'en parler au nouveau secrétaire d'État qui peut-être pour y mettre quelque chose de lui, y ferait naître des retardements.

J'ai représenté au Pape que Sa Sainteté depuis deux ans avait eu la bonté de traiter directement avec moi, et que les détails avaient passé par M. Rota, que la Cour et le Pape s'étaient bien trouvés de cette forme, et qu'il me paraissait important qu'il ne fût pas fait de changement dans le ministère de Sa Sainteté jusqu'à ce que nous fussions parvenus au but salutaire si désiré par les deux Cours.

Le Pape m'a refusé nettement d'attendre quinze jours pour déclarer son secrétaire d'État. Il m'a répété dans cette occasion toutes ses plaintes sur le retard du courrier et que, s'il m'accordait quinze jours, au bout de ce temps je lui demanderais un autre terme; que, puisque la Cour ne voulait pas finir, lui voulait un secrétaire d'État. Je lui ai représenté que je ne faisais nulle opposition au choix de M. Archinto, mais que je croyais que, puisque M. Rota avait été suffisant pendant deux ans, il pouvait l'être encore un temps aussi court que celui que je demandais.

Le Pape s'est fâché de ma réplique; il m'a dit que son amitié pour moi le faisait condescendre à toutes mes volontés, qu'il fallait aussi que j'eusse égard aux siennes, qu'il voulait un secrétaire d'État et ne voulait pas attendre; il m'a de nouveau répété toute la tendresse qu'il avait pour moi et les raisons qui l'engageaient à me refuser.

Voyant, Monsieur, que je ne pouvais pas absolument vaincre la détermination du Pape, quelque intérêt qu'il y eut pour le bien de servir M. Rota, j'ai acquiescé au désir de Sa Sainteté et me suis réservé de la supplier de n'avoir à traiter qu'avec elle l'affaire qui regarde la lettre encyclique ; Sa Sainteté me l'a promis avec des expressions pleines de bonté, non seulement celle-là, mais tout ce qui pourra regarder la France.

Sur cette position actuelle de la Cour de Rome qui devient par les changements totalement différente de celle qui existait il y a huit jours, je vais vous exposer mes réflexions à ce sujet afin que vous ayez la bonté de les combiner avec les intérêts du Roi.

M. le cardinal Archinto qui va être secrétaire d'État est porté à cette charge par l'auditeur du Pape[1]. Il était ennemi du feu cardinal Valenti et du parti contraire au ministère précédent. Pour être plus certain de la place qu'il va occuper, il s'était lié intimement avec les Albani et le cardinal Promajordome[2]. Malgré ce vrai tableau des liaisons très contraires aux intérêts du Roi de ce nouveau ministre, je crois, lorsqu'il sera en place, qu'il évitera de déplaire à Sa Majesté, mais je ne suis cependant pas sûr de ses sentiments. Le Pape a beau me promettre de traiter uniquement avec

---

1. Le cardinal Argenvilliers : Voir p. 250.
2. Le cardinal Jérôme Colonna : Voir p. 251.

moi mes affaires, vous sentez aisément, Monsieur, qu'il est impossible que le secrétaire d'État n'en soit instruit, et qu'il n'y nuise s'il voit que je restreins la confiance du Pape pour lui. D'ailleurs, il est à craindre que son inimitié pour l'ancien ministre ne lui fasse prendre pour principe des systèmes opposés. M. Rota ne nous sera utile que pour le matériel, ne travaillant plus avec le Pape le jour que le secrétaire d'État sera établi au palais [1].

Cette position m'engage principalement à vous dépêcher ce courrier extraordinaire, pour vous avertir que rien n'est plus pressé que le renvoi de la minute de la lettre encyclique. En pareille matière, Monsieur, il est aisé de faire naître des difficultés, et n'étant plus maître du palais, comme je l'ai été pendant deux ans, je ne puis pas vous répondre que, si nous ne finissons promptement, notre affaire ne soit manquée. Si, au contraire, d'ici quinze jours la réponse du Roi m'est envoyée, comme le ministre sera nouveau, il ne sera pas assez en crédit pour me traverser. Mais, je vous le répète, Monsieur, parce que c'est mon devoir, et que je vois bien clair ce qui se passe, quelques paroles que donne le Pape, si le Roi retarde encore à répondre, je ne suis plus sûr de rien.

1. Le cardinal Archinto fut nommé secrétaire d'État le 5 septembre, et remplacé, comme gouverneur de Rome, par Mgr Caprara.

D'ailleurs, il me semble que le Roi peut finir avec Rome sans que cela nuise aux autres arrangements de Sa Majesté; car, dès que le Roi aura dans la forme authentique la décision du Pape, Sa Majesté sera la maîtresse de la publier plus tôt ou plus tard, quand il lui conviendra. L'important à présent est de finir avec le Saint-Siège, et je ne saurais trop vous répéter combien la nécessité en est urgente...

LI

A M. ROUILLÉ

A Rome, le 29 septembre 1756.

... Le Pape me demanda samedi si j'avais reçu mon congé; je lui dis que non, mais que j'espérais qu'il me viendrait avant que j'eusse la liberté d'en profiter. Sa Sainteté me marqua à cette occasion ses bontés ordinaires; je lui dis que, si j'allais en France, elle y aurait un second nonce. Je vous supplie de me mander, Monsieur, quand les affaires ecclésiastiques seront terminées [1], si vous approuvez que je fasse un tour en France. Le congé,

---

1. La minute de la bulle, expédiée de Rome à Versailles le 18 juillet, est revenue à Rome le 23 septembre. La cour de Versailles demande encore des modifications : Voir la dépêche de Rouillé, du 14 septembre (*Rome*, t. DCCCXXI, f. 254-260 et 261-263).

si vous avez la bonté de me l'accorder, ne me fera pas sûrement mettre trop d'empressement dans la conclusion de mes affaires; mais je pourrai, quand j'en serai sûr, prendre des arrangements domestiques au cas que je puisse en profiter en hiver, car je vous prie, Monsieur, de vous en rapporter à moi et d'être persuadé que je ne partirai pas d'ici que les affaires du Roi auxquelles je mets, je vous l'assure, l'intérêt le plus vif ne soient absolument terminées...

N'ayez nulle inquiétude, Monsieur, sur le nouveau secrétaire d'État; j'ai eu avec lui, depuis qu'il est en place, les explications les plus amiables sur tous les chapitres qui auraient pu éloigner de moi sa confiance; je suis persuadé qu'il a été content de l'empressement que je lui ai marqué de mériter son amitié, et, de mon côté, je suis on ne peut pas plus content de la manière dont il me traite, et surtout du désir qu'il me montre de contribuer dans toutes les occasions à ce qui pourra être utile au service du Roi. J'ai fait une perte particulière dans le cardinal Valenti, mais tous les ministres du Roi n'auraient pas été également contents de lui, au lieu que je suis persuadé que le cardinal Archinto, sans acception de personne, cherchera toujours à marquer son respect au Roi. Le nouveau secrétaire d'État (ce que l'on ne croyait pas) a jusqu'à présent beaucoup de confiance en M. Rota, et le tout, pour ce qui me regarde, va aussi bien que possible...

LII

À M. ROUILLÉ

A Rome, le 6 octobre 1756.

... Je m'attendais à l'événement qui est arrivé [1], et j'en avais des notions il y a plus de quinze jours par les lettres de Paris. Il me paraît analogue à toute la conduite de M. l'archevêque, mais ce prélat a manqué à ce qu'il doit au Roi inutilement, s'il a imaginé par cette démarche altérer les bonnes dispositions qu'a le Pape de procurer, en se conformant aux intentions du Roi, la paix dans le Royaume.

Peu de temps après la réception du courrier, je fus chez M. le cardinal secrétaire d'État à qui

---

1. L'*Instruction pastorale* ou mandement de l'archevêque de Paris, M. de Beaumont, 19 septembre 1756, sur l'autorité de l'Église. On y lit : « ... La séduction des esprits, les intérêts politiques, le spécieux prétexte de maintenir la tranquillité publique, ne feront jamais illusion à l'Église. Les humiliations, les bannissements, les supplices, la mort même de ses ministres, n'ébranleront jamais son courage. En vain l'a-t-on menacée, dans les deux derniers siècles, de lui enlever les plus belles contrées de l'Europe, à la faveur de ce qu'on appelait alors comme aujourd'hui le bien de la paix, si elle ne se relâchait pas sur quelques articles qu'on prétendait n'être pas absolument essentiels ; elle aime mieux ainsi, cette Église sans tache, posséder un troupeau moins nombreux, mais plus fidèle, que de donner par des accommodements pernicieux, l'atteinte la plus légère aux droits de la foi et de son ministère... » Seize évêques adhérèrent au mandement de M. de Beaumont.

je communiquai verbalement et par écrit le précis de ce que vous me faites l'honneur de me mander [1]. M. le cardinal Archinto désapprouva hautement et avec force la conduite de M. l'archevêque; il me dit qu'il en rendrait compte au Pape avant mon audience d'aujourd'hui, et prévit que Sa Sainteté regarderait cet emportement (voilà le terme) de M. l'archevêque, non seulement comme nuisible à la tranquillité que l'on cherche à établir, mais encore comme peu respectueux pour le Roi et même pour le Pape.

Je relevai à ce ministre l'intention qu'avait le Roi de ne point sévir, comme il était juste, contre l'archevêque de Paris avant d'avoir communiqué au Saint-Père un événement aussi inattendu, et que cette attention du Roi était une suite de la confiance parfaite de Sa Majesté pour Sa Sainteté. Je fis observer en même temps à M. le cardinal Archinto combien il était nécessaire que le Pape terminât son ouvrage pour que le Roi se trouvât en état de calmer les esprits, et de prendre les partis qu'il jugera les plus convenables.

---

[1]. Il faut informer le Pape d'une façon très détaillée du nouvel incident soulevé par l'archevêque de Paris, et profiter de ces circonstances pour presser la rédaction de la lettre encyclique avec les modifications demandées par le Roi « ... Vous ne trouverez peut-être jamais une occasion plus intéressante de rendre un service important à l'Église et à l'État, — écrit Rouillé en terminant sa lettre du 26 septembre, — et je n'ai pas besoin d'exciter sur cela la ferveur de votre zèle pour la gloire du Roi et le rétablissement de la paix dans le Royaume » (*Rome*, t. DCCCXXI, f. 290-293).

J'ajoutai que Sa Majesté était plus que jamais dans la ferme intention de soutenir la lettre encyclique et de pourvoir à ce qu'elle fît l'effet qu'on désire.

... J'ai trouvé ce matin le Pape prévenu, et prévenu en bien, sur ce que j'avais à lui dire. Il m'a répété mot à mot ce que j'avais communiqué hier à son ministre; il a désapprouvé la conduite de M. l'archevêque, et m'a paru étonné qu'un prélat, qu'il croyait *entêté* mais *sage*, osât manquer aussi formellement au Roi...

L'affaire qui se traite ici [1] est dans la meilleure position qui se puisse. Les vacances ainsi que la retraite du Pape n'ont pas empêché que Sa Sainteté ne travaillât et ne me donnât audience, ce qui n'est pas d'usage. Je crois d'ailleurs que le Roi sera content des changements de la lettre encyclique et que, dans cette affaire, il arrivera ce que j'ai prévu il y a longtemps, c'est que le Pape et la Cour de Rome seront plus soumis aux intentions du Roi que la France.

Je puis vous assurer, Monsieur, que tout ce que peut faire M. l'archevêque de Paris ne dérangera en rien les bonnes intentions du Pape. J'ajouterai que Sa Sainteté est aussi pressée de finir notre affaire que le Roi lui-même peut l'être, et si le courrier qui a apporté la réponse n'eût pas été retardé jusqu'au temps où tout le monde est dis-

---

1. La rédaction du texte définitif de la bulle.

persé, il y aurait longtemps que le Pape aurait fini.

Quant au secret que vous recommandez, on ne peut pas l'espérer d'ici à un certain point : la forme du gouvernement, l'occupation des oisifs et des mal intentionnés, et plus que tout cela la manière ouverte de parler sur leurs travaux des personnages les plus considérables, rend le secret impossible. Cependant, quoi qu'il me soit revenu que l'on est instruit que le Pape travaille, il me paraît que l'on ignore ici la forme de l'ouvrage de Sa Sainteté.

Le mandement de M. l'archevêque de Paris n'est point su à Rome; le nonce mande simplement que ledit archevêque lui a confié vouloir en publier un et l'envoyer au Pape, que lui, nonce, a fait ce qu'il a pu pour détourner ce prélat d'une pareille démarche, mais qu'il a peur de n'y pas réussir. Actuellement ce mandement peut arriver sans crainte qu'il fasse impression.

Soyez rassuré, Monsieur, sur ma manière d'être avec M. le cardinal Archinto : elle ne peut certainement pas être meilleure de sa part ni de la mienne.

J'ai l'honneur d'être...

LIII

A M. ROUILLÉ

A Rome, le 9 octobre 1756.

Monsieur,

J'ai l'honneur de vous adresser les deux lettres pour le Roi que je viens de recevoir du Pape [1]. Vous verrez que celle qui regarde M. l'archevêque de Paris n'est pas écrite comme j'en étais convenu avec M. le cardinal Archinto, car ce ministre désirait que le Pape appuyât davantage sur son mécontentement de l'archevêque de Paris, et entrât en détail sur les différents changements accordés dans la lettre encyclique. Le cardinal secrétaire

---

1. On lit dans la lettre du Pape à Louis XV (9 octobre 1756) : « Nous avons appris avec un grand déplaisir du comte de Stainville, ambassadeur de Votre Majesté, non seulement de vive-voix mais encore par le mémoire qu'il a laissé entre nos mains, ce qui est arrivé par la publication d'un mandement que M. l'archevêque de Paris a fait en dernier lieu. Nous assurons en vérité Votre Majesté que nous en avons été d'autant plus fâché, que nous ne devons approuver tout ce qui peut troubler la paix de la France que nous désirons si ardemment... Nous sommes trop hardis, nous le confessons, mais nous espérons que Votre Majesté nous pardonnera, si nous la prions avec la plus grande confiance de continuer d'user de son héroïque modération à l'égard du pauvre archevêque de Paris, que nous devons reconnaître et que nous reconnaissons comme étant notre frère, sur ce qu'il n'a pas fait dans l'embarras où il se trouvait toutes les réflexions qu'il aurait dû faire pour ne pas manquer de parole à son maître... » (*Rome*, t. DCCCXXI, f. 372-373).

d'État n'a pas pu obtenir depuis deux jours la lettre ainsi qu'il la désirait; le Pape avait dicté cette lettre et nos efforts réunis ont été inutiles. Cependant, quoi qu'elle ne dise pas tout ce qu'elle pouvait dire, j'ai cru devoir céder aux instances du Pape qui m'a fait presser de l'envoyer par un courrier extraordinaire; elle servira du moins à faire connaître au Roi, combien peu le Pape approuve la démarche de M. l'archevêque, et, s'il implore la clémence de Sa Majesté, c'est qu'il croit devoir exciter la modération du Roi en faveur des évêques. Cette lettre d'ailleurs produit un autre avantage, c'est que celle que le Saint-Père recevra mardi de M. l'archevêque ne lui fera nulle impression, et ne ralentira pas par des scrupules le zèle avec lequel il désire que la lettre encyclique fasse un bon effet. Le Pape n'a pas voulu s'expliquer sur cet ouvrage, parce qu'il n'avait pas l'avis du cardinal Spinelli; il l'aura probablement demain, et je vous répète, Monsieur, ce que j'ai eu l'honneur de vous mander mercredi, que les premier, troisième et quatrième changements seront faits comme le désire le Roi et que, quant au second de la notoriété de fait, il sera adouci. Je compte d'ailleurs que vous aurez sûrement le tout avant la fin de ce mois ..

Je crains de vous importuner, Monsieur, par mes demandes, mais je remets sous vos yeux le désir que j'aurais de savoir si Sa Majesté veut bien m'accorder mon congé quand toutes les affaires seront finies à Rome, afin que je prenne mes arrangements pour mon voyage lorsque je prévoirai sûrement la fin desdites affaires. Je ne marquerais pas sur cet objet tant de curiosité, si je n'avais pas à contenter celle de madame de Stainville. J'ajouterai sur mon voyage une réflexion, c'est que si le Roi veut bien me l'accorder quand la lettre encyclique sera partie de Rome, je serai plus en état de France de tranquilliser le Pape en cas que la publication s'en diffère, en lui écrivant les dispositions du Roi, que je ne le serais en les lui expliquant ici de vive voix.

J'ai l'honneur d'être...

LIV

A M. ROUILLÉ

A Rome, le 17 octobre 1756.

Monsieur,

J'ai l'honneur de vous adresser le paquet que le Pape m'a chargé de faire parvenir de sa part au Roi.

Ce paquet contient trois pièces. La lettre encyclique en forme authentique dont vous trouverez, Monsieur, copie ci-jointe avec les changements notés[1], le bref en parchemin dont la minute a été

---

1. Voir l'appendice II.

adressée au Roi et qui ne demande aucune réflexion [1], enfin une lettre italienne du Pape à Sa Majesté, de laquelle je joins ici une traduction [2]...

Je n'ai point obtenu, Monsieur, tout ce que le Roi désirait sur la notoriété de fait; il y avait sur ce changement deux difficultés insurmontables. La première, que le Pape aurait cru manquer à sa conscience et à la règle suivie généralement par le Saint-Siège s'il s'était abstenu de parler de ladite notoriété. L'autre difficulté, qui rendait ma demande sur cet objet plus délicate, est que le Pape dans un de ses ouvrages a décidé que la notoriété de fait devait être admise. Malgré cela, Sa Sainteté a restreint cette notoriété, comme vous l'apercevrez, d'une manière si stricte, tant dans l'article qui regarde la notoriété que dans le total de sa lettre, qu'il lui paraît impossible que l'on en argumente pour occasionner de nouveaux troubles...

Quant aux termes impératifs qui étaient dans la première minute, sans demander positivement ce changement à Sa Sainteté qui ne me l'aurait pas accordé, j'ai fait en sorte, par ma modération sur ce point, que le Saint-Père de lui-même a adouci lesdits termes de façon qu'il me paraît qu'ils ne

---

1. Le bref demandait à Sa Majesté de faire usage de la lettre encyclique en forme authentique qui lui était adressée pour les cardinaux, archevêques et évêques de France de la dernière assemblée du Clergé, et de l'appuyer de toute son autorité royale. (*Rome*, t. DCCCXXI, f. 391-394).

2. *Rome*, t. DCCCXXI, f. 419-420.

peuvent plus être regardés comme des inconvénients...

Désormais, il n'y a plus de mutations à espérer ni à demander à la Cour de Rome ; je dois même vous prévenir qu'il est plus que probable que le Pape fera imprimer ici et publier la lettre encyclique dès qu'il saura qu'elle est arrivée entre les mains du Roi. Ainsi, il me semble qu'il est à propos que Sa Majesté en fasse l'usage qui lui paraîtra convenable le plus tôt qu'il sera possible.

Outre le soupçon que j'ai que Sa Sainteté aura de faire imprimer sa lettre, je suis persuadé qu'il en sera envoyé plusieurs copies en France d'ici quinze jours, car le Pape a dit hier publiquement qu'il venait de terminer les affaires de France et que son avis partirait aujourd'hui : j'étais instruit de ce propos avant que de recevoir le billet du Saint-Père.

Je désire, Monsieur, que le Roi soit content de la manière dont j'ai traité cette affaire, et je désire encore plus que l'ouvrage du Pape, bien soutenu de l'autorité de Sa Majesté, produise l'effet que l'on en doit attendre [1]

J'ai l'honneur d'être...

---

1. Dans une première lettre adressée de Versailles le 1ᵉʳ novembre (*Rome*, t. DCCCXXIII, 2-3), Rouillé fait part à Choiseul de la satisfaction du Roi en recevant la lettre encyclique le 27 octobre ; il lui annonce que Sa Majesté prend les mesures nécessaires pour la perfectionner « en y ajoutant tout le poids et toute la force de l'autorité royale », et il lui recommande de faire en sorte que la lettre ne soit pas publiée avant que Louis XV ait

LV

A M. ROUILLÉ

A Rome, le 20 octobre 1756.

... Il n'est pas étonnant que la Gazette de Berne dise imparfaitement ce qui s'est passé dans une de mes audiences [1]. L'appartement où je vois le Pape l'été est tout ouvert, et il y a des valets de chambre ou des prélats à chaque porte qui cherchent à entendre ce qui se dit dans les audiences. Celle

pris une résolution définitive à ce sujet. «... L'importante négociation qui avait été confiée à vos soins, lui écrit-il dans une seconde lettre (*Rome*, t. DCCCXXII, f. 4), a été conduite de votre part au point où nous pouvions la désirer, et c'est désormais ici qu'elle doit être consommée par l'autorité du Roi ; ainsi, Monsieur, Sa Majesté vous laisse la liberté de partir de Rome aussitôt que vous le jugerez à propos... »

1. Il s'agit de l'audience du 31 août (cf. page 169). On lisait dans ladite gazette l'entrefilet suivant : « De Modène, le 15 septembre. — Il est connu que le Pape a nommé le cardinal *Archinto* pour son secrétaire d'État à la place du feu cardinal *Valenti*; mais on ne sait peut-être point l'anecdote à laquelle la vacance de cette charge a donné lieu. L'ambassadeur d'une certaine cour voyant que le Saint-Père différait d'y pourvoir, se hasarda dans une audience qu'il avait demandée et obtenue, de faire instances à Sa Sainteté, pour qu'elle voulût bien différer encore cette nomination afin de lui laisser le temps d'en écrire à sa Cour. Le pontife, piqué de la dissonance d'une telle proposition, répondit à l'Excellence : « *Votre Cour me consulte-t-elle pour nommer ses ministres ?* » et, sur-le-champ, nomma le cardinal *Archinto* à qui il en fit part tout de suite, par un billet de sa propre main. (*Nouvelles de Divers Endroits*, du samedi 25 septembre 1756 — Num. LXXVII).

dont il est question a excité encore davantage la curiosité. D'ailleurs le Pape en avait parlé, ce qui a achevé de la rendre publique; mais j'avais prévenu la suite des mauvaises intentions que l'on aurait pu avoir sur cet objet, en allant sur-le-champ chez M. le cardinal Archinto lui confier la démarche que j'avais faite, et il se rencontra par là un cas extraordinaire, c'est que ce ministre apprit par moi la détermination fixe du Pape de le faire secrétaire d'État, ce dont il n'était pas encore instruit. Il fut sensible à mon attention, et assez raisonnable pour approuver les précautions que j'avais cru être obligé de prendre. Il me dit alors qu'il désirait qu'il restât quelque chose à demander pour la conclusion de notre grande affaire, afin qu'il eut le mérite de me prouver son attachement pour le service du Roi. Depuis ce temps, j'ai trouvé dans ce ministre une confiance réciproque; c'est à lui que je dois la célérité avec laquelle l'ouvrage du Pape a été terminé, et le peu de difficultés que j'ai rencontré à certains changements. Je crois que M. le cardinal Archinto est content de ma façon de traiter; de mon côté, je ne peux rendre trop de justice à la sienne...

LVI

A M. ROUILLÉ

A Rome, le 5 novembre 1756.

Monsieur,

J'ai l'honneur de vous adresser par un courrier extraordinaire la lettre que le Pape écrit à M. l'archevêque de Paris et que Sa Sainteté désire qui soit remise à ce prélat de la part du Roi. J'ai traduit cette lettre pour la facilité, ainsi que le billet que Sa Sainteté m'a écrit en me l'envoyant [1]. Je joins aussi à toutes ces pièces, la copie de la lettre que M. l'archevêque de Paris

---

1. Cette lettre de Benoît XIV à l'archevêque de Paris manque. — Le P. Regnault, le dernier historien de l'archevêque, ne la mentionne pas : tout ce passage de son récit est d'ailleurs et à dessein fort incomplet, y ayant quelque difficulté au panégyriste d'un archevêque à s'étendre sur le désaveu que son prélat reçoit du Pape. — Benoît XIV écrit à Choiseul (5 novembre 1756) : « ... Nous envoyons à notre comte de Stainville, ambassadeur de Sa Majesté T. C., la lettre que nous avons écrite à M. l'archevêque de Paris, et nous le prions de l'expédier en France, et de faire en sorte qu'elle soit remise audit archevêque par les mains de Sa Majesté Très Chrétienne, afin qu'elle acquière par cette voie une plus grande considération.... Nous nous sommes appliqués à mettre dans cette lettre tout ce qui nous a été dit de vive voix, ainsi que ce que nous avons lu dans le papier remis au cardinal secrétaire d'État; et il nous paraît n'avoir rien oublié pour toucher l'esprit de M. l'archevêque, et l'engager à faire exécuter la lettre encyclique dans son diocèse... » (*Rome*, t. DCCCXXII, f. 11).

a écrite au Pape en lui envoyant son instruction pastorale[1].

Il me semble que cette lettre du Pape est conforme aux intentions du Roi. Le Pape, dans l'audience qu'il me donna le 3 de ce mois, ne fit nulle difficulté de l'écrire, et approuva beaucoup qu'elle fût adressée à Sa Majesté. Le Pape me dit qu'il n'avait pas lu l'Instruction pastorale, parce qu'outre d'autres occupations qui ne lui ont pas permis de lire un ouvrage aussi considérable, Sa Sainteté a été incommodée ces jours-ci d'un rhume. Elle se porte on ne peut mieux à présent.

Afin de ralentir aussi cette lecture, j'avais fait demander au Pape qu'il voulût bien me prêter, pour satisfaire ma curiosité particulière, l'ouvrage de M. l'archevêque, et la lettre du prélat qui l'accompagnait. Le Pape me l'envoya sur-le-champ; je l'ai gardé plusieurs jours : ainsi il n'y a rien de si vrai qu'il ne l'a pas lu. J'ajouterai de plus qu'il ne le lira jamais, parce que son système est pris sur ces matières, qu'il en est fatigué et désire infiniment que sa décision soit suivie; toute contradiction à cette décision lui ferait un chagrin mortel. C'est en conséquence de ses sentiments qu'il me parla mercredi avec chaleur contre les intrigues de France et de Rome, mais principalement de France, qui avaient pour but d'empêcher sa décision.

1. Le mandement du 19 septembre.

Le Saint-Père me dit qu'on lui avait écrit des lettres pleines de feu, et qui lui avaient fait connaître que, dans toute cette affaire, il y avait plus *d'esprit de parti que de religion*...

Le Saint-Père me renouvela ses instances pour prier Sa Majesté, avec toute l'ardeur possible, de soutenir de son autorité la lettre encyclique, et d'écrire au Roi que ce serait un déshonneur pour l'Église et pour son chef, si cette pièce était méprisée...

LVII

A M. ROUILLÉ

A Rome, le 17 novembre 1756.

... M. le cardinal Archinto ne m'a pas dissimulé l'inquiétude du Pape sur le sort de sa lettre encyclique. Il calculait chaque jour, et s'attendait qu'un courrier extraordinaire apporterait une lettre du Roi qui lui marquerait être content. Le secrétaire d'État a tranquillisé Sa Sainteté en lui représentant que l'on attendait préalablement en France la lettre qu'elle avait écrite à M. l'archevêque, pour faire usage de l'encyclique. Le Pape a approuvé cette raison, que j'ai fortifiée ce matin en rendant compte à M. le cardinal Archinto de ce que vous me faites l'honneur de me mander [1]

1. Cf. page 186.

sur les mesures que Sa Majesté prend pour terminer cette affaire selon les désirs de Sa Sainteté.

Pour ce qui est, Monsieur, de la publication de la lettre encyclique, M. le cardinal Archinto m'a assuré positivement que je pouvais être tranquille sur cet article, et le Pape, que j'avais prévenu d'avance sur la nécessité de ne point publier cette lettre sans le consentement du Roi, m'a promis dans mes audiences précédentes qu'il attendrait les réponses de Sa Majesté. J'espère que Sa Sainteté me tiendra parole.

Mais, Monsieur, je dois vous prévenir qu'il ne serait pas étonnant que la lettre du Pape fût connue en France. Elle est ici non seulement dans les mains du Pape et de ses secrétaires particuliers, mais aussi dans la secrétairerie d'État, et chez tous les cardinaux qui ont été consultés sur cette affaire, qui, sans doute, n'en auront pas fait un secret à leurs théologiens. Ainsi vous voyez qu'au moins vingt personnes participent actuellement à ce secret, et tant d'autres ont envie d'y participer, qu'il ne serait pas étonnant qu'il se répandît des copies de l'ouvrage, et qu'il en parvînt quelques-unes en France. Jusqu'à présent cependant, je n'entends pas dire que personne soit instruit de ce que contient la lettre encyclique, mais c'est un miracle qu'il ne serait pas sage, vu la forme de ce pays, d'espérer encore longtemps, et ce motif me ferait conseiller de se servir du sentiment du Pape le plus promptement qu'il serait possible...

Le Pape n'est pas sorti ces jours-ci à cause du temps qui a été assez froid, mais il est certain, et je le sais à n'en pouvoir douter, que Sa Sainteté se porte aussi bien qu'on peut le souhaiter. Comme dans ce pays-ci on souhaite indécemment le changement de souverain, ou pour son intérêt personnel ou par simple curiosité, les bruits de la ville m'auraient inquiété si je n'avais pas été instruit sûrement du véritable état du Pape. Je ne doute pas que l'on n'ait écrit en France qu'il était à la mort, puisque l'on publiait ici, dans le temps que l'on ne pouvait pas en avoir de nouvelles, que c'était le chagrin de voir que la lettre encyclique n'était pas approuvée en France qui avait causé cette maladie au Saint-Père. Mais, Monsieur, sur l'état de Sa Sainteté, ne croyez que ce que j'ai l'honneur de vous mander qui est la vérité la plus exacte.

Il me reste, Monsieur, à vous remercier du congé que vous avez bien voulu m'obtenir de Sa Majesté; j'en profiterai samedi 27 de ce mois que je compte partir de Rome pour me rendre en France par la voie de Parme. J'espère que d'ici ce temps, il reviendra un de mes courriers qui me mettra, avant de partir, en état de donner au Pape de bonnes nouvelles sur le succès de sa lettre encyclique...

Sa Sainteté approuvera sans doute que, pendant

mon absence, M. Boyer soit chargé des affaires du Roi : il est très instruit de celles qui sont commencées et fort en état de les traiter utilement pour le service de Sa Majesté; d'ailleurs, il a l'avantage d'être ami de M. le cardinal Archinto qui l'avait beaucoup connu à Dresde. Ainsi, Monsieur, rien ne périclitera, et j'aurai le bonheur de vous faire ma cour les premiers jours de janvier, de vous marquer toute la reconnaissance que je dois à vos bontés, et de vous renouveler le sincère et respectueux attachement avec lequel j'ai l'honneur d'être...

LVIII

A M. ROUILLÉ

A Rome, le 20 novembre 1756.

Monsieur,

Le Pape se portait bien mercredi; on regardait le petit rhume que Sa Sainteté avait eu comme guéri; j'avais fait tous mes arrangements pour partir le 27 de ce mois, comme vous le verrez par ma lettre du 17; je les avais communiqués à M. le cardinal secrétaire d'État qui les avait trouvés sages. Jeudi, Sa Sainteté tint la congrégation du Saint-Office après laquelle elle se trouva mal; elle mangea peu à dîner; le soir il lui prit un étouffement et un serrement de poitrine qui engagèrent les médecins à le faire saigner du pied. Son état depuis cette saignée a empiré considérablement; la fièvre s'y est jointe, et il est malheureusement plus que probable que nous sommes menacés de perdre le Pape dans peu. J'ai l'honneur de vous dépêcher ce courrier extraordinaire pour que le Roi soit prévenu du changement considérable qui va arriver dans ce pays, et que Sa Majesté juge, avant que le public soit informé du danger ou de la mort du Pape, si elle doit presser ou ralentir ses démarches par rapport à la lettre encyclique [1]. Je croirais qu'il faut les presser.

Vous sentez bien, Monsieur, que je reste ici, et

---

1. On est au 20 novembre. On ne put apprendre à Rome que vers le 25 que Louis XV avait transmis l'encyclique aux évêques, en l'accompagnant d'une lettre. Encore cette lettre ne marquait-elle pas l'intention ferme de soutenir l'encyclique pontificale : « Mon cousin, écrivait le Roi aux évêques, (14 novembre 1756) notre Saint-Père le Pape m'a envoyé sa réponse à la lettre que la dernière Assemblée générale du clergé de mon Royaume lui écrivit avec mon agrément, le 31 octobre de l'année dernière, pour lui demander ses avis paternels sur la diversité d'opinions qui s'était rencontrée dans les délibérations de cette assemblée. Je vous communique cette réponse, et je m'attends que, conformément aux lois de mon Royaume, vous n'en ferez aucun usage par lettre publique, avant que je l'aie revêtue de mes lettres patentes, *si je juge à propos de le faire*. J'attends de votre zèle pour le bien de la Religion et la tranquillité de l'État que vous vous unirez avec empressement au sentiment d'un Pontife dont les vertus et les lumières sont l'ornement et la consolation de l'Église, que vous concourrez, autant qu'il dépendra de vous, aux vues que je me propose pour conserver les droits de la juridiction qui appartient à l'Église et pour assurer solidement le respect dû à la Religion et rétablir la tranquillité de mon Royaume. » (*Rome*, t. DCCCXXII, f. 26).

que je ne songe plus à profiter de mon congé! le malheur qui arrive est très grand pour moi de toutes façons; je ferai de mon mieux pour qu'il ne le soit pas, eu égard au service du Roi. Aussitôt après la mort de Sa Sainteté, je vous dépêcherai un second courrier qui vous portera un mémoire sur les cardinaux et mon sentiment sur l'état actuel de la Cour de Rome et sur la conduite que nous devons y tenir. Je crois qu'il est important de cacher l'arrivée de mon courrier en France et, jusqu'à celle de la mort, de faire en sorte que le public ignore le danger; aussi j'ordonne au courrier que je dépêche, et que j'ai fait partir avec les plus grandes précautions, de dire en France qu'il vient de Gênes.

J'ai l'honneur d'être...

Ce 21, à trois heures du matin. — Le Pape est toujours dans le même état; il n'y a qu'une crise qui puisse le sauver, ce qu'il n'y a pas lieu d'espérer de son âge; on assure que l'hydropisie de poitrine est formée. Sa Sainteté doit recevoir aujourd'hui les sacrements.

LIX

A M. ROUILLÉ

A Rome, le 24 novembre 1756.

Monsieur,

L'état du Pape est changé en mieux depuis la lettre que j'ai eu l'honneur de vous écrire le 20.

... Le médecin de Sa Sainteté prétend qu'elle n'a pas de fièvre et que, si on peut déboucher tous les embarras qui se trouvent dans les premières voies et faire tomber cette humeur dans les jambes, le Pape se portera mieux que jamais ; que si, au contraire, cette même humeur séjourne encore quelques jours dans la vessie, il y aura fort à craindre pour la vie du Saint-Père. Quand il ne souffre pas, on dit qu'il a l'humeur gaie comme à son ordinaire ; il s'est levé cet après-midi deux heures sans être incommodé.

Voilà, Monsieur, au vrai l'état actuel du Pape : il n'est pas aussi mal qu'il l'était il y a quatre jours ; on ne peut absolument se livrer à l'espérance, car il n'est pas hors de danger ; l'autre semaine décidera de son sort.

Le secrétaire d'État m'a dit hier qu'il s'était informé plusieurs fois s'il n'était pas revenu un courrier de France et s'il n'y avait pas de lettres du Roi pour lui. Il n'a marqué depuis sa maladie d'inquiétude que sur la lettre encyclique, car on a voulu détourner son attention en lui parlant de l'affaire de Venise, et il est revenu toujours à celle de France. J'espérais que la lettre du 8 de ce mois que vous m'avez fait l'honneur de m'écrire et que j'ai reçue ce matin me mettrait en état de faire dire à Sa Sainteté quelque chose sur cet objet; mais, comme elle ne m'en parle pas, je me suis contenté de communiquer au cardinal ministre ce qu'elle contient d'avantageux pour cette Cour sur le différend de Venise, et de conseiller M. Archinto de tranquilliser le Pape en lui donnant des espérances. Je compte que d'ici peu de jours il me reviendra un courrier qui me mettra en état, si nous conservons le Pape, d'aller le voir et de lui donner de bonnes nouvelles sur l'effet de son ouvrage.

Je ne me repens pas, Monsieur, de vous avoir dépêché un courrier qui aura pu vous alarmer, parce que j'ai cru qu'il était bon que vous fussiez prévenu de l'état du Saint-Père avant les lettres de la poste. D'ailleurs, je vous assure qu'il n'y avait personne au palais, quand ce courrier est parti, qui crût que le Pape passerait deux heures.

Une autre révolution dans les humeurs qui les replace dans les jambes d'où elles sont remontées pour faire ces ravages nous tranquillisera entièrement, et nous donnera l'espérance de quelques années de vie.

J'ai l'honneur d'être...

LXI

A M. ROUILLÉ

A Rome, le 1ᵉʳ décembre 1756.

Monsieur,

Le Pape depuis la semaine dernière a toujours été de mieux en mieux; la nature a fait un miracle en sa faveur. On compte que Sa Sainteté, qui dort et mange comme à son ordinaire, donnera les audiences accoutumées dans peu de jours. M. le cardinal Archinto m'a assuré hier que le Saint-Père était très bien rétabli, et ce ministre m'a conseillé, si la convalescence se soutient, de profiter quand j'aurai vu le Pape du congé que Sa Majesté m'a accordé; c'est aussi ce que je compte faire d'ici quinze jours si je trouve Sa Sainteté en aussi bon état que l'on me l'a dit. D'ailleurs, Monsieur, à tout événement, vous êtes instruit de ce que je pense en cas de malheur du Pape et si, contre toute attente, le Pape retombait, je reviendrais sur-le-champ pour recevoir vos ordres à Rome. La semaine prochaine, je serai plus sûrement en état de vous informer de ma marche.

M. le cardinal Archinto me renouvelle chaque jour l'impatience où est le Pape d'apprendre des nouvelles de sa lettre encyclique; Sa Sainteté ne parle que de cette affaire, et je suis assez embarrassé de répondre; j'espère que d'ici à peu de jours il me reviendra un courrier qui me mettra en état de dire quelque chose de satisfaisant au Saint-Père; celui de l'ordinaire n'est pas arrivé cette semaine...

LXI

AU ROI

A Rome, le 15 décembre 1756.

Sire,

On s'était flatté pendant quelques jours que le Pape, dont la constitution était très forte, pourrait surmonter la maladie violente dont il est attaqué; mais, depuis deux jours, il s'est déclaré une inflammation sur la vessie et dans tout le bas-ventre qui ne laisse plus aucune espérance. Sa Sainteté a reçu hier les sacrements, et a signé la profession de foi que les papes à leur mort ont l'habitude de signer; sa tête que la fièvre ardente avait troublée est revenue au moment de ces tristes fonctions; mais depuis il a été dans un état qui approche de l'agonie et qui fait croire que la gangrène s'est mise sur les parties malades. On attend d'un moment à l'autre l'événement de sa mort que j'aurai l'honneur d'apprendre à Votre Majesté par un courrier extraordinaire.

Dans ces circonstances, Sire, j'ai cru qu'il était du bien du service de Votre Majesté que je ne profitasse point du congé qu'elle avait eu la bonté de m'accorder. J'ose mettre à ses pieds les vœux que je prends la liberté de faire, Sire, pour la gloire et la conservation de Votre Majesté dans le courant de l'année prochaine ; je la supplie de daigner continuer à approuver mon zèle pour son service et ma vénération pour sa personne.

Je suis avec le plus profond respect...

LXII

AU ROI

A Rome, le 22 décembre 1756.

Sire,

J'ai eu l'honneur de mander mercredi dernier à Votre Majesté que le Pape était très mal : Sa Sainteté fut en agonie dans la nuit; on lui administra l'extrême-onction, et on ordonna dans toutes les églises de la ville les prières des agonisants pour le Saint-Père. Il y eut du mieux dans la nuit du jeudi au vendredi ; ce mieux se soutint jusqu'au dimanche au soir que la fièvre revint plus forte au Pape. Il eut, lundi matin, de nouvelles convulsions qui effrayèrent au point que l'on ne douta plus de sa mort; cependant la fièvre s'abattit ce même jour.

On prétend qu'il n'en avait point hier, et dans le moment que j'ai l'honneur de vous écrire, Sire, le cardinal Secrétaire d'État me fait dire que je peux mander à Votre Majesté que le danger est toujours éminent, mais que le médecin assure que, si l'état actuel de Sa Sainteté peut continuer huit à dix jours, il compte que le Saint-Père sera hors de danger. Je souhaite plus que je ne crois cette prédiction du médecin : ce que l'on peut conclure, c'est que le Pape, ayant des ulcères dans la vessie et une humeur étrangère dans tout son intérieur, il peut, vu son âge avancé, mourir tout d'un coup, et en même temps traîner des mois, même des années. J'aurais l'honneur de rendre compte exactement à Votre Majesté de l'état du Saint-Père, et je la supplie d'agréer les assurances du très profond respect avec lequel je suis...

LXIII

A M. ROUILLÉ

A Rome, le 22 décembre 1756.

... Je mande au Roi les nouvelles de la santé du Pape par la lettre ci-jointe : j'ai cru devoir écrire à Sa Majesté, l'ayant effrayée sûrement par ma lettre précédente. Depuis huit jours, Monsieur, nous sommes entre une lueur d'espérance et une crainte très vive; la tête avait tourné à ceux qui soignent le Pape et au seul médecin qui voit Sa Sainteté qui a quatre-vingts ans, de sorte que les ordres ont été donnés pour les préparatifs de la pompe funèbre et la construction du conclave au point que l'on y a travaillé publiquement jusqu'à ce matin. La confusion dans les têtes étaient ridicule, les intrigues pour le conclave commencées; tout est suspendu d'aujourd'hui que le mieux est certainement considérable.

Cependant, Monsieur, il ne faut pas s'attendre à une guérison parfaite; je crois que, si le Pape ne part pas tout d'un coup, l'on doit se borner à se flatter de le conserver quelque temps dans un état d'incommodité et de faiblesse, ce qui le rendra peu capable d'affaires, mettra cette Cour dans l'anarchie, et livrera le Pape au cardinal Millo et au cardinal Colonna, promajordome[1], les deux favoris et les seuls qui le voient habituellement pendant sa maladie.

Je dois toutefois vous prévenir, Monsieur, que le Saint-Père depuis huit jours ne s'est occupé que de nos affaires ecclésiastiques; je lui ai fait parvenir par le cardinal Archinto la nouvelle du Lit de justice dont j'attends la relation avec grande impatience[2]. Outre que cette époque est importante

1. Voir p. 250 et 251.
2. Voici poindre enfin (22 décembre) dans le courrier de

pour la France et pour le Saint-Siège, je m'en servirai pour tâcher de me procurer une audience du Saint-Père si le mieux continue.

En cas de conclave, j'ai l'honneur de vous prévenir d'avance, Monsieur, que MM. les cardinaux trouveront en moi un zèle infini pour leur plaire et une bonne volonté parfaite pour coopérer avec eux au service du Roi; mais je cherche à me flatter que leur voyage sera différé au moins d'un an, et que j'aurai l'honneur de vous faire ma cour avant l'événement que nous craignons. Selon l'avis des médecins, les huit jours que nous allons passer seront décisifs...

LXIV

A M. ROUILLÉ

A Rome, le 29 décembre 1756.

... Le courrier que vous m'annoncez n'est pas arrivé; ce retard m'a mis dans un petit embarras,

l'ambassadeur quelque chose du bruit que l'encyclique cause en France. Le 2 novembre en effet, le Parlement de Rouen a *supprimé* l'encyclique comme contraire aux libertés de l'Église gallicane, et le Parlement de Paris s'unit à celui de Rouen aussitôt. Le 13 décembre Louis XV tenait un lit de justice et intimait au Parlement de Paris l'enregistrement de l'encyclique, en même temps que de cinq articles destinés à conformer la conduite des cours séculières aux intentions du Roi. — Voir le texte de ces articles dans Picot, *Mémoires*, t. III, p. 327-329.

car M. le nonce ayant écrit au Pape la nouvelle du Lit de justice avec quelques particularités, Sa Sainteté m'a fait demander ce que j'en savais et s'il n'y avait pas de la part du Roi quelque lettre pour elle. J'ai répondu que vous aviez la bonté de m'annoncer un courrier que j'attendais et qui vraisemblablement serait porteur des détails dont le Pape désire être instruit. Au reste, le Saint-Père a infiniment agréé tout ce que le nonce a mandé sur cet objet; Sa Sainteté a dit ce matin qu'une aussi bonne nouvelle la ferait vivre encore quelques années. Ce qu'il y a de certain, Monsieur, c'est que le Pape se porte mieux; on a discontinué les prières publiques aujourd'hui, et l'on en fera d'actions de grâces pour la convalescence... Sa Sainteté tiendra consistoire lundi prochain, et le secrétaire d'État m'a dit hier que, dès que mon courrier serait arrivé, il ne doutait pas que je ne fusse admis à l'audience du Saint-Père.

Le Pape peut aller, comme il est, des mois, peut-être des années, à ce que disent les médecins. Il peut en même temps lui survenir un nouvel accident qui l'emporte tout d'un coup. Ce qu'il y a de fâcheux, c'est que tout le monde convient que la tête n'est pas la même. Il est à craindre qu'elle ne revienne pas, et alors cette Cour sera dans une espèce d'anarchie où il ne se fera aucune affaire; si cette position dure, et je prévois avec quelque sûreté que le danger n'est pas éminent, je crois que vous trouverez que ma position est très inutile ici et que vous approuverez, qu'à la fin de janvier, je me mette en chemin, quitte à revenir ; cependant j'attendrai vos ordres sur cet article [1].

J'ai l'honneur d'être...

LXV

AU ROI

A Rome, le 6 janvier 1757.

Sire,

J'ai l'honneur d'adresser à Votre Majesté la réponse que le Pape a faite à la lettre que je présentai hier à Sa Sainteté de la part de Votre Majesté [2]. Le Pape avait une grande impatience

1. Ce paragraphe est chiffré.
2. La réponse de Louis XV à l'encyclique arrive avec un sensible retard ; quoique datée de Versailles le 16 décembre, elle ne sera remise au Pape que le 5 janvier. Elle portait : « Très Saint-Père. La lettre encyclique de Votre Sainteté aux évêques de la dernière assemblée de mon Royaume m'est parvenue en son temps, et j'ai ordonné au comte de Stainville de témoigner la satisfaction avec laquelle j'avais reçu ce monument précieux de ses lumières et de son zèle. J'ai attendu, pour répondre à la lettre que Votre Sainteté m'a écrite le 17 octobre dernier, que j'eusse fait connaître mes volontés et les mesures que j'étais résolu de prendre, conformément à ses vues, pour rétablir la paix dans l'Église de France. Votre Sainteté aura appris que j'ai d'abord fait imprimer la lettre encyclique dans mon impri-

de me voir, et d'apprendre par Votre Majesté elle-même l'autorité et la protection que vous accordiez, Sire, à la lettre encyclique. Le Saint-Père lut avec empressement la réponse de Votre Majesté, Sa Sainteté s'attendrit beaucoup à la dernière phrase de la lettre; elle me dit qu'elle ne pouvait s'exprimer plus vivement que par des larmes pour me marquer, Sire, son admiration et la reconnaissance que l'Église et lui devaient à Votre Majesté.

Le Pape ajouta qu'il me chargeait de vous

merie royale, et que j'en ai adressé moi-même un exemplaire à chaque archevêque et évêque de mon royaume, en les exhortant à diriger leur conduite sur les règles si sagement établies par Votre Sainteté... J'ai vu avec plaisir leurs dispositions à déférer à ses avis paternels; et en conséquence j'ai tenu le 13 de ce mois mon lit de justice, et j'y ai fait enregistrer par mon Parlement de Paris la déclaration que je joins ici. Votre Sainteté verra que la plupart des articles, que renferme cette nouvelle loi, ont été rédigés dans le même esprit de conciliation qui a dicté sa lettre encyclique. Mon ambassadeur rendra compte à Votre Sainteté des circonstances particulières qui ont rapport à cet objet, et je me bornerai à renouveler à Votre Sainteté les assurances bien sincères de ma reconnaissance et de la fermeté invariable avec laquelle je ferai respecter les ordres que je viens de donner conformément aux principes équitables et aux intentions modérées de Votre Sainteté. Il ne me reste qu'à lui marquer toute ma joie à l'occasion des meilleures nouvelles que le comte de Stainville m'a données de la santé de Votre Sainteté et que j'espère devoir m'être confirmées par les premières que je recevrai, et que j'attends avec impatience. Elle peut juger de l'inquiétude où j'ai été à ce sujet par ma tendre amitié pour elle, et par la persuasion où je suis de l'importance dont la conservation de Votre Sainteté est pour le bien de la Religion, pour la gloire du Saint-Siège, et pour l'édification et la consolation de tous les fidèles. Je suis... (*Rome*, t. DCCCXXII, f. 158-160).

écrire, Sire, qu'il m'avait dit plusieurs fois qu'il voulait sacrifier sa vie pour pacifier les troubles de France, qu'à présent ce sacrifice serait bien peu de chose, mais qu'il serait à tous les moments qui lui restaient prêt à l'offrir pour le service de Votre Majesté. Le Saint-Père s'attendrit de nouveau en me donnant ces assurances, et me pria, les larmes aux yeux, de bien peindre à Votre Majesté l'attachement tendre qu'il avait pour un aussi grand prince et qui méritait autant de l'Église.

Ce moment de mon audience, Sire, a été vraiment touchant et extrêmement flatteur pour Votre Majesté.

Le Pape lut ensuite la déclaration [1] : le préambule lui fit grand plaisir; il s'arrêta après avoir lu le premier article, il l'approuva, et me rappela qu'il m'avait dit, il y a près d'un an dans une de mes audiences, qu'il ne regardait pas la bulle *Unigenitus* comme une *règle de foi*, et qu'il n'avait jamais pensé que cette dénomination lui fût due; le reste de la déclaration lui parut conforme à la lettre encyclique; il renouvela ses remercîments pour Votre Majesté.

Le Pape me demanda si les Parlements ne feraient pas encore quelques oppositions et quelques démarches d'éclat ; je lui dis que je l'ignorais,

1. La déclaration qui précédait les cinq articles, du lit de justice du 13 décembre 1756.

mais que Sa Sainteté devait être tranquille sur la fermeté de Votre Majesté, que d'ailleurs ce qui regardait le Saint-Père et le Saint-Siège était terminé sans qu'il fût possible d'y revenir davantage, et que, si les Parlements osaient sur les différents points des déclarations faire des oppositions déplacées, il n'y avait pas à douter que Votre Majesté ne soutînt son autorité avec autant de force qu'elle avait soutenu celle de l'Église. Ainsi, je suppliai le Pape de ne point faire attention aux nouvelles qui pouvaient venir de France sur le Parlement, et de s'en tenir toujours à ce dont lui ferait part Votre Majesté.

Je louai le Pape, Sire, sur le discours qu'il avait tenu au consistoire; je lui marquai l'envie que j'avais de l'envoyer à Votre Majesté, afin qu'elle connût précisément comment le Saint-Père s'était expliqué sur nos affaires de France vis-à-vis le Sacré-Collège; le Pape me répéta le précis de ce qu'il avait dit, et me promit de me l'envoyer. Votre Majesté en trouvera l'original et la traduction ci-joints; elle y remarquera qu'en parlant de la constitution *Unigenitus*, le Pape s'est servi du seul terme de *respect*, et jamais de celui d'*obéissance*. Un pareil acte public enregistré et approuvé par tout le consistoire, joint à la lettre que le Pape écrit à Votre Majesté, doit dissiper les scrupules des évêques [1] s'il reste en France des prélats qui

1. Voir comme spécimen du sentiment des évêques à scrupules la lettre de Mgr Lamotte, évêque d'Amiens, citée par Regnault,

en aient encore ; cette réflexion m'a déterminé à envoyer le paquet du Pape à Votre Majesté par un courrier extraordinaire...

Il me reste, Sire, à parler à Votre Majesté de la santé du Pape : le Saint-Père était dans son lit ; j'ai été étonné de le trouver aussi peu changé, je lui en marquai ma surprise ; sa voix n'est point affaiblie, non plus que sa vue ; il a lu la lettre de Votre Majesté sans lunettes ; il est maigri, mais la couleur de son visage est bonne, et la faiblesse, autant que j'en ai pu juger par les différents mouvements qu'il a faits dans son lit, n'est pas aussi grande qu'on le disait ; son discours a été fort suivi, comme Votre Majesté verra par ce que j'ai eu l'honneur de lui mander. Il est certain cepen-

Christophe de Beaumont, t. I, p. 304 : « Nous y trouvons [dans l'Encyclique] l'essentiel, qui est de confondre le parti qui accuse le Pape de mépriser la bulle [*Unigenitus*] et de vouloir qu'on l'ensevelisse dans un éternel silence. Cependant il décide : 1° qu'on ne peut la rejeter sans offenser Dieu mortellement, voilà qui désespère le parti : 2° qu'il y a des cas dans lesquels on doit refuser publiquement les sacrements, ce qui confond le Parlement qui ne veut aucun refus. Il est vrai qu'il restreint les choses au point que les refus seront extrêmement rares, et l'on peut donner à cela une face de sagesse ; car il est vrai que d'abandonner tout à la sagesse des ministres il y aurait bien du désordre, je l'ai vu par moi-même. Je suis très résolu de suivre la réponse du Pape, et persuadé que la multitude des évêques s'y conformera, peut-être même tous » (Lamotte à dom Malachie, 29 novembre 1756). Le même évêque écrivait à un autre religieux : « Le bref du Pape ne contente pas le zèle de plusieurs, mais il a tout ce qu'il faut, et je le regarde comme le fruit de la prudence paternelle. Si le Saint-Père avait pu aller plus loin dans l'état où se trouve l'Église de France, il l'aurait fait » (Le même à dom Léon, 27 janvier 1757).

dant qu'il n'a pas la tête aussi ferme qu'il avait avant sa maladie, et qu'il est plus porté à l'attendrissement qu'il n'avait coutume d'être; il m'a raconté le cours de sa maladie, il m'a paru informé des préparatifs que l'on avait faits pour sa mort : sur cet article, j'ai cru devoir lui dire que, bien loin de s'en effrayer, il devait attribuer à l'attachement et à l'amour de ceux qui l'entouraient les effets tristes de crainte que l'on avait marqués dans ces moments critiques. Le Pape m'a dit que le jour qu'on lui avait donné l'extrême-onction, il sentait bien qu'il n'était pas dans le danger que l'on croyait, mais qu'il n'avait pas osé refuser ce sacrement de peur de donner un mauvais exemple.

J'ai répondu au Pape que sa santé était rétablie de façon qu'il fallait éloigner des idées aussi fâcheuses, pour nous livrer sans trouble à la joie que nous avions de le conserver. Il est effectivement rétabli de façon que je suis persuadé que, s'il ne survient pas une nouvelle maladie, on le conservera encore quelque temps. En conséquence, je me flatte, Sire, que Votre Majesté approuvera que je parte de Rome le 20 de ce mois; j'irai à Venise passer quelques jours, de là à Parme où j'attendrai des nouvelles de l'affermissement de la santé du Pape; si elles sont telles que je l'espère, je continuerai mon voyage pour me rendre aux pieds de Votre Majesté, et lui marquer le très profond respect avec lequel je suis...

LXVI

A M. ROUILLÉ

A Rome, le 12 janvier 1757.

... La santé du Pape est la même; il n'acquiert point, mais en même temps on nous flatte que son état n'empire pas. Sa Sainteté a vu hier et aujourd'hui ses ministres particuliers qui n'avaient pas été admis à son audience depuis deux mois.

J'ai l'honneur de vous envoyer copie de la dernière dépêche de M. le nonce [1]. Elle mérite, Monsieur, votre attention, et m'a frappé vivement par le fanatisme dont ce ministre est animé. M. le nonce ne connaît ni son maître ni sa Cour en écrivant aussi violemment qu'il fait, mais en cas d'accident du Pape ou d'absence de ma part de Rome, il se pourrait faire qu'à la fin ses lettres fissent impression. Pour prévenir ce danger, je me suis cru dans l'obligation de parler à M. le cardinal Archinto afin qu'il instruisît M. le nonce et réprimât ses idées. Comme je n'osais pas lui dire que je voyais les lettres, je lui ai insinué qu'il

---

1. Dans cette lettre (*Rome*, t. DCCCXXII, f. 189-192), le nonce se plaint longuement de la faiblesse du Roi et des variations de la politique. « Tous concluent, écrit-il en terminant, que la faiblesse du gouvernement est grande, ce qui est la source des plus grands maux de la religion. »

m'était revenu de France que M. le nonce tenait des propos peu mesurés sur le premier article de la déclaration du Roi si fort approuvée du Pape; qu'en général il blâmait la modération du Saint-Père et donnait de fausses couleurs à celle du Roi que, d'amitié, j'avertissais le secrétaire d'État d'une conduite si peu sage, mais que, si Son Éminence ne prenait pas les mesures pour la corriger, je serais obligé d'en parler au Pape, et peut-être selon les ordres du Roi d'une façon qui ne conviendrait pas aux intérêts de M. le nonce.

Le cardinal Archinto m'a répondu qu'il n'y avait rien de si juste que mes plaintes; que nommément par cet ordinaire M. Gualtieri lui avait écrit une lettre (c'est celle dont je vous envoie copie) qu'il s'était bien gardé de montrer au Pape, car elle l'aurait certainement perdu dans l'esprit de Sa Sainteté. Le secrétaire d'État a continué ses plaintes contre M. le nonce en me disant que l'on ne savait que faire d'un pareil ministre, qu'il ne connaissait ni Rome ni la France, et lui répondait à toutes ses représentations que sa conscience était engagée à la conduite qu'il tenait. Enfin, M. le cardinal Archinto lui écrit par cet ordinaire de prendre garde à ce qu'il mandera dorénavant, et il ajoute que, s'il écrit quelque chose sur nos matières ecclésiastiques qui puisse être contraire aux vues du Pape et du Roi, il en rendra compte à Sa Sainteté, et ne répond pas que le Pape ne prenne un parti qui lui serait désagréable.

Je vous préviens, Monsieur, sur M. le nonce parce que vous verrez par sa lettre, comme vous avez vu par les précédentes, que ses sentiments sont outrés, et qu'il ne cherche dans ses relations qu'à faire tomber dans le mépris le Roi et son ministère. Une pareille conduite mérite attention, peut devenir dangereuse dans certaines circonstances, et est d'autant plus extraordinaire que M. de Gualtieri et toute sa famille tiennent toute leur fortune de la France.

J'ai l'honneur d'être...

LXVII

A M. ROUILLÉ

A Rome, le 19 janvier 1757.

Monsieur,

Je suis encore dans le trouble de la nouvelle que votre courrier extraordinaire du 6 de ce mois m'a apportée [1]. Était-ce vraisemblable que nous eussions à craindre de pareils attentats contre le meilleur de tous les princes? J'ai fait parvenir au Pape la nouvelle de ce malheur avec le ménagement dont j'étais capable dans ce moment-là. Sa Sainteté a pleuré beaucoup et a été assez mal le

---

1. L'attentat de Damiens (5 janvier).

jour que l'on lui a fait ce récit horrible. Le Pape a paru désirer me voir ; j'irai demain à son audience et en même temps prendre congé de lui pour deux mois. Il est plus que vraisemblable que Sa Sainteté vivra au moins ce temps-là, quoiqu'elle ait eu quatre jours la fièvre la semaine passée.

Tout Rome généralement, même le peuple, a marqué une sensibilité extraordinaire au malheur qui est arrivé. Les soupçons de cette ville dans le premier moment de la douleur ne doivent point être décrits, mais demandent que l'Europe soit informée des auteurs d'un pareil attentat. J'ai la consolation, au milieu du chagrin que m'a causé cet événement, d'être témoin que la personne sacrée du Roi et ses vertus particulières sont aussi révérées dans les pays étrangers qu'en France. J'attends avec impatience, d'un moment à l'autre, un courrier qui nous apprendra la parfaite guérison de Sa Majesté. Quoique je sois tranquille selon votre lettre du 6, Monsieur, sur l'état du Roi, j'ai besoin de nouvelles plus positives qui assurent le rétablissement.

Le Pape a écrit au Roi une lettre attendrissante [1] ; j'aurai l'honneur de vous l'envoyer par un

---

1. « ... La nouvelle imprévue qui nous est arrivée de l'horrible et infâme attentat commis sur la personne royale et sacrée de Votre Majesté nous a troublé de telle sorte pendant quelque temps que nous étions hors de nous, mais enfin étant revenu à nous-mêmes, nous n'avons pas manqué sur-le-champ de rendre à Dieu les plus vives actions de grâces de ce que la précieuse vie de Votre Majesté était en sûreté, et, selon ce qu'on

des courriers qui reviendra de Naples, ou je la porterai moi-même à Sa Majesté, aux pieds de laquelle je compte être dans trois semaines. Je laisse ici madame de Stainville qui ne pourrait pas voyager, vu la très mauvaise saison qu'il fait. Je me rends en France le plus promptement qu'il me sera possible ; je ferai ma cour au Roi que tout Français doit tâcher de voir dans ce moment-ci quand son devoir ne l'en empêche pas. J'aurai l'honneur de travailler avec vous sur ce qui regarde Rome ; je finirai quelques affaires particulières et espère me retrouver les premiers jours d'avril ici où j'attendrai l'événement de la mort du Pape. Ce parti me paraît le plus convenable à tous égards et le moins sujet à inconvénient...

nous en a rendu compte, tout le peuple de cette ville en a fait autant. Pour ce qui est de la fermeté que Votre Majesté a montrée en cette occasion, elle est une suite des grâces de la Providence de Dieu sur elle, qui veut la conserver en récompense du grand fonds de religion que Votre Majesté a toujours eu dans le cœur, et du juste zèle avec lequel elle empêche que l'Église ne soit opprimée dans ses droits. Tout le monde, Sire, rendra à votre puissance l'estime qui lui est due, nous prétendons encore faire mieux en chérissant votre cœur et votre caractère, et nous prions avec instance et les larmes aux yeux le souverain Dieu de donner à Votre Majesté une vie longue et heureuse, et qu'elle conserve jusqu'à la mort les sentiments exemplaires qu'elle a marqués en cette occasion. Nous prions Votre Majesté de se ressouvenir que c'est une grande prérogation d'être le fils aîné de l'Église, et nous lui donnons de toute la plénitude de notre cœur, ainsi qu'à sa Famille Royale, la Bénédiction apostolique. » (*Rome*, t. DCCCXXII, f. 207-208).

LXVIII

AU PAPE

Le 25 mars 1757.

Très Saint-Père,

Le Roi en m'ordonnant de prendre congé de Votre Sainteté et de cesser auprès d'elle les fonctions dont j'étais honoré, m'a chargé de vous rappeler, Très Saint-Père, l'affection tendre qui est dans le cœur de Sa Majesté pour la personne de

1. Choiseul avait mal calculé la mort de Benoît XIV, qui vécut encore quinze mois, jusqu'au 4 mai 1758. Mais la négociation de la « grande affaire » était terminée, et Choiseul allait être produit par la faveur de Louis XV sur un autre théâtre. Le 23 janvier il quitte Rome, le 21 il est à Parme, le 12 février il est à Versailles. Le 3 avril on reçut à Rome la nouvelle qu'il est nommé ambassadeur à Vienne, d'où il devait revenir, avec le titre de duc, conféré le 25 août 1758, pour prendre place dans le ministère du Roi. — Voir appendice I, la lettre de Louis XV à Benoît XIV pour lui annoncer la nomination de Choiseul au poste de Vienne et la réponse du pontife. — Benoît XIV, qui resta en correspondance avec Choiseul, eut à diverses reprises recours à ses conseils et à son intervention. « Dans peu de paroles, lui écrivait-il le 6 août 1757, nous dirons à notre cher comte de Stainville qu'ayant traité avec lui, nous lui avons trouvé beaucoup de capacité, ainsi qu'un cœur droit et franc qui ne cherche que le bien. C'est une justice que nous lui avons toujours rendue et que nous lui rendrons toujours, le priant de ne nous pas oublier comme nous ne l'oublierons jamais. Nous espérons qu'il se souviendra des offres de service que, dans toutes les occasions, il nous a faites. Il peut nous être utile dans son ambassade de Vienne... » (*Rome*, t. DCCCXXII, f. 372-375).

Votre Sainteté, et dont j'ai eu le bonheur de l'entretenir plusieurs fois pendant le cours de mon ambassade. Je puis assurer Votre Sainteté qu'elle est aussi invariable que l'attachement du Roi pour le Saint-Siège et son respect pour l'Église. Je regretterai toujours de n'être plus l'organe de pareils sentiments. C'est à Votre Sainteté que je dois la bonne opinion que veut bien avoir Sa Majesté de mes faibles talents; j'aurais voulu les sacrifier au service réciproque du Roi et de Votre Sainteté; mais, dans quelque lieu que je me trouve, Très Saint-Père, j'ose vous supplier de me conserver vos bontés, d'être persuadé de l'envie extrême que j'ai de plaire et de servir Votre Sainteté, et du respect très profond avec lequel je suis en lui demandant sa sainte Bénédiction, Très Saint-Père...

SECONDE PARTIE

MÉMOIRES

MÉMOIRE SUR LE CONCLAVE

FAIT LE 19 NOVEMBRE 1756 [1].

Les circonstances où se trouvent les affaires ecclésiastiques de France, et la décision récente que le Pape vient de donner sur les différents avis du clergé dans l'administration des sacrements exigent pour le conclave, qu'il est à craindre qu'on ne soit au moment de tenir, une attention très particulière de la part du Roi sur le sujet qui sera élu chef de l'Église.

Jamais, je crois, élection n'a été si intéressante pour la France. Il faut envisager que, de même que le clergé français est partagé en opinions sur les matières qui agitent la France, le collège des cardinaux l'est aussi ; et on peut ajouter à cette division les intrigues souterraines des différents partis qui divisent le conclave.

Il est intéressant pour le service du Roi qu'un des cardinaux français qui viendront au conclave

---

1. *Rome*, t. DCCCXVI, f. 90-115.

ait une instruction précise de Sa Majesté sur sa conduite, laquelle doit diriger vraisemblablement celle des autres cardinaux français.

Il serait aussi important que le Roi écrivît à la Cour de Vienne et à celle d'Espagne pour que les cardinaux de ces nations se joignissent aux Français et suivissent entièrement leur impulsion. La Cour de Vienne et celle d'Espagne ne pourront guère refuser d'acquiescer à la demande de Sa Majesté, l'une et l'autre s'y étant portées dans les autres conclaves avec docilité. D'ailleurs, Sa Majesté lèverait de la part de ces cours tout obstacle, si elle leur faisait sentir que l'élection de tel ou tel autre Pape ne peut pas lui être indifférente dans la position où se trouvent actuellement les affaires ecclésiastiques de France.

Ce concours respectable de puissances doit faire présumer que, si nous ne pouvons pas parvenir à avoir le Pape que nous désirons, du moins certainement nous nous procurerons des certitudes que le Pontife élu soutiendra les sentiments de Benoît XIV.

Je vais tracer le tableau de ce qu'il me parait le plus utile à désirer et à éviter dans la situation présente. Ce tableau sera tel que mes connaissances ont pu me le procurer depuis que je suis à Rome, et pourra mettre Sa Majesté en état de me donner en conséquence des ordres ultérieurs.

J'ai l'honneur de prévenir qu'il est absolument nécessaire que le Roi décide clairement le point d'intelligence et de subordination qui doit être entre son ambassadeur et le cardinal chargé du secret dans le conclave [1]. Je n'ai point l'ambition de gouverner despotiquement le sentiment de MM. les cardinaux français : s'ils avaient la moindre peine de profiter des lumières que je pourrais leur donner, je me restreindrais très volontiers et sans dégoût à être un instrument passif. Si, au contraire, ils acquiesçaient à me communiquer leurs projets et les motifs de leurs démarches, il serait à propos que ce plan de communication fût accepté de leur côté avant leur départ de la Cour, et que les instructions réciproques fussent si claires, qu'elles ne pussent pas causer à Rome entre l'ambassadeur et les cardinaux les tracasseries que l'on a été dans d'autres conclaves que trop en usage d'y voir.

Ce mémoire sera composé :

1º Du nom et des portraits des cardinaux qu'il serait utile au Roi qu'ils fussent élus à la papauté ; je joindrai à chaque portrait les raisons et les oppositions à leur élévation, ainsi que les moyens dont on pourrait se servir pour la réussite. Je suivrai la même méthode dans les autres chapitres, qui comprendront :

2º Les cardinaux indifférents, c'est-à-dire plutôt meilleurs que mauvais ;

[1]. Voir pour tous ces détails d'étiquette et de procédure le beau livre du diplomate qui signe Lucius Lector (*Le Conclave*, Paris, 1894).

3° Les cardinaux à exclure absolument du pontificat;

4° Les cardinaux qui ne sont pas à exclure absolument, mais qui seraient plus mauvais que bons pour la France;

5° Les cardinaux à qui il serait utile de procurer la secrétairerie d'État;

6° Les cardinaux à empêcher absolument d'être secrétaires d'État, et enfin

7° Une note sur les autres cardinaux italiens de ma connaissance.

Je ne parlerai point des cardinaux étrangers, qui ne peuvent concourir ni pour la papauté, ni pour la secrétairerie d'État : je mets dans cette classe de cardinaux étrangers les cardinaux piémontais.

CHAPITRE PREMIER

CARDINAUX QU'IL SERAIT UTILE AU ROI QU'ILS FUSSENT ÉLUS A LA PAPAUTÉ

Cardinal Spinelli, Napolitain. — Outre la naissance du cardinal Spinelli, ses connaissances éclairées dans les matières ecclésiastiques, la

---

1. Joseph Spinelli († 1763) avait été fait cardinal en 1735 par Clément XII. Il fut archevêque de Naples de 1734 à 1754.

régularité intacte de ses mœurs, je crois que l'attachement qu'il m'a marqué pour le service du Roi et pour la tranquillité de l'Église de France, doit faire désirer préférablement qu'il soit élevé au pontificat. Il remplacerait dignement le Pape Benoît XIV, et vraisemblablement entrerait encore avec plus de fermeté dans les vues du Roi pour la pacification de l'Église de France, parce qu'il serait déterminé par la conviction plutôt que par la séduction. Il n'est pas douteux que l'élévation du cardinal Spinelli est désirable à tous égards, et je pourrais m'avancer sur son compte au point de répondre que Sa Majesté n'aurait que de la satisfaction pendant son règne. Mais, malheureusement, je ne dois pas cacher les oppositions presque insurmontables qui se rencontreront à son élévation. Je dis *presque insurmontables*, parce qu'elles ne le sont pas entièrement si nos cardinaux se conduisent adroitement dans le conclave et savent profiter des circonstances.

Lesdites oppositions sont la sévérité des mœurs du cardinal Spinelli : une grande partie du Sacré-Collège et la ville de Rome craignent d'avoir pour souverain un prince auquel on ne peut plaire que par la régularité; la licence qui règne dans la prélature ne peut pas s'accommoder à l'austérité que l'on supposerait au cardinal Spinelli. Cette difficulté, quoique très forte, et d'autant plus qu'elle ne peut pas être énoncée honnêtement dans les oppositions, peut être levée aisément par toutes les bonnes raisons de religion qu'elle fournit.

La seconde opposition vient de ce que le cardinal Spinelli est Napolitain : les cardinaux romains et leurs entours ont une aversion décidée pour tous les étrangers, et pour les Napolitains précisément. Malgré cette animosité, il y a eu plusieurs papes sujets du royaume de Naples par l'influence de la maison d'Autriche qui était en possession de cet État, mais on se prévaudra dans la circonstance présente de l'espèce de disgrâce où est le cardinal Spinelli auprès de S. M. S.[1], et on fera sentir que le roi de Naples désapprouverait cette élection. La disgrâce du cardinal Spinelli est réelle, et je la regarde comme la plus forte opposition à l'avancement de ce cardinal, parce que le fonds et la forme de cette affaire lui seront reprochés et intimideront les mieux intentionnés pour lui. Il est bon que le Roi en soit instruit, afin que, si Sa Majesté veut faire des efforts en sa faveur, elle puisse prévenir la Cour de Naples, et ôter par le moyen de S. M. S. l'impression fâcheuse qu'une telle disgrâce pourrait occasionner.

Le cardinal Spinelli a été dans la plus grande faveur auprès du roi des Deux-Siciles. Il était archevêque de Naples. La manière libre de penser

---

1. Le roi de Naples, Charles IV, qui allait devenir en 1759 roi d'Espagne sous le nom de Charles III.

sur les dogmes de la foi et la dissolution des mœurs de son diocèse l'avaient engagé de profiter de la faveur du roi de Naples pour chercher un moyen, de concert avec ce prince, de réprimer les désordres de son diocèse. S. M. S. s'était prêtée à des vues aussi justes et aussi saintes en elles-mêmes; mais les courtisans, qui avaient cru remarquer que les impressions que ce cardinal donnait au Roi sur leur conduite leur étaient désavantageuses, se joignirent aux intrigues de moines et à celles de la judicature, et firent si bien par leurs manœuvres, que le peuple de Naples se souleva en quelque sorte contre le gouvernement dans la crainte supposée que le cardinal-archevêque voulait établir l'inquisition. S. M. S., étonnée de cette rumeur, craignit que le cardinal Spinelli ne l'eût engagée dans des démarches dangereuses; elle écouta les rapports défavorables qui lui furent faits de ce prélat, et, en lui retirant ses bonnes grâces, elle le contraignit d'abandonner l'archevêché de Naples. Le cardinal Spinelli vint à Rome après avoir fait la démission de cette église et, d'une voix unanime, il y jouit de l'estime du public; mais il faut convenir que cette estime est mêlée de crainte de sa sévérité. Je crois que le Roi de Naples n'a plus contre lui les mêmes impressions que ce prince avait prises précipitamment dans le temps qu'il était archevêque. Il m'a même été assuré que S. M. S. parlait depuis quelque temps avec bonté du cardinal Spinelli, et c'est un fait qu'il est nécessaire d'éclaircir, si le Roi est dans l'intention que l'on songe à lui pour la papauté.

En cas que le cardinal Spinelli ne puisse pas être Pape, du moins me paraît-il de toute nécessité qu'il soit désigné par le Roi pour être secrétaire d'État.

Cardinal Landi, Plaisantin [1]. — Ce cardinal a été chargé des affaires de Parme en France pendant le règne de Sa Majesté, qui se souviendra peut-être de l'avoir connu. Depuis ce temps, il est venu se mettre en prélature à Rome. Par la protection de la reine douairière d'Espagne, le feu cardinal Valenti qui avait des relations directes avec S. M. C. [2], lui fit obtenir l'archevêché de Bénévent, d'où il est passé au cardinalat par la même protection. Il a été pensionné de l'Espagne publiquement après son ministère à Paris.

On n'a rien à lui reprocher sur les mœurs ni sur sa conduite ecclésiastique. Il s'est maintenu d'ailleurs avec la prudence la plus scrupuleuse sur tout ce qui regarde les intrigues de la Cour de Rome, mais en même temps, avec l'attention la plus exacte pour les princes de la maison de Bourbon, et principalement pour la maison de France. J'ai remarqué ce sentiment depuis que je suis à Rome, et c'est en conséquence que je le

---

1. François Landi († 1757) fait cardinal en 1743 par Benoît XIV, avait été archevêque de Bénévent de 1741 à 1752.

2. Il s'agit de Philippe V, roi d'Espagne († 1746), puisque Landi fut fait archevêque en 1741.

proposai au Pape pour être un des consulteurs dans notre affaire ecclésiastique. J'ai eu occasion dans cette affaire de me louer infiniment du cardinal Landi : je l'ai trouvé un homme doux, sage et éclairé, ayant fait une étude particulière pendant les dix ans qu'il a été à Paris des lois du Royaume, et, quoique les avis qu'il a donnés aient été quelquefois un peu vifs contre les parlements de France et la manière dont ils outrepassaient leur pouvoir, cependant j'ai toujours modéré avec facilité sa vivacité sur cet objet en lui faisant comprendre que le bien de la chose demandait qu'on agît plutôt avec prudence qu'avec force.

Si le cardinal Landi pouvait être souverain pontife, je suis persuadé que nous serions contents de lui à tous égards. Il aura des oppositions ; la première est celle de n'être point Romain ; la seconde qu'il mène une vie si retirée et si circonspecte, qu'elle inspire de la crainte ; la troisième, qui est la seule véritable, est qu'il a une réputation d'avarice qui fait une tache à ses autres bonnes qualités. Les deux premières objections sont aisées à lever ; la troisième, dont je n'ai connaissance que parce qu'elle est répandue universellement, vient peut-être de ce que, ne pouvant dire autre chose de mal contre lui, on lui attribue un défaut dont il est difficile de s'éclaircir ; en tout cas, ce défaut, s'il existe, serait grand pour son âme mais ne le serait pas pour un souverain pontife. Ainsi, s'il n'y avait pas d'autres oppositions qui me sont inconnues, j'imaginerais que, ne pouvant pas réussir pour le cardinal Spinelli, on trouverait des facilités à ménager les vœux pour le cardinal Landi. D'ailleurs, je suis persuadé qu'il prendrait pour secrétaire d'État le cardinal Spinelli, et alors les intérêts de l'Église et du Roi ne pourraient pas être en meilleures mains.

CARDINAL TAMBURINI. Modénois [1]. — Ce cardinal a été religieux bénédictin de la congrégation du Mont-Cassin. Sa doctrine et sa vie exemplaire sont les seuls motifs qui ont contribué à son élévation au cardinalat. C'est un homme très simple qu'aucune vue humaine ne peut déterminer; il a même refusé des bénéfices d'église considérables qui lui ont été offerts depuis qu'il est cardinal; il vit exactement comme un religieux. Ses connaissances en matière de théologie sont estimées à Rome. Ce motif, ainsi que sa réputation de sainteté m'avaient engagé à le demander au Pape dans notre affaire ecclésiastique pour consulteur. Je lui ai trouvé, dans le cours de cette affaire, un zèle très louable pour le bien et surtout pour la paix; j'ai été content des avis qu'il a donnés au Pape pour le fonds, mais pas autant pour la forme, parce qu'il ignore absolument les lois du Royaume. On l'a soupçonné d'être contraire à ce que l'on appelle ici la doctrine des Jésuites; j'ai cru voir

---

1. Fortuné Tamburini, abbé de Saint-Paul hors les murs, de la congrégation du Mont-Cassin, avait été fait cardinal par Benoît XIV en 1743.

dans différentes conversations que j'ai eues avec lui qu'il n'était attaché qu'au bien de la Religion, et n'avait aucun esprit de parti. Tout le monde regarde à Rome ce cardinal comme un saint, et je suis persuadé que par son caractère il ferait honneur au pontificat.

Il n'a contre lui d'opposition que celle d'avoir été religieux. On prétend que le Sacré-Collège ne veut plus en avoir pour Pape. Cette objection sera éclaircie par MM. les cardinaux français dans le conclave, elle ne me paraît pas insurmontable. Je suis persuadé que le cardinal Tamburini choisirait le cardinal Spinelli pour secrétaire d'État, et il est nécessaire, si le cas arrivait, que l'on songeât à lui pour la papauté, de faire en sorte qu'il ne prît pour son ministre que le cardinal Spinelli en premier lieu, ou le cardinal Landi; car comme le cardinal Tamburini est un homme très simple, tout autre ministre pourrait avoir des inconvénients, en prenant du crédit sur son esprit, surtout dans l'administration des affaires temporelles et politiques.

CARDINAL IMPERIALI, Gênois[1]. — Ce cardinal a la naissance, l'âge, la régularité, et la douceur nécessaires pour être pape; il n'y a que les intrigues particulières des différents partis qui puissent l'en empêcher. C'est un homme fort simple et fort

---

1. Côme Imperiali, de la promotion de 1753, avait été gouverneur de Rome.

retiré; je crois qu'il conviendrait à la France, d'autant plus qu'étant parent et ami du cardinal Spinelli, il est vraisemblable qu'il le prendrait pour secrétaire d'État. Si j'avais à prophétiser pour le futur pape, je nommerais le cardinal Imperiali, car il est de tous les cardinaux celui qui me paraît avoir le moins d'opposition. Ce n'est pas un homme d'esprit, mais c'est un homme sage et de bon sens, auquel je ne vois aucun inconvénient.

Cardinal Oddi, Florentin [1]. — Ce cardinal est d'un caractère très passif; il porte l'indifférence jusqu'à l'excès. Il a de l'honneur, et est respecté pour sa vertu; il est incapable de faire du mal, et serait un excellent pape s'il avait un bon ministre. Le cardinal Banchieri, son neveu, sera une opposition presque insurmontable, parce que l'on craint à Rome le feu du cardinal Banchieri, et sa probité qui ne ménage personne, et dit avec trop de véhémence ce qu'il pense de la conduite de la plupart des sujets de la Cour de Rome. Cependant, si les vœux pouvaient se réunir sur le cardinal Oddi, je crois qu'avec le cardinal Banchieri le Roi aurait lieu d'être content de son pontificat.

Voilà quels sont les cardinaux que je pense les meilleurs à tous égards pour être élus à la papauté.

---

[1]. Jacques Oddi, de la promotion de 1743, avait été nonce en Portugal.

CHAPITRE II

CARDINAUX INDIFFÉRENTS, ET PLUTOT MEILLEURS QUE MAUVAIS

Cardinal Guardagni, Florentin [1]. — Ce cardinal, homme de qualité de Toscane, a été tiré de l'ordre des Carmes pour être élevé à la pourpre par le pape Clément XII, dont il était parent. C'est un très honnête homme, fort religieux, qui remplit la place de vicaire du Pape à Rome avec édification et exactitude ; il est borné du côté de l'esprit ; il a plus de quatre-vingts ans, et si le conclave était buté à avoir un pape d'un âge aussi avancé, celui-là ne serait point mauvais pourvu toutefois qu'on songeât à mettre auprès de lui un secrétaire d'État dont on fût sûr.

Cardinal Tempi, Florentin [2]. — Ce cardinal, qui était nonce en Portugal, ne paraît avoir ni vertus ni vices ; il est d'un naturel doux et tranquille ; il ne mettrait sûrement aucun feu dans son administration, surtout s'il avait pour ministre quelqu'un d'éclairé et de sage.

---

1. Jean Antoine Guardagni († 1759), fait cardinal en 1731 par Clément XII, avait été évêque d'Arezzo de 1724 à 1732.
2. Luc-Melchior Tempi de la promotion de 1753.

Cardinal Durini, Milanais [1]. — Je ne parlerai point du caractère de ce cardinal qui est connu en France où il a fait quelques fautes plutôt par manque de lumières que par méchanceté particulière. Je dois lui rendre la justice que, pendant le séjour qu'il a fait à Rome depuis que j'y suis, il s'est conduit avec toute la droiture que je pouvais désirer. D'ailleurs, il y a pour ce cardinal une considération remarquable à faire, c'est que s'il était pape, son neveu l'abbé Durini, qui a porté en dernier lieu les barettes en France, serait certainement élevé à la pourpre, et que je crois que la Cour pourrait compter sur le crédit de ce neveu. Cette seule considération me ferait préférer pour la papauté le cardinal Durini à beaucoup d'autres.

Cardinal Crescenci, Romain [2]. — Ce cardinal est connu en France; sa jeunesse sera une grande opposition à son élévation, il a d'ailleurs un frère, le marquis Crescenci à Rome, qui a beaucoup d'ennemis dans le pays, et dont les manières impérieuses feront grand tort au cardinal. Le marquis Crescenci, outre cela, a toujours marqué dans sa conduite et dans ses propos de l'éloignement pour la France, non pas qu'il en ait, mais pour ménager les autres Couronnes.

1. Ch.-François Durini de la promotion de 1753, ancien nonce en France.
2. Marcel Crescenzi, de la promotion de 1743, ancien nonce en France.

CHAPITRE III

CARDINAUX A EXCLURE ABSOLUMENT DU PONTIFICAT

Cardinal Paulucci, de l'État du Pape [1]. — Ce cardinal a été nonce en Pologne et à Vienne. Pendant le cours de ces deux ministères, il a donné des marques de son éloignement pour la France. C'est un bon ecclésiastique; sa conduite est fort régulière; il a peu de talent et beaucoup de formalités dans l'esprit. Il est très vif sur les affaires de France, non pas d'après ses connaissances personnelles, mais par les instructions que lui donnent les gens qui le gouvernent. Il a si peu de notions sur cet article que je suis persuadé qu'il détruirait tout ce qui a été fait jusqu'à présent, et mettrait le Royaume dans des embarras. Il sera porté au pontificat par la faction Albani, qui déjà depuis quelque temps l'instruit sur la manière dont il doit se conduire. Mais, quoique certainement on ne lui fasse tenir que des propos convenables, il est bon que MM. les cardinaux français soient prévenus qu'il ne faut pas s'y fier.

Cardinal Mosca, de l'État du Pape [2]. — Ce

---

1. Camille Paulucci († 1763) de la promotion de 1743.
2. Agapit Mosca, fait cardinal par Clément XII en 1732, ancien vice-légat en Romagne.

cardinal sera porté encore plus vivement que le cardinal Paulucci par la faction Albani, étant cousin germain du cardinal Alexandre Albani et oncle à la mode de Bretagne du cardinal Jean-François Albani. Il est très vieux, et l'on suppose que les Albani chercheront à le faire élire dans les premiers jours du conclave. Mais, comme il n'est que diacre, et qu'il est hors d'usage qu'on élise un Pape qui ne soit pas prêtre, s'il prend l'ordre de la prêtrise à la mort du Pape, ce sera un indice certain des projets de sa faction. Son caractère est sérieux, sa vie est très retirée; on juge qu'il a peu d'esprit, et il est certain qu'en tout il est fort caché. Ce qui me détermine à demander pour lui une exclusion positive, c'est que vraisemblablement le cardinal Jean-François Albani le gouvernerait; il a dès à présent un crédit étonnant sur le cardinal Mosca, et certainement le Royaume et l'Église de France ne pourraient pas avoir un ministre plus défavorable. Je prends donc la liberté de conseiller à Sa Majesté de donner une exclusion positive aux deux cardinaux Paulucci et Mosca.

CHAPITRE IV

CARDINAUX PLUS MAUVAIS QUE BONS POUR LE PONTIFICAT

Cardinal Cavalchini, sujet du roi de Sardaigne [1]. — Cette seule qualité me paraît suffisante pour exclure ce cardinal ; il a d'ailleurs été très zélé pour la canonisation de Bellarmin [2], et, quoique ce soit un homme de mérite, sur l'honneur et la religion duquel je ne sache rien à dire, son caractère est si faible et si sujet à être gouverné par des entours dont j'ai lieu de me défier, que je crois

---

1. Charles-Albert Calvachini († 1774), de la promotion de 1743.
2. La cause de béatification du cardinal Bellarmin († 1621), introduite dès 1627, différée à plusieurs reprises, avait été introduite à nouveau en 1753. Mais le jésuite Bellarmin était considéré à juste titre comme le théoricien des doctrines ultramontaines, en même temps que le défenseur du molinisme : sa cause excitait au plus haut point l'opposition des parlementaires français, du parti janséniste, du clergé dévoué aux maximes gallicanes, de la Cour enfin. Choiseul dans ses instructions avait reçu ordre de s'opposer à ce que la béatification fût prononcée : « Si pendant le cours de l'ambassade du sieur comte de Stainville on tentait de renouveler cette même affaire il aura soin de représenter aux ministres de Sa Sainteté qu'il serait de la prudence de la cour de Rome de ne pas suivre un objet qui serait également critiqué dans les pays catholiques et protestants, et que certainement pareille canonisation ne serait jamais reconnue en France ». L'affaire, en effet, sur les instances de la cour et du clergé de France, fut abandonnée au cours de l'année 1754.

que ce serait un malheur pour la France s'il était souverain pontife.

Cardinal Delci, Florentin [1]. — Ce cardinal est connu en France où il a été nonce dix ans. C'est un saint homme qui mène une vie respectable, mais qui est si vieux, si borné, et si peu au fait des affaires de France quoiqu'il y ait été nonce que, si jamais on pensait à lui, il serait bon de l'éloigner. Je ferai, à propos du cardinal Delci, la réflexion qu'il serait désavantageux d'avoir un pape aussi âgé, qui ne produirait rien de bien et ne ferait que multiplier pendant son pontificat les embarras et les intrigues.

Cardinal Sacripanti, Romain [2]. — Ce cardinal a beaucoup d'esprit et d'expérience sur les affaires intérieures temporelles de l'État ecclésiastique; son esprit est solide, et c'est véritablement un homme d'affaires. On croit qu'il est protégé par la Cour d'Espagne; il me paraît très bon pour être dataire [3], pour être consulté dans les affaires intérieures du pays, mais il est si entêté naturellement, et revient si difficilement de ses préventions, qu'il serait dangereux de l'avoir pour pape. Cependant, comme c'est un homme de mérite qu'il serait bon d'attacher à la Couronne, je crois qu'en

---

1. Regnier Delci († 1761), fait cardinal par Clément XII en 1737, doyen du Sacré-Collège.
2. Ch.-Marie Sacripanti, fait cardinal par Clément XII en 1739.
3. *Dataire*, premier officier de la Daterie de Rome.

l'éloignant du pontificat il faut lui laisser entrevoir la perspective de la daterie [1].

Cardinal Mattei, Romain [2]. — Ce cardinal est d'une famille distinguée de Rome, mais très pauvre. Il remplit avec exactitude et avec édification ses devoirs d'ecclésiastique ; il est d'une médiocrité d'esprit au-dessous de la commune. On cherchera peut-être, quoi qu'il soit fort jeune, à l'élever au pontificat : sa qualité de Romain et son caractère doux serviraient à ce projet si sa famille nombreuse et très pauvre n'y mettait pas d'obstacle. Il ne conviendrait pas à la France qu'il fût pape par l'opposition qu'il a toujours marquée pour la nation. Il est vrai que cette opposition part plutôt de son peu de lumières que de son sentiment propre ; mais, nourri dans un pareil préjugé, avec le peu de force qu'on lui suppose dans le caractère, les personnes qu'il aurait autour de lui et qui certainement ont le même sentiment, fortifieraient dans les occasions son aversion pour la nation française, et trouveraient peut-être moyen, dans un pontificat qui vraisemblablement serait long, de nuire dans quelque partie au bien du Royaume.

1. *Daterie* « bureau où l'on impètre les bénéfices en Cour de Rome, à la réserve des évêchés et autres bénéfices consistoriaux » (Furetière).
2. Louis Mattei, de la promotion de 1753, précédemment auditeur de la Rote.

CHAPITRE V

CARDINAUX UTILES POUR ÊTRE SECRÉTAIRES D'ÉTAT

Cardinal Spinelli. Cardinal Landi. J'ai déjà parlé de ces deux cardinaux.

Cardinal Archinto, Milanais. — Je ne puis dire trop de bien de ce cardinal; je ne l'avais point connu dans le temps qu'il était gouverneur de Rome. De certains éloignements qu'il m'avait marqués de peur de déplaire aux autres cours, m'avaient indisposé contre lui [2]; je conviens de bonne foi que j'ai eu tort, et ce cardinal me l'a fait sentir par les effets depuis qu'il est secrétaire d'État; il a dans son ministère tout le respect qui

1. Albert Archinto (1698-1758), de la promotion de 1756.
2. Les ambassadeurs occupaient les meilleures loges du théâtre *Argentina*, le premier de Rome. Le cardinal Archinto, gouverneur de Rome, avait décidé que les loges seraient réparties par le sort entre les ambassadeurs et la noblesse romaine. Choiseul que le sort n'avait pas favorisé, s'était plaint vivement de ce nouvel usage et n'avait pas ménagé Archinto dans l'incident diplomatique qu'il avait soulevé. « Le Pape a ordonné au gouverneur de m'offrir sa loge au cas que je voulusse y aller ces deux premiers jours-ci, écrivait-il le 7 janvier 1756 à Rouillé en lui annonçant que satisfaction complète lui était donnée; le Saint-Père a même ajouté qu'il voudrait pouvoir aller à l'Opéra pour nous y mener dans sa loge madame de Stainville et moi. » (*Rome*, t. DCCCXX. Voir également les mémoires du baron de Besenval : *Anecdote de l'ambassade de M. de Choiseul à Rome*).

est dû à Sa Majesté et toute l'attention possible pour contribuer au bien de son service. Il est honnête homme, simple, franc, avec les manières qui conviennent à sa naissance. Il serait à désirer qu'il pût être secrétaire d'État sous un autre pontificat, mais il est à craindre qu'étant chancelier du Saint-Siège, il ne veuille pas continuer cette charge d'autant plus que sa santé est très faible.

Cardinal Banchieri, Toscan [1]. — Ce cardinal est neveu du cardinal Banchieri, secrétaire d'État sous le pontificat de Clément XII, lequel était protégé par la Cour et attaché au service du Roi. Le cardinal Banchieri a fait aussi sa fortune par la protection du Roi et les insinuations de M. le cardinal de Tencin. Il est très reconnaissant, et dans les occasions cherche à marquer son dévouement pour le service de Sa Majesté, notamment pendant la dernière guerre dans le temps qu'il était trésorier du Saint-Siège, il servit utilement à faire transporter des munitions à Gênes. Je l'ai connu ici dans un voyage qu'il y a fait cette année. Son caractère franc, honnête, mérite toute sorte de louanges; mais il est à craindre que les ennemis qu'il s'est faits par ce même caractère en disant trop ouvertement ce qu'il pensait sur ce qui se passait sous ses yeux à Rome, ne l'éloignent de toutes les charges du Saint-Siège. Il a effective-

1. Jean-François Banchieri, de la promotion de 1753.

ment un peu trop de feu, qui, quoiqu'il ne soit pas de durée, lui sera nuisible et dans un conclave et sous un autre pontificat. Malgré ces inconvénients, il y aurait un grand avantage pour la France si on pouvait lui obtenir la secrétairerie d'État ou la daterie, et peut-être que cette dernière charge ne serait pas impossible, si les circonstances du conclave étaient aussi favorables qu'il est à désirer.

Cardinal Sciarra Colonna [1]. — Ce cardinal est d'une grande naissance; il pense avec dignité, et malgré les imputations de ses ennemis qui par envie de ses talents et de son esprit sont en assez grand nombre, je lui ai trouvé dans toutes les occasions de l'honnêteté et de la probité. Il est aimé du peuple de l'État ecclésiastique; il est actif et infatigable dans les affaires qui lui sont confiées. On le croit ici du génie autrichien, parce qu'il a eu une abbaye dans le Milanais par la protection d'un ancien ministre de l'Empereur, c'est ce qui a noirci son portrait, lorsque mes prédécesseurs l'ont fait [2]. Pour moi, je pense qu'il n'a pas d'attachement particulier, et que ce serait une acquisition convenable au service du Roi. Nous éprouverons dans le conclave quelle sera sa conduite,

1. Prosper Colonna de Sciarra, maître de chambre, de la promotion de 1743.
2. Allusion au mémoire sur le Sacré-Collège rédigé à la veille du conclave de Benoît XIV et « joint aux instructions de M. le comte de Stainville du 22 septembre 1754 » (*Rome*, t. DCCCXV, f. 43-70).

et, si elle est conforme à ce que j'imagine, je crois que dans l'occasion les cardinaux français pourraient le servir pour la place de secrétaire d'État ou pour celle de dataire.

CHAPITRE VI

CARDINAUX A EMPÊCHER ABSOLUMENT D'ÊTRE SECRÉTAIRES D'ÉTAT

Sacripanti, pour les raisons que j'ai déjà dites sur son compte à l'occasion de la papauté.

Paulucci, de même.

Cavalchini, de même.

Cardinal Doria, Génois[2]. — Le Cardinal Doria est un bon ecclésiastique, d'une dévotion exemplaire ; mais, après ces qualités, il n'en a aucune autre pour l'administration ; il est petit en tout, et a la tête remplie de misères qui rendent son commerce en affaires insupportable et dangereux. Ses sentiments outre cela sur nos affaires de France seraient à craindre, car il joindrait les scrupules à des impressions et des préjugés ignorants sur cette matière. Je sais qu'il a parlé sur ces affaires, dans le temps que je les traitais, d'une façon trop vive. D'ailleurs, ce cardinal est doux et honnête quand on n'a rien à traiter avec lui.

1. Georges Doria, de la promotion de 1743, précédemment nonce à Francfort.

Cardinal Serbelloni, Milanais [1]. — C'est un homme fort médiocre, à ce que j'entends dire ; sa médiocrité lui fera des partisans ; mais, comme je ne le connais pas, je crois qu'il faudrait prendre des précautions pour être instruit de son véritable caractère si dans le conclave il était question de lui pour quelque charge.

Cardinal Torregiani, Florentin [2]. — C'est un homme qui a un talent supérieur pour l'administration intérieure de l'État, mais il n'entend rien aux affaires publiques. Il ne connaît point les respects qui sont dus aux Cours; il est impérieux, quelquefois dur ; le fonds de son caractère est féroce et despotique. Le pape Benoît XIV ne pouvait pas le souffrir, et a eu beaucoup de peine à le faire cardinal; c'est par complaisance pour le cardinal Valenti que Sa Sainteté s'y est déterminée, ce dernier cardinal qui se servait du cardinal Torregiani pour se débarrasser des détails, convenait lui-même que ce serait un ministre dangereux.

Cardinal Jean-François Albani [3]. — Ce cardinal est celui de tous qui serait le plus contraire au bien de la France, non pas qu'il soit partisan d'aucune Cour, pas même de celle de Pologne dont il est ministre, mais par son caractère faux,

---

1. Fabrice Serbelloni, de la promotion de 1753, ancien nonce à Vienne.
2. Louis-Marie Torregiani, de la promotion de 1753, ancien secrétaire de la Consulta.
3. Jean-François Albani, de la promotion de 1747.

intrigant et plein d'ambition. Il est conduit par le cardinal Alexandre, son oncle, et par la princesse Chigi, sa sœur, avec lesquels il tient des conseils secrets pour jeter le trouble dans toutes les affaires. Ledit cardinal Alexandre Albani, oncle de celui-ci, est un homme d'esprit, mais dont le caractère n'a pas la bienséance la plus commune de probité. Il est protecteur de l'Empire et des États du roi de Sardaigne, mais plus attaché au Roi de Sardaigne qu'à l'Empereur, parce qu'il a une abbaye en Piémont, et que la Cour de Vienne ne lui donne rien. Il passe pour constant qu'il est payé par le Roi d'Angleterre Georges [1] pour instruire la Cour d'Angleterre de ce que fait le roi Jacques. On m'a démontré que S. M. B. lui donnait pour cette commission six mille écus romains par an. Effectivement, il est au service de la nation anglaise; il produit des Anglais partout, et cherche à leur être utile autant qu'il le peut dans l'État ecclésiastique. Comme le cardinal Alexandre Albani joue tous les personnages possibles, il a quelquefois l'air de n'être pas bien avec son neveu Jean-François, mais il ne faut pas s'y fier : cette tournure est une politique connue de la maison Albani. Le cardinal d'York [2] a une amitié très vive pour le cardinal

---

1. Le roi régnant Georges II, de la maison de Hanovre.
2. Le duc d'York, second fils du roi exilé Jacques III, fait cardinal en 1747, sur les instantes prières de son père, portait le titre de cardinal-duc et d'altesse éminentissime. Il devait, à la mort du prince Édouard son aîné (1788), prendre le nom de Henri IX. Il mourut en 1827.

Jean-François; quoique ce dernier soit ennuyé et excédé de cette amitié, le cardinal Alexandre a engagé son neveu à la maintenir et à l'échauffer pour être instruit plus particulièrement de tout ce qui se passe chez le roi Jacques. Effectivement, le pauvre cardinal d'York est conduit absolument par les Albani. Il y a quelque temps que je voulus, ayant connaissance de la pension que faisait le roi Georges, faire entrevoir au chevalier de Saint-Georges que cette liaison était nuisible; il ne me parut pas faire grande attention au soupçon que je voulais lui donner, et je ne l'éclaircis pas davantage, parce que je ne voyais nul danger pour le service du Roi à la relation que pourrait faire à Londres de la conduite du roi Jacques le cardinal Alexandre. Mais, dans une occasion de conclave où la faction Albani aura des partisans, je dois avertir qu'il serait infiniment dangereux qu'elle pût réussir dans aucun de ses projets, et nommément que le cardinal Jean-François, par ce que je viens de dire de ses entours et par son mauvais caractère personnel fût élevé à aucune charge.

Messieurs les cardinaux français doivent être d'autant plus prévenus sur les Albani que certainement ils emploieront tous les moyens pour les séduire, et qu'ils les traiteront pour le moins aussi favorablement qu'ils me traitent, et je puis dire que, depuis que je suis ici, ils m'ont marqué les attentions les plus suivies et les plus amicales.

CHAPITRE VII

NOTES SUR LES CARDINAUX INDIFFÉRENTS

Cardinal Lercari, Génois [1]. — Ce cardinal n'entrera point au conclave, il est à la mort depuis plusieurs années, et ne peut pas sortir de son lit.

Cardinal Passionei [2], secrétaire des brefs de l'État du Pape.

C'est un homme d'esprit, mais qui a une tête si mal rangée et si pleine de feu et d'inconsidération, qu'il n'est pas probable qu'il joue un rôle au conclave. M. le cardinal de La Rochefoucault le connaît, et sait combien peu on peut se fier à lui.

Cardinal Rezzonico, Vénitien [3]. — Il n'est pas venu à Rome depuis que j'y suis, mais on m'a dit que c'était un homme de mérite dans son état, et propre à la papauté s'il n'était pas Vénitien. On m'a supposé de plus qu'il était attaché à la France.

Cardinal Lanti [4], Romain. — Ce cardinal paraît

---

1. Nicolas-Marie Lercari († 1757), fait cardinal par Benoît XIII en 1726, ancien secrétaire d'État de ce pape.
2. Dominique Passionei, fait cardinal en 1738 par Clément XII.
3. Charles Rezzonico (1693-1769), évêque de Padoue, pape sous le nom de Clément XIII le 6 juillet 1758, avait été créé cardinal en 1737 par Clément XII.
4. Fred.-Marcel Lanti della Rovere († 1773), de la promotion de 1743.

être attaché à la France ; je ne le crois attaché qu'à ses intérêts. Il ne peut être guère question de lui pour rien dans le conclave, et ce qu'il fera de mieux sera de se joindre aux cardinaux de la faction française. Mais il faut que le cardinal français qui aura le secret lui parle sur un ton ferme à cet égard.

Cardinal Pozzobonelli, Milanais, archevêque de Milan. — On dit que c'est un pauvre homme ; il suivra sans doute les impressions de la Cour de Vienne.

Cardinal Bardi, Florentin. — C'est un honnête homme, sans esprit et sans talents, attaché à la maison Corsini, et il suivra les impressions du cardinal de ce nom.

Cardinal Delphini, Vénitien. — Je ne le connais point, mais j'ai entendu dire qu'il était au-dessous du médiocre.

Cardinal Mesmer, Milanais. — Il est si vieux, si lourd et si incommodé, qu'il ne datera sûrement de rien au conclave, s'il y entre.

Cardinal duc d'York. — Il n'a pas le sens le plus commun : il ne peut pas arranger deux idées ensemble. Il s'est pris d'une passion violente pour

---

1. Joseph Pozzobonelli († 1785), de la promotion de 1743, archevêque de Milan de 1743 à 1783.
2. Jérôme de Bardi, de la promotion de 1743.
3. Daniel Delphini († 1762), de la promotion de 1747, précédemment patriarche d'Aquilée (1714-1752), puis archevêque d'Udine (1752-1762).
4. Jean-Baptiste Mesmer, de la promotion de 1747.

e cardinal Jean-François Albani, qui le conduira despotiquement dans le conclave. Quoiqu'il doive être attaché à la France, et que vraisemblablement ceux qui le conseillent l'engageront à le paraître encore davantage, il ne faut lui confier aucun secret et ne faire aucun usage de lui que lorsque l'on voudra que les Albani soient instruits de ce qui lui sera confié.

Cardinal Ferroni, Florentin [1]. — Il a été pensionné par le Roi; sa pension lui a été ôtée je ne sais par quelle raison. C'est un homme qui a de l'esprit et de la grâce; il parle avec éloquence, mais son ambition lui a fait rechercher la protection de toutes les Cours successivement et de tous les partis qui sont à Rome. Quand je vins comme ambassadeur, j'obtins que sa pension lui fût rétablie. Il me paraissait le désirer par l'avidité qu'il a pour l'argent, mais en même temps il y mettait des précautions si douteuses que je crus devoir ne lui pas restituer sa pension. C'est, je crois, ce qui l'a engagé à ne me plus presser sur cet article. En tout il est soupçonné d'être capable de trahir tous ses protecteurs pour ses intérêts.

Cardinal Malvezzi [1], Bolonnais, archevêque de Bologne. — Il était maître de chambre du Pape qui l'a promu fort jeune au cardinalat, et l'a fait archevêque de Bologne. On dit que les Bolonnais

1. Joseph-Marie Ferroni, de la promotion de 1753.
2. Vincent Malvezzi († 1775), de la promotion de 1753, archevêque de Bologne (1754-1775).

n'en sont pas contents. Je ne l'ai d'ailleurs point vu depuis que suis à Rome.

Cardinal Millo [1], Piémontais. — Il est dataire, a beaucoup d'ennemis, parce qu'il a de la petitesse dans l'esprit, et la maladresse de ne savoir contenter personne dans la distribution des bénéfices. J'ai eu lieu de m'en louer pour tout ce qui a regardé le service de Sa Majesté, et serais charmé de lui en marquer de la reconnaissance, mais les ministres du Pape actuel n'auront nul crédit, ni nulle influence dans le conclave ni sous le pontificat futur.

Cardinal Argenvilliers [2]. — Il est d'origine française et de très basse naissance : son père était valet de chambre dans la maison Salviati. C'est un homme qui, depuis qu'il est cardinal, affecte une hauteur ridicule. Il a l'esprit dur et impérieux, et met un héroïsme déplacé dans ses sentiments et dans la manière de les exprimer. On dit qu'il était bon avocat ; c'est ce qui a fait sa fortune auprès du Pape ; je ne le soupçonne pas aussi intègre qu'il en affecte l'air et qu'on a voulu le faire croire. Il est haï assez généralement et sera méprisé dans un conclave et sous un autre pontificat. Il se jettera dans le conclave du côté des zélants qui s'en serviront et le tourneront en ridicule.

---

1. Jean-Jacques Millo, de la promotion de 1763.
2. Clément Argenvilliers, de la promotion de 1753.

Cardinal Galli, Bolonnais [1]. — C'est un homme d'une très bonne naissance, qui était religieux à Bologne, d'où le Pape l'a tiré pour le faire cardinal. C'est un très honnête homme, très bon ecclésiastique, fort édifiant et dont il n'y a que du bien à dire. Son esprit est médiocre, mais il est doux et capable de se rendre à la raison. Il est grand pénitencier à Rome. Je l'ai proposé au Pape pour être un des consulteurs dans notre affaire, quoique je connusse ses sentiments un peu outrés en faveur de la constitution *Unigenitus*. Ses vœux n'ont pas toujours été conformes à mes désirs, mais je ne lui en ai pas su mauvais gré, parce que je suis certain qu'il n'a été conduit dans ses avis que par le bien sans autre vue ultérieure. Il serait bon que MM. les cardinaux français lui marquassent de la considération dans le conclave; et, s'ils ne trouvent pas en lui des lumières sublimes, du moins le trouveront-ils d'une simplicité et d'une honnêteté sans égale.

Cardinal Sersale [2], Napolitain, archevêque de Naples. — Je ne le connais point du tout, et je n'en ai pas entendu parler.

Cardinal Jérome Colonna, Romain [3]. — Il a été fait camerlingue du Saint-Siège à la mort du cardinal Valenti, et a conservé sa charge de proma-

---

1. André Galli, de la promotion de 1753, abbé général des chanoines réguliers du Saint-Sauveur de Bologne.
2. Antoine Sersale († 1775), créé en 1754 archevêque de Naples (1754-1775), précédemment archevêque de Tarente.
3. Jérôme Colonna, créé en 1743.

jordome du Palais. Le pape Benoît XIV a eu depuis son pontificat une passion très vive pour ce cardinal, et c'est le seul reproche qu'on puisse faire au Saint-Père ; car, de l'aveu général, le cardinal Jérôme Colonna n'a nul espèce de mérite. On ne comprend comment, avec une conduite plus qu'indécente qu'il n'a jamais cessé d'avoir, il ait pu se conserver les bonnes grâces d'un Pape régulier. Il a d'ailleurs fort peu d'esprit, nul talent, et est incapable d'aucune application. Son caractère est indolent ; il n'a songé à profiter de sa faveur que pour lui et sa famille. Il paraît être d'une grande hauteur ; on dit qu'il n'a fait de mal à personne, et je crois que c'est le bon naturel du Pape qui lui donne ce mérite. Il a en aversion la nation française, et le marque avec un espèce de mépris. Je lui ai fait beaucoup de prévenances en arrivant à Rome : il les a reçues assez froidement ; je les ai diminuées petit à petit, et j'ai fini par le traiter avec le même mépris qu'il traite le reste du monde ; alors il m'a craint, et est devenu fort souple vis-à-vis de moi, d'autant plus que, par mes liaisons avec le cardinal Valenti et ma manière d'être avec le Pape, il a senti que je connaissais que je n'avais rien à craindre de son crédit, quoique sa charge de camerlingue lui donne de

---

1. *Camerlingue* « cardinal qui préside à la chambre apostolique » (Furetière). La chambre apostolique est elle-même le conseil des finances du Pape et connaît de tout ce qui concerne le temporel du Saint-Siège.

l'autorité dans le pays, où il est si universellement méprisé que jamais il n'y acquérera de considétion. Il sera conduit pendant le conclave par le cardinal Jean-François Albani, qui depuis quelque temps a pris un grand empire sur lui. Il faut s'attendre que, dans toutes les occasions, soit par lui, soit par ceux qui le conseilleront, il cherchera à s'opposer à tout ce qui pourrait plaire à la France.

CARDINAL ALEXANDRE ALBANI [1]. — J'en ai parlé dans l'article du cardinal Jean-François.

CARDINAL ORSINI, Napolitain [2]. — Il a été marié et a des enfants. A la mort de sa femme, il entra dans l'état ecclésiastique et le pape Benoît XIV lui restitua le chapeau que lui avait donné le pape Orsini, Benoît XIII. Il est de la maison des Ursins; du moins passe-t-il pour en être, quoique quelques uns le contestent. C'est un bonhomme, qui a peu d'esprit, mais qui me paraît honnête, et de la voix duquel je crois qu'on pourra être sûr si l'on en a besoin dans un conclave.

CARDINAL CHIGI, Romain. — Il passe pour un honnête homme, avec médiocrement d'esprit. Il a rempli avec droiture les différents emplois qu'il a eus dans cette cour. On dit qu'il a les préjugés de sa maison contre la nation française; je ne

1. Alexandre Albani, créé par Innocent III en 1721.
2. Dominique Orsini, duc de Gravina, de la promotion de 1743.
3. Flavio Chigi, de la promotion de 1753.

m'en suis point aperçu. En tout c'est un homme fort ordinaire qui vit retiré avec ses domestiques, et qui vraisemblablement, dans un conclave, sera conduit par le parti des Albani, sa belle-sœur étant de cette maison, quoiqu'il ait la vertu de ne point aimer et de ne point approuver les deux cardinaux Jean-François et Alexandre Albani.

CARDINAL CORSINI, Florentin. — Ce cardinal est le neveu du pape Clément XII et a été pendant son pontificat son premier ministre. Dans le conclave passé, il était lié avec les Français. Je ne peux pas prévoir quel parti il prendra dans celui-ci. C'est un très honnête homme, mais très borné, qui aurait quelques créatures dont il pourrait disposer s'il avait le talent de les conduire. Je crois que nous pourrions le gagner, surtout si le cardinal Spinelli, créature de Clément XII, était à portée d'être pape. Il faudra craindre qu'il ne se lie pour l'intérêt de sa famille avec une faction contraire à la France. On ne pourra juger du parti à prendre avec lui que lorsque l'on sera dans le conclave.

Voilà quelles sont les connaissances que j'ai acquises sur les caractères des différents cardinaux qui sont à Rome. Peut-être que quelques-uns des portraits ne ressemblent point à ceux des mêmes cardinaux qui ont été faits avant moi, peut-être

1. Nérée-Marie Corsini, créé par Clément XII en 1730.

que ce sera moi qui me tromperai; mais voilà comment je vois, et je puis assurer que je ne mets dans ma relation aucun intérêt personnel, et n'ai d'autre vue que le service de Sa Majesté.

J'ai oublié le CARDINAL BORGHÈSE, qui est d'ailleurs un fort bon homme : mon oubli doit faire juger combien peu ses talents et son esprit sont estimés à Rome.

1. François Borghèse, promu au cardinalat par Benoît XIII en 1729.

DEUXIÈME MÉMOIRE

(Avril 1757 [1].)

Il paraît qu'actuellement la France n'a que deux objets d'attention essentiels vis-à-vis la Cour de Rome.

Le premier est de maintenir et d'affermir le Pape régnant et son ministère dans les sentiments modérés et raisonnables que ce Pontife a marqués pendant le cours de son règne sur nos affaires ecclésiastiques, et de ne point souffrir que la lettre encyclique du Pape, qui a été envoyée par le Roi aux évêques du Royaume, essuie aucuns changements, nulles modifications, ni interprétations de la part de la Cour de Rome, à moins qu'elle n'en soit requise par Sa Majesté.

Le second objet est d'examiner avec la spéculation la plus exacte les différents partis qui doivent se former dans le Sacré-Collège pour l'élection du Pape futur, de peser la consistance de ces partis,

1. *Rome*, t. DCCCXVI, f. 116-127.

ainsi que leurs sentiments intérieurs sur nos disputes ecclésiastiques, afin que le Roi, qui probablement n'aura d'autres vues que de procurer à l'Église un Pape aussi sage, s'il est possible, que Benoît XIV, puisse en conséquence des lumières qui lui seront fournies sur les différentes intrigues du Sacré-Collège, donner des ordres pour le conclave aux cardinaux français et à son ambassadeur.

Je vais, selon mes faibles connaissances, développer ces deux objets, et les moyens pour les remplir dont il me semble que l'ambassadeur du Roi doit se servir.

Le Pape régnant a véritablement de la tendresse pour le Roi ; il est convaincu que Sa Majesté l'estime, et a confiance dans ses lumières. Sa vanité (qui est un grand point à ménager vis-à-vis de lui) est flattée que le Roi ait permis que le clergé ait eu recours à lui. Il se croit un Père de l'Église par la volonté et la déférence du Roi. Je l'ai de plus persuadé que Sa Majesté pensait qu'il était le seul Pape aux sentiments duquel la France pût s'abandonner sans risque. L'ambassadeur du Roi ne peut trop charger sur ce canevas en parlant au Saint-Père. Il est nécessaire aussi qu'il ajoute et même qu'il exagère le bien que le dernier ouvrage de Sa Sainteté a produit en France, et si, comme je n'en doute pas, des intrigues sourdes mues par certains évêques de France, peut-être même par des corps religieux, venaient à la connaissance de l'ambassadeur, sans entrer dans la discussion de la matière, il suffit de dire fermement au Pape que ceux qui reviennent sur sa décision si fort approuvée en France sont, ou des esprits chauffés trop prévenus de leurs opinions et trop peu éclairés pour sentir la vérité et le bien des principes exposés par Sa Sainteté, ou des brouillons qui, pour des intérêts particuliers, ne craignent pas de résister au sentiment du chef de l'Église pour perpétuer le trouble dans l'Église même. Cette réponse réussira certainement, et arrêtera le Pape. Il ne faut pas d'ailleurs négliger de lui rappeler qu'il est convenu positivement avec le Roi de ne rien innover, ni même d'écouter aucune proposition de changement sur la matière ecclésiastique qui agite la France sans en prévenir le Roi. Cette promesse m'a été répétée plusieurs fois par le Pape qui, de plus, l'a donnée par écrit au Roi. Il faut, sur cet article, revoir les lettres du Saint-Père à Sa Majesté, et le commencement de la négociation sur la lettre encyclique, parce que, quelque Pape qui soit élu, il me paraît important de poser toujours ce principe pour fondement, et de lui en faire renouveler l'assurance.

Il n'y a donc point à présumer que, sur le fonds de la question, le Pape revienne sur ce qu'il a fait; mais il ne serait pas impossible que, si la tête du Saint-Père s'affaiblissait, on ne cherchât à lui faire parvenir par des moyens obscurs des scrupules sur l'applaudissement qu'il a donné à la déclaration du Roi et nommément à l'article où Sa Majesté articule d'elle-même que la constitution *Unigenitus* ne peut pas avoir les effets de règle de foi. On ne peut pas se dissimuler que c'est une grande faute que l'on a faite en France de ne pas confier au Pape la minute de la déclaration avant que de la publier, d'autant plus que, de même que le Pape s'engageait à ne rien écrire sans l'examen du Roi, il s'attendait à la même réciprocité de la part de Sa Majesté. Cette convention n'était pas désavantageuse à la France; et, au lieu que le Roi décide de lui-même que la constitution n'a pas les effets de règle de foi, décision qui souffrira toujours des difficultés, en communiquant au Pape la minute, il aurait passé ainsi cet article, que *l'Église ne regardait pas la constitution* Unigenitus *comme pouvant avoir les effets de règle de foi.*

Si le Pape revient sur ce point, l'ambassadeur du Roi lui représentera que cet article de la déclaration n'a été fait qu'en conséquence des sentiments de Sa Sainteté rendus à Sa Majesté par M. de Stainville, et assurés depuis par le discours de satisfaction que le Saint-Père a tenu au consistoire après la réception de la déclaration. Ainsi donc, en mettant de la fermeté vis-à-vis des entours du Pape régnant, de la louange pour l'érudition du Saint-Père, et des assurances de l'estime et de la tendresse du Roi pour la personne de Sa Sainteté, l'ambassadeur du Roi contiendra les affaires à Rome dans l'état que Sa Majesté pourra le désirer.

Il me reste à examiner la conduite de l'ambassadeur. Si le Pape vient à mourir, ce qui n'est que trop probable, la perte de M. le cardinal de La Rochefoucault [1] dans cette circonstance augmente les embarras, et doit faire accroître les intrigues de Rome; car l'idée de considération qu'il s'était justement acquise auprès du Sacré-Collège mettait d'avance un frein aux cabales et aux misères d'intérêt des cardinaux italiens. Il ne faut pas se flatter que l'ambassadeur du Roi qui est dans Rome puisse avoir une grande influence sur ce qui se fait dans le conclave. Comme il ne peut écrire qu'avec des précautions et recevoir des nouvelles de même, les cardinaux nationaux l'instruisent exactement; mais les démarches bonnes ou fausses sont faites avant que d'avoir sa réponse parce que, dans une opération telle qu'une élection, ce sont les moments qui décident. Ce sont donc les cardinaux nationaux munis des ordres du Roi qui sont les vrais instruments de cette affaire. Or, comme il n'y a que le cardinal de Luynes [2] et celui de Gesvres [3] qui puissent aller à Rome, et que ces prélats ignorent absolument la langue et les usages du pays, quelque instruction qu'on leur

1. Le 28 avril 1757.
2. Le cardinal Paul d'Albert de Luynes, né en 1703, évêque de Bayeux en 1729, archevêque de Sens en 1753, fait cardinal en 1756, devait assister aux conclaves de 1758, 1769 et 1774. Il mourut en 1788.
3. Le cardinal Étienne-René Potier de Gesvres, né en 1697, évêque de Beauvais, fait cardinal en 1756, se démettra de son évêché en 1772. Il mourut en 1774.

donne et quelques conseils qu'ils prennent de l'ambassadeur, il est fort à craindre qu'ils ne soient trompés par des gens habitués à l'intrigue et qui n'ont d'autre but que leur intérêt et de sacrifier toutes vues étrangères à leurs vues personnelles. Il n'est guère possible que des prélats qui n'ont nulle connaissance des manières italiennes et dont les principes sont la vérité et la probité, puissent se tenir longtemps dans une méfiance utile, même nécessaire au service. Par cette raison, il paraît qu'il n'y a qu'un parti à prendre, qui serait d'associer un cardinal italien au secret des affaires du Roi pour l'élection. Ce cardinal serait le conseil des deux cardinaux français; il réglerait leurs démarches et leur en montrerait les utilités ainsi que les inconvénients. Mais, pour s'assurer de ce cardinal italien, il faudrait lui donner un objet qui lui fît regarder cette affaire comme la sienne propre : cet objet serait la protectorerie des Églises de France [1]. Cette protectorerie n'est point exercée depuis la mort du cardinal Ottoboni, qui mourut pendant le conclave du Pape régnant. Le cardinal de Tencin tire les rétributions qui sont de droit à celui qui propose les bénéfices au consistoire. Le cardinal Portocarrero jusqu'à présent a bien voulu faire cette fonction, et lui envoyer à Lyon l'argent de ces rétributions; mais cela ne peut pas

1. Le cardinal chargé des affaires consistoriales d'un royaume ou d'un ordre est dit avoir la *protectorerie* de ce royaume ou de cet ordre.

durer : le cardinal Portocarrero peut mourir, et il peut y avoir un ministre d'Espagne qui ne soit pas cardinal, ou qui ne veuille pas sacrifier ce bénéfice. Ainsi, si le Roi approuve de charger de cette protectorerie un Italien, Sa Majesté ou ferait entendre raison au cardinal Tencin sur cet objet, ou le dédommagerait. Il y aurait même sur cela des arrangements à faire qui seraient faciles, parce qu'il est vraisemblable que le cardinal désigné protecteur laisserait au cardinal de Tencin pendant sa vie la rétribution du consistoire.

En supposant donc que le Roi approuvât sur ce principe de se choisir un protecteur des Églises de France à Rome, trois sujets peuvent concourir à cette dignité sur lesquels je vais exposer le mérite et les inconvénients.

Le premier sujet et le plus utile serait le cardinal Spinelli. Je ne sais pas s'il voudrait de cette place, car il n'a pas besoin de bien ni de considération, et m'a paru très opposé à tout emploi de cette espèce; mais en lui faisant sentir qu'il serait utile et que le Roi le désire, je me flatte que je l'y ferais consentir.

Le bien qu'il y aurait à ce que le cardinal Spinelli fût protecteur est aisé à sentir par le portrait que j'en ai fait : outre qu'il est instruit parfaitement de nos affaires ecclésiastiques, c'est un homme très modéré, et qui ne cherche que la paix de l'Église. Par là seul, quelque Pape qui soit élu, il sera recommandable et utile au service du Roi.

L'inconvénient que le Roi pourrait trouver en le choisissant, serait de mécontenter le roi de Naples. Mais, si Sa Majesté sentait la nécessité d'acquérir le cardinal Spinelli à son service, ne pourrait-elle pas prévenir Sa Majesté Sicilienne, et lui faire sentir le besoin qu'elle a, dans les circonstances présentes, de s'attacher un homme au fait des affaires de l'Église de France, qu'elle éloigne par là de toute charge et dignité de la Cour de Rome, et qu'elle restreint à être simplement utile à la France.

Si le cardinal Spinelli ne convient pas au Roi, il y a le cardinal Lanti qui m'a sollicité pendant mon ambassade pour la protectorerie. On peut voir le portrait que j'en ai fait dans le mémoire du conclave. Je suis persuadé que l'intérêt de la protectorerie l'attacherait inviolablement à la France. Je doute que ses lumières puissent être d'une grande utilité, mais il vaudrait mieux que rien, et n'a de véritable inconvénient qu'une fistule qui n'est plus dans le cas d'être guérie par l'opération et qui le fera périr peut-être bientôt : sa mort rejetterait dans les mêmes embarras.

Le troisième est le cardinal Sciarra Colonna. C'est un grand nom, un homme fort adroit et fort intelligent, très capable d'en imposer par sa représentation et son esprit. Il connaît bien, peut-être trop, les intrigues de la Cour de Rome ; il servirait utilement, pourvu qu'on ne le laissât pas aller trop loin.

Le cardinal français chargé du secret devrait avoir l'attention de ralentir le feu du cardinal Sciarra. Et après le conclave, la Cour et l'ambassadeur, en se servant de lui dans les occasions, veilleraient attentivement à le contenir. Il m'a sollicité aussi pour la protectorerie, et je ne lui ai répondu, ainsi qu'au cardinal Lanti, que des choses vagues.

Dans le cas où le Roi accepterait le projet que je propose, il serait à propos de se décider promptement sur le sujet, pour que M. Boyer pût remettre la lettre du Roi au cardinal choisi avant son entrée dans le conclave. Dans cette lettre, Sa Majesté aurait en même temps la précaution d'ordonner à ce cardinal de cacher son choix absolument jusqu'après le conclave, parce que si c'est le cardinal Sciarra, il ne faut pas perdre le vœu du cardinal Lanti; et si c'est le cardinal Lanti, il est à propos de ménager le vœu du cardinal Sciarra. Car pour ce qui est du cardinal Spinelli, comme il ne se soucie pas d'être protecteur, le Roi peut dans tous les cas compter sur lui.

Dans cet état des choses le cardinal français chargé du secret, ainsi que l'ambassadeur, sauront à qui la lettre du Roi sera adressée. L'un et l'autre établiront une correspondance secrète avec le cardinal italien, et, sans lui dire tout leur secret, ils se ménageront avec lui pour l'engager à porter les différentes factions, dont il les instruira, à l'inclusive ou à l'exclusive [1] qui convient à la France.

Le mémoire pour le conclave peut servir d'instruction. J'en ferai un particulier pour l'intérieur de la ville, afin que l'on puisse mettre au fait M. l'évêque de Laon [2] des personnages dont il peut se servir, de ceux qu'il a à ménager, des autres ou à se méfier ou à s'opposer ouvertement. Et, dans ce mémoire, j'y comprendrai les recommandations utiles pour les places qui seront à donner dans le palais du nouveau Pape.

Quand le Pape sera fait, l'ambassadeur sera assez au fait des sujets pour en mander les portraits à la Cour qui, selon la position de nos affaires ecclésiastiques, lui donnera les instructions nécessaires.

En attendant l'arrivée de M. l'évêque de Laon, M. Boyer est assez instruit de Rome, pour qu'il n'y ait point à craindre que les affaires du Roi y périclitent.

---

1. « *Donner l'exclusion*, dans le langage du xviᵉ et même au xviiᵉ siècle, signifie simplement ne pas donner sa voix à un candidat, ou ne pas comprendre le nom d'un cardinal dans la liste de ceux dont on poursuit l'élection éventuelle. Tout électeur qui refuse de voter pour un de ses collègues lui donne, pour son compte, *l'exclusion*, tandis qu'il favorise de *l'inclusion* ses candidats préférés ». (*Le Conclave*, par *Lucius Lector*; ch. XIII), p. 469.

2. Jean-François-Joseph de Rochechouart de Faudoas (1708-1777), abbé de Châteaudun, évêque duc de Laon en 1741, pair de France cardinal en 1756, grand aumônier de la reine en 1757, succéda à Choiseul dans le poste d'ambassadeur et resta à Rome jusqu'en 1762.

TROISIÈME MÉMOIRE

(Avril 1757 [1].)

M. l'évêque de Laon et MM. les cardinaux auront apparemment en extrait le mémoire que j'ai fait sur le conclave qui consiste à exclure du pontificat les cardinaux Paulucci, Mosca et Sacripanti pour les raisons expliquées dans ledit mémoire, ainsi qu'à marquer de l'éloignement pour l'élévation des cardinaux Delci, Cavalchini et Mattei. Le premier, outre les motifs d'opposition qui ont rapport à la France, est trop vieux ; le troisième trop jeune : je doute par ces raisons que l'on songe à eux. Mais le cardinal Cavalchini aura des partisans ; il mérite d'en avoir : c'est un prélat d'une grande piété, et qui a toujours eu une conduite respctacle ; il est du Novarais, et par conséquent sujet du roi de Sardaigne. Il est zélé pour la constitution *Unigenitus* ; il a opiné avec chaleur pour la canonisation de Bellarmin ; son sentiment

---

1. *Rome*, t. DCCCXVI, f. 150-198.

sur nos affaires ecclésiastiques est dangereux. Si les cardinaux français ne peuvent pas l'empêcher d'être pape, du moins doivent-ils prendre toutes les précautions afin que son ministère et ses entours contribuent à la modération qui est nécessaire au bien du Royaume pendant le règne du futur Pape.

Le cardinal Spinelli ne pouvant pas être pape[1], les cardinaux Tamburini, Imperiali et Oddi sont le plus à désirer, et les cardinaux Spinelli de préférence à tous, Archinto, Banchieri et Sciarra Colonna pour secrétaires d'État auprès de qui que ce soit qui soit élu souverain pontife. De même qu'il faut exclure positivement du premier ministère les cardinaux Sacripanti, Paulucci, Cavalchini, Doria, Serbelloni, Torregiani et Jean-François Albani, ces deux derniers principalement. Cet article mérite une attention particulière et une observation exacte de la part de l'ambassadeur et de MM. les cardinaux.

On m'a parlé d'un cardinal Rezzonico, Vénitien, que je ne connais pas, et dont le cardinal de La Rochefoucault disait du bien. Il faudrait s'en

1. On remarquera le changement qui, à six mois d'intervalle, s'est opéré dans l'esprit de Choiseul : en novembre 1756, Spinelli était à peu près passable, en avril 1757 il ne l'est décidément plus. Rochechouart, avant de rejoindre son poste, interrogea le cardinal de Tencin : « Je le sondai sur M. le Cardinal Spinelli, qui est, comme vous le savez, monsieur, le héros et le tout de M. de Stainville : il s'en faut bien qu'il en ait la même opinion... ». Rochechouart à Bernis, 15 février 1758 (*Rome*, t. 824, f. 112).

informer à l'abbé de Villefonds et à M. l'abbé de Bernis [1]; et, si sa conduite a toujours été égale et que les vœux se tournent pour lui, je ne vois pas d'inconvénients que nous nous prêtassions à son élévation.

Après la charge de secrétaire d'État qui est proprement celle de premier ministre, la charge de dataire est celle à laquelle on a le plus affaire pour les détails de bénéfices. Il faut tâcher d'en éloigner tous ceux que nous excluons de la secrétairerie d'État, hors le cardinal Sacripanti, qui me parait un homme capable d'être gagné, pourvu qu'il ne soupçonne jamais notre opposition à son élévation au pontificat et à la secrétairerie d'État. Le cardinal Banchieri est celui de tous qui nous conviendrait le mieux pour la daterie; après lui le cardinal Sciarra Colonna. Si l'un ni l'autre ne peuvent l'être, les exclus exceptés, MM. les cardinaux auront l'adresse de paraître concourir avec plaisir à celui qui sera choisi.

La charge d'auditeur du Pape est aussi considérable, mais ordinairement le Pape la donne à quelqu'un qui lui a été attaché personnellement pendant le cours de sa vie, et je crois qu'il ne faut pas nous inquiéter de cette charge quand elle sera remplie; il est vraisemblable que le sujet aura des

---

1. L'abbé de Bernis (1715-1794) qui devait être bientôt cardinal et ministre des affaires étrangères, était alors ambassadeur à Venise.

côtés susceptibles de séduction, et qui seront employés quand on aura besoin de lui.

Il restera à donner au nouveau Pape la charge de secrétaire des chiffres qu'a M. Rota, et qu'il est important de protéger pour la lui conserver. M. Rouillé en sait les raisons, et connaît son attachement pour la France. Comme M. Rota est bien vieux et que peut-être il sera mort avant l'élection du nouveau Pape, à son défaut on ne pourrait que bien tomber si cette charge était remplie par les prélats Lerma, Durini, Emaldi et Giraud, tous quatre très portés pour la France. Ce sera à l'ambassadeur, si ces quatre sujets n'en étaient pas pourvus, à prendre tous les moyens possibles, afin que le secrétaire des chiffres se trouve dans la même dépendance de la Cour et de son ministre, que M. Rota. Il faut éviter avec adresse mais avec réussite que les deux prélats Marcolini et Levizani n'aient cet emploi qu'ils désirent; car ces deux sujets, avec de l'esprit, ont un caractère dont il faut se méfier : quoiqu'ils paraissent souples, ils ont beaucoup de feu; et leurs inclinations, ainsi que leurs liaisons, étant contraires à la France décidément, il serait dangereux qu'ils ne tracassassent dans leur ministère.

Il reste la charge de maître de chambre : on a besoin de lui pour avoir audience du Pape. Le prince et la princesse Borghèse la désirent pour le prélat Dom Scipion Borghèse, leur fils. Je crois qu'il est honnête, que les cardinaux et l'ambassadeur marquent que le Roi verra avec plaisir que ce prélat en soit pourvu : la protection de Sa Majesté pour une maison aussi considérable ne peut qu'être bonne à Rome. Il y a aussi le prélat Sforza, frère du duc de Sforza, qui serait très propre pour cette charge. Au reste, dans le fond, le sujet qui l'obtiendra est peu important pour le service du Roi, et ne doit servir que pour que le ministre de Sa Majesté se fasse un mérite auprès des familles qui désirent cet emploi pour leurs fils.

Si les cardinaux obtenaient les différents emplois ci-dessus pour les sujets que j'ai désignés, quand même on ne pourrait pas parvenir à faire élire le Pape que la France désire, les trois nommés étant exclus, je crois que le futur pontife serait au Roi assez indifférent.

Il me paraît, d'après ce mémoire, que la conduite de MM. les cardinaux dans le conclave doit être simple : il me semble qu'ils doivent se lier d'intimité avec le cardinal Spinelli, qui vraisemblablement sera à la tête des Zélants et, par conséquent, à la tête du parti le plus respectable du conclave. Le cardinal Spinelli se prêtera à leurs avances, et n'est capable que de leur donner de bons conseils. Je crois qu'ils peuvent avoir pour lui une confiance entière et lui marquer leurs oppositions, ainsi que leurs désirs ; je réponds qu'il n'en mésusera pas; il sera flatté et de la bonté du Roi et de l'opinion avantageuse que l'on a pour lui. Les cardinaux français chercheront à montrer d'ailleurs que la Cour n'a nulle volonté de faire élire tel ou tel de préférence, que le Roi ne désire autre chose que le bien de l'Église et que son chef soit un pontife qui convienne à toute la chrétienté; ils diront qu'ils n'ont d'autres instructions que de procurer le bien et de s'unir avec ceux qui le cherchent. Il faut que l'esprit de ces propos soit la règle de toute leur conduite et qu'ils voient avec le sang-froid et la décence qui convient à leur nom, à leur état et à la dignité du Roi toutes les intrigues du conclave. Quelque chaleur qu'ils aperçoivent et que l'on cherchera à leur communiquer, je leur conseille pour le bien et leur considération de ne jamais entrer dans aucune cabale : ils finiraient par être trompés, et perdraient l'estime d'un pays où l'on n'est estimé qu'autant que l'on est plus adroit à faire tomber les autres dans des panneaux. Je crois que le cardinal Spinelli les conseillera de même que moi. S'ils voyaient cependant que les intrigues portassent à élever un sujet contraire aux ordres qu'ils recevront de Sa Majesté, alors, sans mettre jamais à découvert l'exclusive du Roi, avec un air simple le cardinal chargé du secret dira au cardinal Portocarrero, ministre d'Espagne, au cardinal d'York, qui n'est bon que pour cela, au cardinal *Corsini*, et à ceux qu'il jugera à propos, qu'il ne croit pas que le sujet que l'on veut porter puisse convenir à Sa Majesté : ce propos sera rendu sur-le-champ, et équivaudra à une exclusive en forme. Les cardinaux doivent surtout observer de parler très peu, et de ne point se laisser prévenir par les avances amicales que les cardinaux italiens leur feront, et surtout les cardinaux Albani. Quelque lié que le Roi soit avec les cours de Vienne et de Dresde, dont ces cardinaux sont ministres, quelques protestations qu'ils puissent faire, quelques grâces qu'ils mettent dans leurs procédés et dans leur conduite vis-à-vis les cardinaux français, il ne faut pas perdre de vue que, pour leur intérêt personnel et leurs intrigues, ils sacrifieront l'Église et leur ministère [1]. J'ajouterai que le cardinal Alexandre, ayant une pension secrète de la cour de Londres, qui est plus forte que ce que lui donne la cour de Vienne, il se pourrait que le ministère britannique l'augmente dans cette occasion pour qu'il intriguât en faveur d'un pape qui accroîtrait nos troubles ecclésiastiques. Ainsi donc, les Albani doivent être regardés comme les ennemis décidés de la France ; mais il faut se garder de leur marquer aucune défiance, encore moins d'animosité ; il faut éviter d'entrer en matière avec eux, leur parler peu et très peu, s'il est possible, et avec politesse ne leur tenir jamais que des propos indifférents. Le cardinal d'York, qui doit tout au Roi, est absolument subjugué par les Albani, et par là ne

---

1. N*a*. Je ne sais pas si cette réflexion peut être dite aux cardinaux, mais elle mérite l'attention de M. Rouillé. (*Note de Choiseul.*)

mérite ni confiance ni amitié; on ne peut s'en servir que pour faire redire ce que l'on voudra qui soit su. Il y a apparence que ce sera le cardinal de Roolle qui sera chargé du secret et du ministère de l'empereur et de l'impératrice, la cour de Vienne n'ayant pas meilleure opinion que nous du cardinal Alexandre Albani. J'ai entendu dire du bien du cardinal de Roolle, vraisemblablement qu'il aura ordre de sa Cour de vivre dans une grande union avec les cardinaux français; il faut tâcher de savoir positivement ses instructions avant que de lui parler des nôtres, et ne lui confier que les points qui, dans ses ordres, sont les mêmes que les nôtres; car il est inutile de lui dire notre secret quand il ne sera pas le sien. Il faut en user de même et encore avec plus de précaution avec le cardinal Portocarrero auquel cependant, en apparence, il est convenable de marquer un air de confiance; il faut faire semblant de lui demander conseil sur des choses indifférentes et, dans les occasions, le presser avec force sur les démarches qu'il conviendra de faire, en s'attendant cependant qu'il redira ce que l'on lui aura dit, étant absolument gouverné par ses valets qui, pour de l'argent, instruisent de tout ce que pense le cardinal.

Le cardinal Orsini, Napolitain, est incapable d'entendre parler d'affaires, ni de comprendre un discours suivi. Je crois qu'en le traitant poliment on en fera ce que l'on voudra, surtout en lui faisant entendre que le Roi désire de protéger les prérogatives de la maison des Ursins à Rome.

Pour ce qui est des cardinaux piémontais, je ne les connais point. Il y a apparence que le cardinal Des Lances se joindra aux Zélants, et qu'en ce cas le cardinal Spinelli aura une grande influence sur lui. Il est vraisemblable qu'il ne viendra point d'autres cardinaux étrangers.

MM. les cardinaux pourront se lier aussi avec le cardinal Banchieri, sur lequel, je crois, ils peuvent compter, le cardinal Lanti qu'ils acquerront infailliblement en lui faisant amitié, et le cardinal Sciarra colonna, mais celui-là mettra plus de réserve dans ses démarches, voulant ménager tout le monde. Comme le Roi a le titre de protecteur des Églises de France à donner, dans les occasions on peut faire briller ce titre, et sûrement les cardinaux ci-dessus suivront cet appas, mais il faut prendre garde de le montrer délicatement afin qu'il soit utile.

Il me reste à parler du cardinal Corsini qui aura un parti. Le cardinal Spinelli est bien avec lui, étant créature de son oncle. Si le cardinal Corsini ne se joint point aux Albani, le cardinal Spinelli le conduira. S'il s'y joint, le cardinal Spinelli saura écrier et détruire le parti de Corsini en s'en retirant absolument. Ainsi, sur cet article, il me paraît nécessaire de se laisser conduire par Spinelli.

Il y aura donc, dans le conclave, les cardinaux

étrangers dont on ne jugera les ordres que quand ils seront arrivés, les Zélants qui seront le plus fort parti auquel je crois qu'il faut nous attacher et dont Spinelli sera le chef, le parti Corsini qui se réunira aux Zélants ou aux Albani, le parti Albani qui sera méprisé mais qui troublera certainement, et le parti incertain, que chacun attirera successivement de son côté et que les intérêts des particuliers décideront.

Il faut bien prendre garde de se déterminer avec trop de précipitation. *Le cardinal chargé du secret pensera qu'il a ordre de veiller sur la distribution des charges*; cette distribution s'arrête avec le nouveau Pape la veille de son élection. Il y a ordinairement un peu de confusion, mais il faut se ressouvenir que, quand même les vœux porteraient sur un sujet agréable au Roi, les ministres ne sont pas moins intéressants, et, par conséquent, il ne faut pas se presser de concourir à l'élection même du Pape que l'on désirerait sans s'être assuré préalablement du choix du ministère, et sans avoir fait tout ce qui est possible pour que ce choix convienne à Sa Majesté. Un cardinal devenu pape change quelquefois de principes, et développe un caractère qui était inconnu : voilà pourquoi son ministère demande autant d'attention.

Ce qu'approuvera M. Rouillé dans le *mémoire*, peut aussi servir d'instructions à M. l'évêque de Laon pour connaître les sujets, surtout en y joignant le mémoire des portraits des cardinaux. Avec ce secours, MM. de Gesvres et de Luynes, et M. l'évêque de Laon connaîtront le Sacré-Collège, non pas peut-être parfaitement, mais tel que je le connais.

La Cour donnera à M. l'évêque de Laon des instructions sur la position des affaires qui restent à ménager à Rome.

Je vais tâcher de faire connaître les sujets utiles, ceux que l'on peut ménager, et ceux auxquels il faut marquer de l'éloignement.

Je ne parlerai pas de la conduite que doit tenir M. l'évêque de Laon, elle ne peut être que louable : ce prélat méritera la considération qui lui est due, on ne s'y refusera pas à Rome, le pays est respectueux, prévenant. Mais M. l'évêque de Laon s'apercevra en même temps combien la ville de Rome est portée à critiquer surtout les étrangers, et dans les étrangers les Français plus que d'autres.

Les Italiens en général se croient supérieurs aux autres nations de toutes manières, et les Romains aux différents peuples d'Italie : ainsi, un étranger est obligé d'essuyer les effets du préjugé ignorant dont on se flatte à Rome. Au reste, on en est dédommagé quand on connaît l'intérieur de la société de cette cour. Les cardinaux, les prélats, et les séculiers, tous ensemble, et chacun séparément, ne cherchent qu'à se nuire. Je ne connais pas une liaison véritable à Rome; on n'y songe qu'à son intérêt particulier et à la destruction de son voisin. Quand les Romains ont besoin de vous, ils sont d'une bassesse embarrassante; quand vous leur êtes inutile, il n'y a pas d'êtres plus avantageux et plus méprisants. Ce qui fait qu'un ambassadeur, qui a des affaires importantes à Rome et qui veut s'y attirer de la considération, ne doit pas se borner à être indifférent : il faut faire du bien et du mal. Et comme les ministres étrangers ont de l'influence dans le gouvernement du pays, il est nécessaire de porter avec ardeur les sujets qui paraissent attachés à la Couronne, et de nuire avec fermeté et avec hauteur à ceux dont on a à se plaindre. C'est un système que la Cour de Vienne a toujours suivi, et qui est le seul vis-à-vis de Rome, aussi a-t-elle acquis un grand empire dans cette Cour : on ne peut l'égaler qu'en agissant de même : Le ministère du Pape cherche à découvrir le degré de crédit qu'a auprès de sa Cour le ministre étranger avec lequel il traite. S'il s'aperçoit que ce ministre a la confiance de son maître, on peut être sûr qu'il rencontrera toutes facilités dans les affaires qu'il traitera. Si, au contraire, on ne les sent pas appuyé, et que la Cour de Rome puisse se procurer d'autres canaux pour traiter, comme sa politique est de mettre de l'embarras dans les affaires, et de les prolonger pour se ménager et se rendre utile selon les circonstances, on peut être assuré qu'outre que l'ambassadeur perdra toute considération, les intérêts du Roi en souffriraient beaucoup. Il résulte de là que, pour être sûr de la réussite à Rome, il faut que l'ambassadeur du Roi, avec une représentation pour la dépense convenable, soit utile et nuisible selon la conduite des sujets de cette Cour, et qu'il soit soutenu avec fermeté et hauteur dans les différentes démarches qu'il croira nécessaires. C'est donc la Cour qui influe absolument sur la réussite de son ministre à Rome. La France a la réputation de faire beaucoup de compliments, même de promesses, mais dans le fonds de ne faire ni bien ni mal. J'ai changé pendant mon ambassade cette idée, et je crois qu'absolument il faut maintenir ce changement, et le point de crainte ou d'égards où j'ai accoutumé les Romains quand il était question des affaires de France.

Le Roi donne des gratifications annuelles au prélat Des Rossi, vice-gérant de Rome [1], deux mille écus romains; à M. Rota, secrétaire du chiffre, autant; au prélat de Lerma seize cents écus (il faudrait porter cette gratification au même taux que les autres); au gouverneur de Rome, Caprara, mille écus romains; à l'abbé Final, premier commis dans la secrétairerie d'État au département de la France, ce que l'on appelle à Rome un des minutants [2], trois cents écus romains. Il y

---

1. Coadjuteur du cardinal vicaire, lequel administre au spirituel le diocèse de Rome.
2. Ce que dans nos ministères on appelle un rédacteur.

avait d'ailleurs un nouvelliste qui est celui du public, à qui je donnais environ dix écus par mois. Ces gratifications sont suffisantes, et je ne prévois pas que, dans aucun cas, il faille les augmenter, c'est-à-dire en donner à un plus grand nombre, le prélat de Lerma toutefois étant complété.

Le vice-gérant Rossi[1], qui, depuis vingt ans, je crois, jouit de cette gratification, ne m'a été d'aucune utilité; je ne peux pas dire que j'aie eu lieu de me plaindre de lui, de même que je ne peux pas m'en louer. C'est un homme d'esprit, très adroit, très ambitieux, et que l'on soupçonne de fausseté; il me voyait avec précaution, parce qu'il avait peur que ses liaisons avec la France ne lui nuisissent; quand il me voyait, il me faisait de grandes protestations d'attachement pour le service du Roi, mais il a évité d'être à portée que je le misse à l'épreuve. C'est le cardinal de Tencin qui lui a procuré cette gratification et qui, je crois, en ajoutait une de sa poche pour être instruit exactement de ce qui se passait à Rome. Et, ce qu'il y a d'extraordinaire, c'est que ce prélat Des Rossi était brouillé ouvertement avec le cardinal Valenti, et lié intimement avec le parti du cardinal auditeur[2] qui était contraire au secrétaire d'État; de sorte que le cardinal de Tencin avait

---

1. Ferd. de Rossi, créé cardinal par Clément XIII en 1759.
2. Le cardinal Argenvilliers.

les relations par Des Rossi des deux partis qui divisaient le ministère du Pape. Je découvris ce manège les premiers jours; jamais je n'en ai dit un mot. Le prélat Des Rossi, peu de temps après mon arrivée, voulut jouer au fin avec moi, et vint sous prétexte de sa conscience, et encore plus parce qu'il était embarrassé que sa gratification ne passât plus par les mains du cardinal de Tencin, il vint donc m'offrir de ne plus toucher le bienfait du Roi. Il s'attendait que je le presserais de garder sa gratification. Au lieu de cela, après l'avoir écouté, je lui répondis que je lui donnais huit jours pour penser à la démarche qu'il venait de faire, et que, si dans ce temps il persistait, ce serait une affaire finie, sauf à moi d'examiner la conduite ultérieure de quelqu'un qui, depuis si longtemps, était bénéficié par Sa Majesté. Il n'attendit pas les huit jours pour me dire qu'il gardait et demandait même avec instance la gratification. Au reste, Des Rossi est un homme qui connaît la Cour de Rome parfaitement. Je crois que M. l'évêque de Laon fera bien de lui dire qu'il est persuadé de son attachement au service du Roi, que voilà l'occasion de le marquer en l'informant journellement de tout ce qui viendra à sa connaissance dans le temps du conclave, que la Cour est instruite que ses liaisons le mettent à portée d'être très bien instruit, et qu'elle a ordonné à lui, évêque de Laon, de rendre compte à M. Rouillé des nouvelles qui lui viendront pendant le conclave par la voix du vice-gérant. Le vice-gérant fera attention à cette insinuation si elle lui est dite poliment, mais clairement.

Le prélat de Lerma [1] m'a été utile pour l'affaire du décret, pas autant qu'il croit ou qu'il veut le faire croire, car il n'a jamais rien fait de lui-même mais autant qu'il me fallait. Ce prélat a infiniment de talents et d'esprit; il n'y a point de sujet à Rome qui ait autant de connaissances que lui en tous genres. M. l'évêque de Laon ne peut pas mieux faire que de lui marquer amitié et d'avoir l'air de liaison avec lui; sa société lui sera agréable et utile. Beaucoup de gens qui le craignent à Rome et qui le jalousent, chercheront à donner de mauvaises impressions de lui à M. de Laon; mais qu'il juge par lui-même, et il verra que ce n'est pas par intérêt pour la France, mais par jalousie contre Lerma qu'on cherchera à l'éloigner de lui. En même temps, Lerma a une tête chaude pleine de préjugés, un esprit qui quelquefois passe

---

1. N*. *Les seize cents écus de gratification du prélat de Lerma sont payés par six cents écus comptés sur l'état des frais extraordinaires de l'ambassadeur, et mille écus dessus les lettres de change que la cour envoie au commencement de l'année pour les gratifications de Rome. Il me paraîtrait mieux en portant le prélat de Lerma à deux mille écus comme les prélats Rossi et Rota, que l'on retranchât les six cents écus pour les frais extraordinaires, et que l'on ne laissât sur cet état de frais que les trois cents écus payés à l'abbé Final, premier commis de la secrétairerie d'État. Par cet arrangement, les lettres de change de gratifications monteraient à sept mille écus, au lieu qu'elles ne vont qu'à six, mais les frais extraordinaires diminueraient à proportion. (Note de Choiseul.)*

le but ou qui est trop timide, selon que son ambition agite son âme; il faut se méfier de cette ambition, mais il faut s'en servir en l'assurant toujours de protection. Ce prélat d'ailleurs est intéressé, parce qu'il aime le jeu, et est mal dans ses affaires; il s'est un peu corrigé pendant mon séjour à Rome. Sa conduite d'ailleurs est bonne; il est dans la Consulte, c'est-à-dire dans la congrégation qui gouverne les provinces. Il faudrait le pousser en avant, et faire en sorte qu'il fût sur la liste des nonces pour la France, car, de tout ce que je connais à Rome, c'est celui qui nous conviendrait le mieux. Cela est difficile, mais c'est un coup de crédit qui, je crois, serait utile. Il faut d'avance y songer, étant vraisemblable que d'ici à deux ans M. Gualtieri sera cardinal, et ne voyant aucun des seconds nonces qui puisse nous convenir. Ainsi donc, il me paraît que l'on ne peut trop recommander à M. de Laon l'avancement de M. de Lerma.

M. Rota est connu de la Cour suffisamment. S'il vit et qu'il conserve sa place, M. de Laon trouvera en lui les plus grandes facilités pour les affaires qui regardent la France. Il faut qu'il le maintienne dans l'habitude de lui communiquer tout ce qu'il croira nécessaire et même de le prévenir, et M. de Laon sera averti de ne communiquer à M. Rota que ce qu'il voudra bien qui, par la même raison que la sienne, soit communiqué aux ministres de différentes autres Couronnes.

Quelquefois les dépêches des nonces contiennent des nouvelles intéressantes : ainsi il faut que M. de Laon se les fasse procurer régulièrement pour en envoyer copie à M. Rouillé quand elles en vaudront la peine. Si M. Rota mourait ou ne fut plus secrétaire du Chiffre, il faudrait tâcher nécessairement de gagner son successeur au même prix.

Le gouverneur Caprara [1] est aussi un homme d'esprit, et assez bien instruit. Sa place de gouverneur lui donne pendant le conclave beaucoup de facilités pour découvrir toutes les intrigues de la ville. M. l'évêque de Laon lui tiendra à peu près les mêmes propos qu'au vice-gérant et sera, je crois, encore plus content de ses relations. Mais il faut accoutumer tous ceux qui ont des bienfaits du Roi à être utiles à son service, et user de leurs talents comme de talents acquis à Sa Majesté. M. Caprara ne s'y refusera : par l'intérêt de son frère, le sien, et son attachement personnel, tout doit y concourir. Il est d'usage qu'à la mort du Pape on ballote dans le Sacré-Collège le gouverneur de Rome pour le maintenir en place. Il n'est pas vraisemblable que l'on dépose M. Caprara ; mais, si l'on y songeait, il faudrait s'y opposer de toute manière, et je crois que d'avance il serait à propos d'envoyer sur cet article des instructions à M. Boyer.

L'abbé Final sera conservé dans son emploi de minutant ou de premier commis de la secrétairerie

---

1. Cornelio Caprara († 1761), créé cardinal en 1761.

d'État. C'est un honnête garçon, passionné pour la France, et qui communiquera à l'ambassadeur tout ce qui regardera le Royaume qui passe dans son bureau. Il a, de plus, le département d'Avignon qui peut nous intéresser. Il sera bon que M. l'évêque de Laon lui marque des bontés et protection; il en sera content.

Quoique les bienfaits du Roi soient en général connus à Rome, il faut avoir attention de ne point parler de l'un à l'autre, et de se servir de tous ces instruments séparément : ils servent mieux, et n'ont pas les inconvénients de la jalousie.

Je finirai l'article de l'argent par le cardinal Ferroni, qui avait une gratification, à qui on l'a ôtée du temps de M. de Nivernais [1]. Le Roi avait bien voulu de mon temps la lui rendre, mais étant plus instruit, comme on verra dans son portrait, j'ai cru plus utile qu'elle fût partagée entre Caprara et Lerma. Si, par hasard, le cardinal Ferroni devenait secrétaire d'État, on pourrait alors lui proposer de la lui rendre, et il n'y a pas à craindre qu'il la refusât.

Le prélat Giraud [2], qui est fils de Français,

---

1. Louis-Jules Mazarini, duc de Nivernais (1716-1798), après avoir fait les campagnes d'Italie et d'Allemagne et s'être retiré du service en 1743 avec le titre de brigadier des armées du Roi, avait été ambassadeur à Rome de janvier 1748 à octobre 1753 : il occupa ensuite les postes de Berlin en 1756, et de Londres en 1762-1763. — Voir *Un petit neveu de Mazarin* et *La fin du XVIIIe siècle*, par Lucien Perey.

2. Bernardin Giraud († 1782), créé cardinal en 1771 par Clément XIII, archevêque de Ferrare.

et qui a du talent, est aussi un homme dont M. l'évêque de Laon peut se servir. Il serait bon que cet ambassadeur eût permission de lui dire qu'il a ordre de le protéger ainsi que sa famille, et effectivement de chercher à lui être utile. Il ne demande point d'argent, et ne cherche qu'à servir Sa Majesté, et à être regardé et protégé par les ambassadeurs comme sujet français.

Le prélat Canale[1], clerc de chambre, chanoine du chapitre de Saint-Jean de Latran, et qui jouit d'un brevet du Roi dans ce chapitre, mérite protection. Il ira au devant de tout ce qui pourra convenir à l'ambassadeur. Il est bon homme, officieux et son avancement serait utile.

Le prélat Acquaviva[2], clerc de chambre[3], et ci-devant vice-légat à Avignon mérite beaucoup de la France. Il s'est conduit à merveille pendant sa vice-légation; il est pénétré de respect pour le Roi, et passionné pour la nation. C'est un homme d'une très grande naissance, et qui mérite de la part de l'ambassadeur du Roi, à toutes sortes de titres, beaucoup de considération.

Le prélat Santobuono, auditeur de la chambre, est frère de Madame la princesse d'Ardore. Il est aussi dévoué à la France, et mérite des distinctions

---

1. Xavier Canale († 1773) créé cardinal-diacre en 1766 par Clément XIII
2. Pascal Acquaviva († 1788), promu cardinal diacre en 1770 par Clément XIII.
3. La chambre désigne ici la maison du Pape.

à ce titre, ainsi que par ses vertus. Il sera cardinal à la première promotion. S'il avait besoin dans cette occasion de M. l'évêque de Laon, M. Rouillé se souviendra que, selon ses ordres, j'avais passé des offices de la part du Roi auprès du Pape pour qu'il fût compris dans la promotion future.

Le prélat Furieti[1], secrétaire de la congrégation des évêques réguliers, est vénitien et d'une naissance très ordinaire. Il y a dix ans qu'il devrait être cardinal, mais le pape Benoît XIV, jaloux, à ce que l'on prétend, de son mérite et le craignant pour son successeur, n'a jamais voulu le créer, quoiqu'il eût un emploi que l'on nomme cardinaliste, et d'où le Pape même avait passé au chapeau. Ce prélat jouit incontestablement de l'estime publique, ce qui n'est pas peu à Rome, et malgré l'éloignement du Pape pour lui, et l'envie de plaire à Sa Sainteté que je marquais en toute occasion, j'ai toujours eu l'air de considération pour M. Furieti, et j'ai suivi en cela l'exemple des plus honnêtes gens de Rome.

Le prélat Paracciani[2], auditeur de rote, venait souvent chez moi. Il m'a paru qu'il désirait la nonciature de France. Il est peu instruit de nos usages, et ne nous conviendrait que faute de mieux.

---

1. Gius.-Alex.-Furietti († 1764), fait cardinal en 1759 par Clément XIII.
2. Urb. Paracciani († 1777), créé cardinal en 1766, archevêque de Fermo.

Il a assez de connaissances du pays. Je le crois intrigant, et je ne le ménageais que parce qu'il était ami du cardinal Argenvilliers, auditeur du Pape, et que d'ailleurs j'étais bien aise d'avoir un espion à la rote; car pour l'abbé de Canillac il n'est bon pour rien, et ne connaît point du tout Rome, quoiqu'il y soit depuis vingt-cinq ans : il faut bien vivre avec lui, ne lui rien confier de ses affaires, le laisser parler, et tâcher de ne point l'écouter.

Le prélat Valenti [1], secrétaire du Saint-Office, s'était attaché à moi pour que je lui rendisse service. C'est un homme très borné, que l'on peut ménager pour si, par hasard, il se passait quelque chose d'intéressant dans cette congrégation, mais je doute qu'il ait jamais l'esprit de bien faire ce dont on le chargera.

Le prélat Durini [2] est connu, et M. l'évêque de Laon peut compter sur son attachement. Il désirait la vice-légation d'Avignon, et M. Rouillé lui a accordé sa protection. Je crois qu'il sera difficile de lui obtenir cette place; mais M. l'évêque de Laon peut ne pas perdre une occasion de le servir, et la secrétairerie des chiffres est ce que je désirerais d'abord pour lui.

Le prélat Zelada [3], qui est à la tête d'un tribunal

---

1. Louis Valenti († 1763), cardinal en 1759, évêque de Rimini.
2. Aug.-M. Durini († 1795) fait cardinal en 1776 par Pie VI.
3. F.-X. de Zelada († 1801) promu au cardinalat en 1773 par Clément XIV, secrétaire d'État de Pie VI.

de justice, est espagnol d'origine, exact à ses devoirs, peu d'agrément, mais il m'a paru avoir de la probité.

Il y a un jeune prélat Caprara [1], de la famille Montecuculli, qui a beaucoup d'esprit, et qui fera une fortune considérable à la Cour de Rome. Il loge chez le cardinal Milo, dataire, vit avec les petits-neveux du Pape. M. l'évêque de Laon ne fera pas mal, malgré sa jeunesse, de l'attirer chez lui, et je crois que, quand il sera connu de lui, il en sera content.

Le trésorier du Pape, le prélat Perelli [2], qui va être cardinal, est l'homme le plus fin et le plus adroit que j'aie vu à Rome. Il avait beaucoup d'empire sur l'esprit du Pape, et savait se ménager tous les moyens qui pouvaient contribuer à sa fortune. Je l'ai ménagé avec adresse sans beaucoup le voir. Il croyait avoir besoin de mon crédit, quelquefois je me servais du sien; mais c'est un instrument difficile à manier, car le caractère est adroit, ambitieux, faux et quelquefois indiscret. Il faut cependant que M. l'évêque de Laon lui fasse politesse, et cherche à lui dire que j'ai parlé de lui à la Cour avec estime.

Je ne connais pas M. Antonelli [3], nouveau secrétaire de la Propagande. Il ne va pas dans le monde,

---

1. J.-B. Caprara († 1810), créé cardinal en 1792 par Pie VI, archevêque de Milan, négociateur du concordat.
2. Nic. Perelli († 1761), cardinal-diacre en 1759.
3. Nic. Antonnelli († 1767), cardinal en 1759.

mais j'en ai entendu dire du bien. D'ailleurs le cardinal Spinelli, comme préfet de cette congrégation, a toute influence sur ce qui s'y traite, et quand M. de Laon y aura affaire pour nos missions, il ne peut faire mieux que de s'adresser directement à lui.

Il y a un autre prélat nommé Guglielmi [1], qui est secrétaire d'une congrégation où je n'ai jamais eu affaire, et dont je ne me remets pas le nom. Je ne l'ai jamais vu. On dit que c'est un homme d'esprit, mais sa probité est attaquée assez généralement. Cependant on parle de lui pour le faire cardinal.

Le prélat Picolomini [2], clerc de chambre, a gouverné étant jeune le cardinal Corsini, et par conséquent le pontificat de Clément XII. Sa jeunesse et ses plaisirs l'empêchèrent alors de songer à sa fortune qui n'est pas fort avancée. Il a de l'esprit et des connaissances, mais son cœur et son caractère ne sont pas bons. Je le voyais régulièrement ; je le traitais, mais je ne m'y fiais pas. On le dit pensionné par la Cour de Turin. Il paraissait fort attaché à celle de Vienne, et en grande liaison avec M. de Richecourt, chef de la régence de Toscane. Il est Florentin.

Le prélat Boschi [3], secrétaire des Mémoriaux, serait un homme à ménager s'il conservait cette charge. Le Pape régnant s'en servait pour traduire

---

1. P.-J. Guglielmi († 1773), créé en 1759.
2. L.-Silv. Piccolomini († 1768), cardinal en 1766.
3. Ch. Boschi († 1788), cardinal en 1766.

en latin ses ouvrages. C'est un bon ecclésiastique, que je crois honnête homme ; il vit fort retiré et je ne l'ai connu que quand j'ai eu affaire à lui : alors j'en ai été content.

Le prélat Cenci [1], secrétaire de la Consulte, qui vraisemblablement passera de là au cardinalat, a l'air doux, l'est effectivement. Il a peu d'esprit ; il est gouverné par la faction Albani. Il s'est avisé de tenir sur la nation quelques propos indiscrets que j'ai relevés de façon à l'en corriger pour sa vie. Il faut prendre garde à ce que l'on dit devant lui, et le traiter poliment, mais froidement, à moins qu'il ne change ; mais ce sera toujours un homme médiocre et dangereux par sa faiblesse et ses liaisons.

Le prélat Levizzani [2], est, comme je l'ai dit plus haut, un jeune homme qui a de l'esprit, frère d'un jésuite que je voyais beaucoup et qui est un sot, mais que je traitais bien, parce que je me doutais qu'il était mon espion. Ce prélat joint à son esprit une jolie figure, beaucoup de fatuité et de présomption. Il est l'amant de la princesse Chigi, nièce du cardinal Alexandre et sœur du cardinal Jean-François Albani. Il fait profession d'opposition à la France. Je le voyais cependant assez souvent, mais je crois qu'il faut autant qu'il est possible arrêter sa fortune, ou du moins,

---

1. Balt. Cenci († 1763), cardinal en 1761.
2. Ch. Livizzani († 1802), cardinal en 1785.

empêcher qu'il ne parvienne à quelque place intéressante.

Le prélat Marcolini [1] est le fils d'un bailli Marcolini, ancien ami du Pape. A ce titre, et plus encore parce qu'il est le complaisant du cardinal Colonna, camerlingue et promajordome, il jouit d'une protection indécente à Rome, et il en jouit avec une insolence infinie. Sa conduite est fort décriée : il y a quelques années que par dérangement il fut obligé de sortir de l'état ecclésiastique : on trouva qu'il avait volé des diamants qu'une femme lui avait donnés à garder. Malgré cette histoire diffamante, il est revenu à Rome, et le Pape, par faiblesse pour le cardinal promajordome, le traite bien, et lui a même donné une charge qui le met à la tête des revenus de l'église de Saint-Pierre, ce qui a été désapprouvé généralement. C'est un mauvais et très mauvais sujet. Il m'avait parlé dans le temps de la maladie de M. Rota, pour m'engager à contribuer à lui faire avoir la secrétairerie des chiffres, j'aurais été fort fâché qu'il l'eût obtenue ; cependant je ne lui marquai aucune opposition n'étant pas sûr de pouvoir l'empêcher.

Les prélats Tenara, Bolonnais, et Gravina, Sicilien, sont les trompettes de Rome ; ils parlent continuellement, et rendent compte de ce qu'ils voient et entendent. Il vaut mieux les bien traiter que mal.

---

1. M. A. Marcolini († 1782), cardinal en 1777.

M. l'évêque de Laon doit être instruit de l'abbaye que le roi Henri IV a donnée au chapitre de Saint-Jean de Latran, laquelle abbaye est partagée par moitié à tous les chanoines, et l'autre moitié est distribuée aux chanoines qui sont brevetés du Roi. Dans le nombre de ces brevetés, il y a MM. Rota, Canale et Emaldi, qui méritent protection. J'ai déjà parlé des deux premiers; le troisième est fort instruit des matières ecclésiastiques et surtout de celles de France, on peut le regarder comme un des plus forts théologiens de la Cour de Rome. Il est à présent secrétaire du Pape pour les lettres latines. Les Albani sont ses ennemis. Outre son mérite, c'est une raison de plus pour que M. l'évêque de Laon cherche à l'avancer : et, s'il se rencontre pendant son ambassade quelques points théologiques à traiter, il ne ferait peut-être pas mal, sans le consulter, de lui en parler. Le reste des brevets est fort mal donné : chacun, par des petites vues particulières ou des recommandations, s'est laissé aller à protéger des sujets médiocres et peu affectionnés. Il n'y en a eu que deux de donnés de mon temps, qui sont à ce prélat Emaldi et au chanoine Buonacorsi. M. Rouillé se souviendra comment ils ont été donnés, depuis que je me suis refusé à toute demande d'expectative. Les deux qui m'ont paru les meilleurs et pour qui, en cas de vacances, j'aurais sollicité sont les chanoines Borgia et Mananei. Je les connais peu personnellement, mais ce qui m'en est revenu est bien. Il y a de plus un sujet recommandé par le cardinal Spinelli, dont j'ai oublié le nom ; comme il est fort jeune, il faudra voir si sa conduite méritera cette grâce.

M. de Laon sera persécuté par le chapitre de Saint-Jean sur l'abbaye de Clairac, et sur la modicité de ce qui en revient au chapitre à Rome. Le chapitre n'a pas trop de tort et la Cour l'a senti en différentes occasions, puisqu'elle a accordé des gratifications de supplément à ce chapitre. On peut voir les lettres que j'ai écrites sur cet objet pendant mon ambassade.

Les ordres religieux méritent l'attention de l'ambassadeur du Roi : outre qu'ils influent beaucoup à la Cour de Rome, on a journellement besoin des généraux d'ordre pour les religieux de France. C'est ce qui m'avait engagé, contre l'usage de mes prédécesseurs, de vivre et donner à manger aux religieux à mesure que cela se trouvait.

Le père Centurioni, général des Jésuites, est un homme sec, sévère, peu aimé, mais craint prodigieusement dans sa compagnie. Il a été et est encore, quoiqu'il cherche à le cacher, chargé des affaires de la République de Gênes à Rome ; c'est un homme de grande naissance et poli, mais avec lequel il faut éviter d'avoir affaire sur ce qui regarde sa compagnie.

Le père Le Gallic, assistant de France, mérite beaucoup de considération. C'est un homme simple, modeste, doux, excellent religieux, nul feu dans sa conduite ni dans ses propos, et dont, à tous égards, j'ai été on ne peut plus content pendant mon ambassade.

Le père Flachat, frère du prévôt des marchands de Lyon, est un homme médiocre qui est procureur pour les dépenses des Jésuites français à Rome. Il cherche à savoir les nouvelles afin de les redire, et il lui en vient quelquefois de France qu'il ferait aussi bien de taire.

Il y a, depuis l'élection du général, un père Forestier qui a été provincial à Paris, qui est un homme d'esprit et de feu ; je l'ai toujours cru dangereux, et l'ai soupçonné d'avoir des liaisons avec les cardinaux Albani, à qui il rendait compte directement ou par ricochets de nos troubles ecclésiastiques ; ce soupçon que je conserve, mérite d'être éclairci par M. de Laon, et, si le fait est réel, il n'y a pas de doute qu'il faudrait faire en sorte que ce jésuite sortît de Rome et revînt en France.

Le général des Dominicains, le père Bouxados, est espagnol et frère de l'ambassadeur d'Espagne qui est mort au tremblement de terre de Lisbonne. C'est un homme de mérite qui, sous son habit religieux et avec une conduite modeste, a les façons d'un homme de sa naissance ; ce que j'ai vu de lui m'a satisfait on ne peut pas davantage.

L'assistant de France est un très pauvre homme, fort borné, et qui n'a cette place que parce que dans le chapitre d'élection il a été constamment pour le père Bouxados, quoiqu'une grande partie des Français fût pour un père Rechini que le Pape désirait qui fût général; ce père Rechini est un théologien ; il a de l'ambition, il est soupçonné pour la servir de ménager tous les partis. Si le Pape vit, il pourrait être cardinal.

Le général des grands Carmes est Vénitien ; à peine l'ai-je connu. L'assistant de France, Malo, est un intrigant, et à ce que je crois un plus que médiocre religieux. Il est brouillé avec un père Augustini, assistant d'Italie, qui ne vaut pas mieux que lui. Cette brouillerie a mis en combustion le chapitre qui a fait l'élection de ce nouveau général. Ce sont des misères qui ne méritent nulle attention. En général, cet ordre n'est pas édifiant.

Les Carmes déchaussés ont pour général un Nissart, naturalisé Français. Le général de cet ordre est alternativement italien, allemand et français; celui-ci a donc été élu à ce dernier titre, et je n'ai pas eu à me repentir d'avoir contribué à son élection : c'est un bon et vertueux religieux.

Les Chartreux ont un procureur général français qui s'appelle Gaillard. Ce procureur général est supérieur, né de la maison de Rome, et fait en Italie les fonctions de général. Les Italiens désireraient, et ont tenté plusieurs fois que cette place soit occupée par un Italien. Le général s'y est toujours opposé; il a eu raison, car, si un Italien avait cet emploi, bientôt cet ordre serait séparé de la Grande Chartreuse pour la partie au delà des monts. Le Roi écrit une lettre à chaque nouvel ambassadeur pour marquer la protection que Sa Majesté accorde à l'ordre des Chartreux. Le père Gaillard est un bon religieux, assez borné, un peu sévère, mais qui mérite protection de la part de l'ambassadeur.

Le père Lamballe, capucin français, procureur général de son ordre, est un homme adroit et d'esprit, et qui se conduit très convenablement. Il n'est pas trop bien avec son général qui est un Allemand peu estimé. Le père Lamballe m'a parlé plusieurs fois d'une aumône que le Roi est d'usage de donner au procureur général de son ordre quand il est Français. J'en ai écrit à M. Rouillé qui m'a autorisé à la lui donner; je ne l'ai point fait, à cause que je suis parti peu de temps après, et que je n'ai point vu alors le père Lamballe. Si M. Rouillé pense de même, M. de Laon pourra la lui payer et la mettre sur la feuille des frais extraordinaires.

Les Augustins ont un général espagnol que je ne connais point. L'assistant de France est un bon homme qui ne me paraît pas pouvoir s'accommoder à la vie de Rome.

Je n'ai point connu les Cordeliers et les Récolets.

Il y a des Minimes français à Rome de la Trinité du Mont. C'est une belle fondation des rois de France, et ces religieux font honneur à la nation par leur régularité. Il y a dans cette maison deux minimes appellés Jacquier et Lesueur, qui sont des hommes de mérite; le Roi leur fait une petite pension.

Il y a aussi, à la porte du Peuple, un couvent de Picpus français. Ceux-là ne font pas trop d'honneur à la nation; leur maison tombe de tous côtés, ils meurent de faim, et je crois que leur conduite n'est pas admirable. M. de Laon pourra s'informer plus particulièrement que je n'ai fait de cet établissement, et voir comment on pourrait, ou les aider pour qu'ils fussent logés décemment, ou les supprimer si l'on ne pouvait pas les établir plus convenablement.

Il y a encore un couvent des Pères de la Merci Provençaux qui m'ont paru de bonnes gens et fort réguliers.

Les chanoines réguliers de Saint Antoine sont Français; ils ont des établissements considérables à Rome et dans l'État ecclésiastique. Il ne m'est rien revenu contre eux pendant mon séjour à Rome. Ce que l'on peut dire pour eux et pour toutes les maisons religieuses françaises c'est de prendre garde en les protégeant qu'ils ne vous engagent à des démarches injustes ou trop fortes. Ces chanoines de Saint Antoine ont été dans ce cas-là vis-à-vis de moi, et, dans le temps, j'en écrivis à M. Rouillé.

M. l'abbé de Montfort est assistant général de Citeaux, Clairvaux et Morimont; il est abbé *in partibus;* il loge avec son frère dans une maison particulière, ne vivant point en religieux. Quoiqu'il n'y ait rien de positif en mal à dire sur leur conduite, il m'a semblé que l'abbé et son frère étaient deux hommes médiocres.

Si M. de Laon a occasion de faire connaissance avec le père Paccaiodi, procureur général des Theatins, il peut être prévenu que c'est un homme fort estimé et très considéré à Rome; il le mérite par sa vertu, son esprit et ses connaissances; il a été mon ami particulier et celui de madame de Stainville.

La paroisse Saint-Louis [1], et la maison Saint-Louis qui y tient, est composée de Français entretenus par des fondations des rois et reines de France. Cette maison est fort riche; la direction de cette maison où il y a une vingtaine de prêtres français ainsi que des revenus a été l'objet d'une brouillerie ouverte entre M. l'abbé de Canillac, auditeur de rote, et M. le duc de Saint-Aignan, ambassadeur. La Cour décida alors en faveur de l'ambassadeur. Après M. de Saint-Aignan, M. le cardinal de Tencin se mêla du gouvernement de la maison de Saint Louis, M. de Canillac fut ensuite chargé des affaires jusqu'à l'arrivée de M. le car-

---

1. L'église royale de Saint-Louis des Français était l'église de la nation française : elle avait été construite dans la seconde moitié du XVIe siècle. Elle était et elle est encore desservie par une communauté d'ecclésiastiques français, installée dans le beau palais (XVIIIe siècle) qui lui est contigu. — Voir D'Armailhacq, *L'église nationale de Saint-Louis des Français à Rome*, Rome, 1894.

dinal de La Rochefoucault qui ôta à l'auditeur de rote toute manutention dans Saint Louis. M. de Canillac fut de nouveau chargé des affaires dans l'entre-deux de M. de La Rochefoucault et de M. de Nivernais, lequel en arrivant à Rome, pour n'avoir point de difficultés avec l'abbé de Canillac, lui laissa l'administration de Saint-Louis. J'ai fait de même, mais cela n'en est pas mieux, car il m'est revenu que les sujets qui composaient cette maison étaient très indécents et très mauvais, que les propos que l'on y tenait méritaient punition, et que les affaires temporelles n'étaient pas mieux gouvernées. Il est certain que l'abbé de Canillac n'est pas en état de gouverner quatre prêtres et qu'il prend toutes ses déterminations par humeur, ou par hauteur, ou par passion. J'ai cru qu'il était plus à propos de laisser faire le mal que de me brouiller : voilà pourquoi j'ai patienté. Mais M. de Laon, étant ecclésiastique, doit naturellement reprendre le gouvernement, et tâcher de remettre l'ordre dans cette maison qui est un établissement considérable et qui fait honneur à la nation.

Il reste une église, qu'on appelle l'église des Lorrains qui a des revenus [1]. Je n'ai pas eu le temps de m'instruire sur cette maison; il serait bien que M. l'évêque de Laon se mît au fait de cet objet,

1. Saint-Nicolas des Lorrains, la petite église française de la via dell Anima, occupée aujourd'hui par les Pères Blancs du cardinal Lavigerie.

pour que la maison de Lorraine ne revint plus sur cet établissement qui peut être utile à des sujets du Roi.

M. de Laon verra sans doute le chevalier de Saint-Georges qu'il trouvera un prince très respectable et touchant par ses malheurs et ses vertus. Il aime la France et le Roi avec un sentiment vrai et naturel ; il ne perd pas une occasion de marquer son respect et sa reconnaissance pour le Roi. J'ai cru devoir, de temps en temps, lui donner la consolation de l'assurer que Sa Majesté en était informée, et qu'elle y était sensible. Il a confiance dans un milord Lismore qui est le modèle du ridicule et de la sottise, mais il faut excuser un pauvre prince aussi isolé. Son fils, le cardinal, est un sujet des plus médiocres, et gouverné comme je l'ai dit par les Albani. Le chevalier de Saint-Georges a quelquefois sujet de s'en plaindre, et je crois que dans le fond il connaît l'imbécillité du cardinal dont la conduite est un surcroît de malheurs pour ce pauvre prince.

Les principales maisons séculières de Rome sont celles du connétable Colonna qui est composée du connétable, point marié, et de son frère majordome du Pape, d'un autre frère, clerc de chambre et s'appelle le prélat Pamphile, d'un ou deux autres enfants, et du cardinal promajordome et camerlingue Colonna, oncle de tous. J'ai fait le portrait du cardinal. Le connétable est au-dessous du rien pour l'esprit, bon homme à ce que l'on dit. Son frère, majordome, qui sera sûrement cardinal à la première promotion, se donne l'air d'après les impressions de son oncle de haïr la nation française. Le prélat Pamphile est celui de tous qui vaut le mieux. En général, je n'ai reçu aucune attention de cette maison.

Il y a une autre branche de la maison Colonna qui s'appelle Sciarra, qui est composée du prince et de la princesse Palestrine, laquelle est Barberin et l'héritière de leur bien qu'elle a porté à cette branche Colonne en épousant le prince Palestrine, frère du cardinal Sciarra et du bailli Sciarra. J'ai parlé du cardinal. Le bailli mène une vie obscure. Le prince Palestrine est un bon homme, fort peu estimé, mais attentif. La princesse tient la maison ; elle est dangereuse parce qu'elle est inconsidérée, et parle sans retenue, mais elle est polie, et sait, étant Barberin, tout le respect qu'elle doit à la France. Elle m'a marqué et à madame de Stainville beaucoup d'attention. Elle tient des conversations où il serait à propos que M. de Laon se montrât quelquefois. Une de ses filles est mariée au duc de Sforza, dont le nom est connu et qui est un honnête homme, mais un mince sujet. Ce duc de Sforza a deux frères dans la prélature qui sont encore jeunes, et dont on ne peut dire ni bien ni mal.

La maison Borghèse est composée du prince Borghèse, qui a été fol et qui est resté imbécile,

de la princesse qui est sœur du feu connétable
Colonna et du cardinal promajordome, de trois
garçons, dont les deux séculiers sont de pitoyables
sujets, et Dom Scipion, prélat, le meilleur de tous,
du cardinal Borghèse, de dom Jacomo, et dom
Paul Borghèse, frères du cardinal. J'ai dit ce que
je pensais du cardinal. Dom Jacomo est un homme
qui ne songe qu'à ses intérêts, qui fait le métier
de maquignon et qui est un sujet de peu de chose.
Dom Paul est un homme de mérite, sage, qui a
de l'esprit et des connaissances. Toute cette maison
est assez brouillée entre elle; les frères vivent mal
avec leur belle-sœur, laquelle gouverne son mari.
C'est une femme intrigante à l'excès, dangereuse,
fausse, qui allie la bassesse la plus grande à la
méchanceté la plus suivie; elle est très fine, a
beaucoup de patelinage dans l'esprit. L'ambassadeur sera content de ses attentions; il est important qu'il la ménage et aille quelquefois chez elle.
Il ne faut pas qu'il s'attende qu'elle lui dise ce
qu'elle pense, mais bien au contraire qu'elle
emploiera tous ses artifices pour chercher à connaître sa façon de penser. On la ménage et on la
craint dans Rome : elle y a joué tous les rôles
possibles, et ses mœurs indécentes ont servi à ses
intrigues d'intérêt. Elle prétend n'avoir point de
crédit sur son frère le promajordome; mais, dans
les occasions, il la consulte, parce qu'il sent qu'elle
a plus d'esprit et de talents que lui. Elle a deux
filles, la princesse de Francaville qui est à Paris,

et la princesse de Viano, mariée au fils aîné du prince Altieri.

Ce prince Viano est honnête homme et saint homme comme son père et sa mère. Sa femme est jeune, jolie, coquette, et intrigante; elle est la maîtresse publiquement du cardinal Jean-François Albani; on dit aussi que son oncle, le cardinal Colonna, a été amoureux d'elle. Ce qu'il y a de certain c'est que la liaison entre madame de Viano et les cardinaux Albani et Colonna est intime.

La maison Corsini est très considérée à Rome. On ne voit pas le duc Corsini qui est un vrai banquier, et qui passe sa journée à travailler sur ses comptes et à faire manœuvrer son argent sur les différentes banques d'Italie. Par ce métier, le bien qu'il avait déjà et celui qu'il a acquis pendant le pontificat de son oncle, il a rendu sa maison une des plus riches de Rome. Sa femme est la sœur du duc Strozzi; c'est une femme respectable et respectée à Rome, où elle tient une bonne maison à la mode italienne, c'est-à-dire une grande conversation une fois toutes les semaines. Je crois que cette maison qui est montée sur un ton très décent conviendra à M. de Laon. Le cardinal Corsini, oncle du duc, est connu. Il y a trois fils qui ont été en France, une fille n'est pas mariée; l'on disait qu'elle épouserait le connétable Colonne. L'autre a épousé le duc de Bracciano, elle tient aussi une grande maison.

Le duc de Bracciano n'est rien; sa femme passe

à Rome pour impertinente : je ne m'en suis pas aperçu; elle a de l'esprit et du savoir vivre. Elle a pris dans la maison de son mari, dont la famille est Odescalchi et qui est attachée à la Cour de Vienne, une aversion ridicule pour les Français. Cependant je n'ai eu lieu ni de me louer ni de me plaindre d'elle; j'ai vécu fort froidement dans cette maison, mais j'y allais de temps en temps.

La comtesse Bolognetti a des amis et tient une maison; c'est une bonne femme, qui cherche à rassembler la meilleure compagnie chez elle, et qui personnellement n'a nul inconvénient. Son mari n'est rien.

La duchesse Strozzi est une femme vertueuse et fort respectable. Elle mérite d'être considérée, elle vit dans la plus grande dévotion et dans la retraite; cependant elle reçoit du monde en petit nombre chez elle, et ce que j'y ai vu était bonne compagnie. Le duc Strozzi vit dans la crapule la plus basse; on ne le rencontre pas chez sa femme.

Le comte et la comtesse Petroni sont de bonnes gens chez qui il va assez de monde, c'était, de mon temps, les rendez-vous des ministres étrangers. Le comte Petroni est officieux et cherche à rendre aux étrangers tous les petits services qui dépendent de lui. J'ai tâché de lui faire obtenir la charge de camérier d'épée du Pape qui est vacante, mais le Pape n'a pas voulu la remplacer. Si M. l'évêque de Laon pouvait la lui procurer sous un nouveau pontificat, je crois que ce serait bien fait, et que par là il servirait une famille à Rome qui a des amis, et qu'il est bon de ménager.

Le marquis et la marquise Crescenci sont par leur noblesse une des maisons les plus distinguées de Rome. Le marquis Crescenci est un homme instruit, dur, haut, peu aimé dans Rome où son caractère impérieux est craint. L'opinion que l'on a de lui formera un obstacle à l'élévation de son frère, le cardinal Crescenci, au pontificat. Le marquis Crescenci a de très grandes attentions pour les ministres étrangers, et plus pour celui d'Espagne que pour tout autre. Sa femme est une bonne femme. Ils ont une fille qu'ils viennent de marier au duc Bonelli.

La maison Chigi est composé du prince et de la princesse Chigi et du cardinal. Il y a une autre branche Chigi qui s'appelle Patrici, et qui forme une autre maison. Le prince Chigi est ridiculement avare, quoique fort riche; il n'a que ce vice de recommandable. La princesse Chigi, sa femme, est Albani; c'est une femme qui a toujours eu des intrigues d'amour : elle donne à souper, et, pour en avoir le moyen, son frère et ses amants suppléent à ce que son mari ne veut pas donner. Je n'ai jamais été qu'une fois dans cette maison pour première visite, la compagnie qui y va est très restreinte; je m'en suis abstenu, parce qu'on m'a dit qu'on y tenait école d'intrigues et de méchanceté. D'ailleurs cette maison cherche à marquer en toute occasion son opposition à la France.

Le marquis Patrici, chef de l'autre branche Chigi, a la charge de fourrier général dans la maison du Pape : c'est la plus grande charge que puissent avoir les séculiers dans le Palais. Ce marquis Patrici est radicalement fol, et considéré bavard et menteur : il ne mérite nulle considération ni attention.

Le prince Albani, frère du cardinal Jean-François, est, à ce qui m'a paru, un assez bon homme. Sa femme, née princesse Massacararo et sœur de la princesse de Modène, m'a paru la meilleure femme du monde. J'allais peu dans cette maison à cause des dangers, et, toutes les fois que j'y ai été, j'ai été fort content de la princesse Albani.

La maison Buonacorsi mérite attention, non pas par sa noblesse, car elle est médiocre, mais par les sujets de plaintes que je lui ai donnés de moi à l'occasion de la charge de gouverneur de Rome, dont j'ai exclu au nom du Roi le prélat Buonacorsi.

Je n'avais nulle liaison avec cette maison, mais je savais que les propos que l'on y tenait sur nos troubles ecclésiastiques étaient indécents. Je les ai méprisés longtemps, regardant le comte Buonacorsi comme une manière de paysan, et sa femme comme ne méritant aucune attention. Mais, ayant appris depuis que le prélat Buonacorsi, avait tenu dans la maison Chigi des propos plus qu'indiscrets qui avaient été répétés dans celle de son frère, je crus qu'il devait servir d'exemple pour contenir les Romains et les intimider de façon qu'ils n'osassent plus parler des affaires de France. L'exemple tombait d'ailleurs sur la personne du prélat Buonacorsi, qui est un sujet médiocre et méprisé chez les Romains. Cette exclusive a fait l'effet que je désirais, et a contenu les discours de la ville et les petites intrigues qui se formaient pour l'opposition du bref du Pape. Mais il faut s'attendre que les Buonacorsi chercheront toujours à nuire aux ambassadeurs de France, ce qui est fort peu intéressant, car ils n'ont ni capacité ni crédit. Cependant, il serait à propos que, dans la distribution des charges, sans arrêter absolument la fortune du prélat Buonacorsi, l'ambassadeur du Roi fît en sorte qu'il ne fût pas pourvu de la charge de trésorier, parce que cet emploi qui est d'un grand crédit pourrait être une source de difficultés bonnes à éviter.

Le comte de Bielke recherchera l'amitié et la protection de l'ambassadeur du Roi; il en est digne. Je crois même qu'il serait bien que M. Rouillé eût la bonté de le recommander spécialement à M. de Laon. Outre sa naissance, sa probité et les motifs religieux qui l'ont engagé à quitter ses établissements et sa famille en Suède et qui lui ont procuré des bienfaits considérables du Roi, il mérite que l'on ait égard à lui par l'attachement véritable qu'il a pour la France, et le sentiment de reconnaissance qu'il marque en toute occasion des bontés du Roi. Sa charge de sénateur lui vaut peu de choses, il ne vit réellement que des bienfaits de Sa Majesté, et il le dit à qui veut l'entendre. Il a quelques demandes à faire à la Cour de Rome sous un nouveau pontificat pour améliorer sa situation; il me semble que ce serait une suite des bontés du Roi, et une marque de la satisfaction que Sa Majesté a de la conduite du comte de Bielke si elle ordonnait à M. de Laon de favoriser ses demandes dans l'occasion autant qu'il serait possible.

M. de Laon trouvera à Rome M. l'abbé de Tautignan, homme de condition d'Avignon, qui, depuis trente ans, est à Rome pour des affaires particulières. Il est frère de deux capitaines du régiment des Vaisseaux. C'est un homme d'esprit, qui connaît assez Rome, quoique quelquefois il voie comme il veut voir, et par conséquent comme cela n'est pas; il m'a paru de bonne société. Il était ami anciennement du cardinal de Polignac; il a été mal avec le cardinal Tencin et l'abbé de Canillac; pendant ce temps il gouvernait le cardinal Acquaviva dernier mort, ministre d'Espagne. Il fut bien avec M. le cardinal de La Rochefoucault, et très bien avec M. de Nivernais, disposant de tout dans sa maison. Il a conservé cet empire chez les ambassadeurs de France jusqu'à mon arrivée. Je ne me suis point lié aussi étroitement avec lui que mes prédécesseurs; je l'ai toujours traité poliment, mais sans nulle espèce d'intimité : premièrement, parce que l'on juge à Rome comme ailleurs les gens par leurs liaisons, or, comme l'abbé de Tautignan avait des ennemis considérables, je ne voulais pas me les acquérir inutilement. D'ailleurs, dans l'intervalle de mon arrivée, pour se ménager des protections pour ses affaires, l'abbé de Tautignan s'était lié avec les Albani, et ses liaisons me devinrent suspectes au point que je craignis qu'il ne servît d'espion double. Enfin il ne plaisait pas à madame de Stainville qui, de son côté, ne cherchait pas à lui rendre sa maison agréable. Malgré tout cela, je crois que M. l'évêque de Laon ne fera pas mal d'accueillir ses avances, d'écouter ses conseils sur les arrangements économiques de sa maison, et sur les connaissances qu'il a sur la Cour de Rome; mais, avant que d'avoir approfondi l'abbé de Tautignan, il serait imprudent de lui donner sa confiance.

Le consul de France, nommé Digne, est, en même temps, expéditionnaire; on peut même dire que c'est le seul qui vaille quelque chose, car, dans ce genre-là, nous sommes très mal à Rome. Je me suis toujours servi de Digne pour les détails des bénéfices, et je l'ai trouvé très honnête homme, très zélé pour la France, et autant d'intelligence, qu'un homme qui n'a que de la routine sans esprit peut avoir.

Le marquis de Middelbourg, maître de chambre payé par le Roi, est un saint et vertueux homme, qui fait bien sa charge, et qui mérite de la bonté.

Il me reste à parler des ministres étrangers qui étaient à Rome quand j'en suis parti.

M. Capello, ambassadeur de Venise, est un homme instruit, mais qui gâte quelquefois les affaires par la tournure et la subtilité qu'il veut y mettre. Il a d'ailleurs une femme qui est un grand inconvénient, et qui est la cause de tous les dégoûts qu'il a essuyés pendant son ambassade de la part de sa République. Cette femme est folle radicalement; elle était entretenue publiquement par le cardinal promajordome, favori du Pape. Cette liaison donnait beaucoup de crédit à Rome à l'ambassadeur qui s'y prêtait, et à l'ambassadrice qui en profitait; de sorte que le Pape a accordé dans l'État vénitien des grâces aux parents et amis de M. Capello, qui ont choqué la République qui les désirait pour d'autres sujets, et véritablement pour des sujets plus recommandables. L'aigreur qui précédemment était entre les deux cours a augmenté; on a soupçonné à Venise M. Capello d'être tout à fait romain et l'on a lieu de le soupçonner. Voilà ce qui, en partie, est le motif secret du décret qui occasionne une brouillerie entre Venise et Rome, et de la répugnance que montre la République à s'accommoder. Quant à madame Capello, elle a fait mille infidélités publiques au cardinal qui a l'air de se retirer du commerce qu'il avait avec elle ; mais l'ambassadrice aime l'argent, le cardinal en donne et est faible et borné, de sorte que, tant qu'elle sera à Rome, ils ne rompront pas véritablement. Le commerce de cette maison est dangereux; il faut, je crois, se borner aux attentions d'étiquette, et y mettre un grand sérieux.

Le comte de Rivera, ministre plénipotentiaire de Sardaigne, a de l'esprit et beaucoup de feu, mais il a le malheur d'être sourd absolument, de sorte qu'il est impossible de lui parler. Comme il est léger en propos, quelquefois il en tient de hasardés. Il met assez indiscrètement la Cour de Turin au-dessus de toute l'Europe, mais, à ce ridicule, il joint de la gaieté, des connaissances, et je me suis fort bien accommodé de lui.

Le comte Laguasco, ministre de Saxe, est un fort bon homme, assez borné; il est dans la misère, la Cour de Dresde ne payant plus ses ministres. Comme il est prêtre, le roi de Pologne a fait demander au Roi par madame la Dauphine un petit bénéfice ou une pension sur un bénéfice pour lui; Sa Majesté l'a promis. M. de Laon sera content de lui; il faut simplement qu'il soit prévenu que le comte de Laguasco est dans la dépendance du cardinal Jean-François Albani, ministre de Pologne, et qu'il ne faut lui confier que ce que l'on voudra qui soit su de ce cardinal.

M. Alcuado, ministre de Portugal, était depuis vingt ans à Rome quand il a été nommé, et personne ne le connaissait; depuis qu'il est ministre, il ne mérite pas mieux d'être connu. Il a eu ce ministère parce qu'il est parent de M. Caravalho, ministre tout puissant en Portugal.

Le bailli de Solar, ministre de Malte, est un homme d'infiniment d'esprit et de justesse dans l'esprit; il était mon ami particulier. S'il restait à Rome, je crois qu'il n'y aurait nul inconvénient que M. de Laon cherchât à se lier avec lui.

A propos de lui, M. Rouillé jugera s'il est convenable de donner des ordres à M. de Laon pour que, dans toutes les occasions, il marque à la Cour de Rome la protection dont le Roi honore la religion de Malte.

Le chevalier Coltrolini, chargé des affaires du roi Stanislas, de l'électeur palatin et de Prusse, est une espèce, et regardé comme tel, qui a fait fortune et qui ne fait pas beaucoup d'honneur à ses différents maîtres.

Il y a à Rome un agent de Gênes et un de Modène, qui sont des subalternes, avec lesquels on ne vit pas, ainsi que l'agent des Grisons, et ceux de quelques princes d'Empire.

Voilà tout ce que je sais en gros sur Rome. M. de Laon rectifiera mes connaissances imparfaites par son expérience.

APPENDICES

APPENDICE I

LETTRES ÉCHANGÉES ENTRE LOUIS XV ET BENOIT XIV A L'OCCASION DU DÉPART DE CHOISEUL

I

LE ROI AU PAPE

L'intelligence, le zèle, et le succès avec lequel le comte de Stainville a rempli jusqu'à présent auprès de Votre Sainteté les fonctions importantes de notre ambassadeur extraordinaire, nous faisaient désirer son retour à Rome. Les bontés, l'estime, et la confiance dont Votre Sainteté l'honore étaient pour nous un nouveau motif de ne point changer sa destination; mais des raisons particulières nous déterminent à l'envoyer à la cour de Vienne pour y résider avec le même caractère dont nous l'avions revêtu auprès de Votre Sainteté et nous ne différons pas à en informer Votre Béatitude. Comme l'opinion avantageuse que nous avions des talents et des qualités personnelles du comte de Stainville est fort augmentée par le suffrage que Votre Sainteté a bien voulu leur accorder et par les témoignages favorables qu'elle lui a constamment rendus, c'est à Votre Béatitude qu'il doit principalement la préférence que nous lui donnons pour l'ambassade à laquelle nous l'avons destiné.

Nous annoncerions dès aujourd'hui à Votre Sainteté le successeur qui le remplacera auprès d'elle, si nous avions fixé notre choix à cet égard; mais nous sentons que ce choix exige d'autant plus d'attention de notre part que notre intention est de n'accréditer auprès de Votre Sainteté que des sujets dont nous jugeons que la personne lui sera agréable et dont les services puissent justifier la marque distinguée que nous leur donnerons de notre confiance et de notre affection.

En ordonnant au comte de Stainville de prendre congé de Votre Sainteté, nous ne lui avons rien recommandé plus expressément que de lui renouveler, en notre nom et dans les termes les plus forts, les assurances de notre respect filial, de notre tendre amitié et du vif intérêt que nous prenons à la conservation de Votre Sainteté et à la prospérité de son pontificat.

Sur ce, nous prions Dieu qu'il vous conserve, Très Saint Père, longues années au régime et gouvernement de notre mère Sainte-Église.

Écrit à Versailles le 24 mars 1757 [1].

II

LE PAPE AU ROI

Nous avons toujours donné, et nous donnons encore, par cette lettre apostolique, de justes louanges au discernement très sage de Votre Majesté dans le choix de

---

1. *Rome*, t. DCCCXXII, f. 327-328.

ses ministres qui ont été décorés du respectable caractère d'ambassadeur auprès de nous et du Saint-Siège.

En effet, Votre Majesté ne nous a jamais envoyé que des personnes distinguées par leur naissance et par les belles qualités de l'esprit lesquelles, apportant tout le soin et tout le zèle possible tant pour conserver la dignité respective et l'amitié qui est entre nous que pour traiter avec confiance des affaires importantes du sacerdoce et du royaume, ont mérité nos approbations et les vôtres.

Nous désirons assurément que, tant que la Divine Bonté nous laisserait vivre, notre cher fils Etienne de Choiseul, comte de Stainville, qui nous a été si fortement recommandé par Votre Majesté à son arrivée à Rome, vînt se remettre au plutôt en exercice de son ministère, ainsi qu'il nous l'avait promis lorsqu'il partit pour la France à l'occasion de quelques autres affaires. Car cet ambassadeur s'était acquis non seulement notre affection mais encore celle de toutes les différentes personnes de quelque qualité que ce soit dans cette ville, à tel point que chacun l'estimait, l'honorait et l'aimait infiniment. Il a montré certainement en remplissant les différentes parties de sa commission une si grande sagesse, fidélité, prudence, intégrité et dévouement que, comme nous l'avons toujours considéré et chéri, de même Votre Majesté doit être bien satisfaite de son exactitude et de son obéissance à vos ordres. Mais, puisque les affaires importantes de votre Royaume exigent dans ces temps orageux que vous changiez sa destination et qu'il aille à Vienne, nous qui assurément demandons à Dieu avec ferveur le succès et la prospérité de vos desseins, *nous sommes sensible à son départ et nous l'en félicitons.*

Nous espérons cependant fortement que, de même

Votre Majesté écoutant son respect filial envers nous et envers le Saint-Siège a bien voulu nous le marquer dans sa lettre, elle enverra à sa place un autre ambassadeur qui, doué des mêmes belles qualités, apportera le même zèle pour s'acquitter des devoirs de son ministère.

Dans cette confiance, nous supplions le Tout-Puissant d'accorder une heureuse réussite à tous vos desseins et à toutes vos intentions pour protéger et défendre la religion catholique, et nous vous donnons de tout notre cœur et à toute votre famille royale notre bénédiction apostolique avec l'abondance des grâces célestes.

Donné à Rome, le 6 avril 1757 [1].

---

1. *Rome*, t. DCCCXXII, f. 364.

APPENDICE II

TRADUCTION DE L'ENCYCLIQUE « EX OMNIBUS » DU 16 OCTOBRE 1756

BENOIT XIV PAPE

A NOS VÉNÉRABLES FRÈRES les Cardinaux de la Sainte-Église Romaine, les Archevêques et Évêques qui ont tenu la dernière Assemblée du Clergé de France : SALUT ET BÉNÉDICTION APOSTOLIQUE [1].

DE TOUTES les régions de l'Univers Chrétien auxquelles s'étend la charge pastorale imposée à notre faiblesse, il nous est fréquemment déféré beaucoup de choses que notre sollicitude pour toutes les églises et pour chacune d'elles ne nous permet point d'envisager sans le plus touchant intérêt et sans la plus sensible peine; mais rien ne nous a causé tant d'alarmes et tant de douleur que les maux si fâcheux qui ont été la suite des controverses et des dissensions dont nous avons appris que le très florissant Royaume de France et la catholique Nation des Français avaient été agités depuis quelques années.

---

1. Le texte latin commençait par cette phrase « *Ex omnibus christiani orbis regionibus* »: d'où la désignation de Bulle *Ex omnibus*, chaque Bulle étant qualifiée par les premiers mots qui la composent.

Nous n'avons pas cessé, pendant tout le temps de vos troubles, de prier Dieu avec instance et de le faire prier et conjurer, qu'en Dieu de paix, il daignât en accorder une vraie et solide à vos églises qui en étaient si tristement privées. Plusieurs de nos lettres apostoliques ont été employées à implorer le secours et le bras de notre très cher fils en Jésus-Christ, Louis, Roi de France Très Chrétien, pour le soutien et la défense de cette paix si précieuse. Et, lorsqu'on s'est adressé à nous et à notre Siège Apostolique sur ce qui fait la matière de ces disputes, nous avons répondu de manière à ne laisser aucun doute que nous ne fussions prêts et disposés à employer de bon cœur tout ce qui pouvait nous rester de vie pour rétablir la paix dans l'Église gallicane que nous ne cesserons d'aimer sincèrement, et à entreprendre et poursuivre tout ce qu'on nous proposerait de faire, pourvu que les moyens conseillés parussent propres à arracher la racine de tous les maux, et qu'en entreprenant de les exécuter, on pût se promettre d'avoir un heureux succès et de parvenir au but qu'on se proposerait.

La grande et continuelle inquiétude dont nous étions remplis au sujet de vos troubles ne fut pas peu adoucie par les lettres que l'Assemblée du clergé de France nous écrivit le 31 octobre de l'année dernière : Nous y avons vu, nos Vénérables Frères, votre fermeté inébranlable et votre parfaite union à garder le dépôt de la vraie et saine doctrine et à conserver le respect et la vénération dont vos prédécesseurs ont toujours fait profession envers le Siège Apostolique de Saint-Pierre qui est le centre de l'unité catholique. Car nous n'avons aperçu entre vous aucune division sur les règles canoniques et sur les principes, mais seulement quelque partage dans le choix des moyens qu'il faudrait établir comme nécessaires pour mettre en pratique les mêmes principes dont vous conveniez. Or, quoiqu'il eût été à désirer que ce partage même eût été bien éloigné de votre Assemblée, il ne doit pas néanmoins étonner ceux qui savent qu'autrefois il en est arrivé de semblables entre des évêques d'une science et d'une sainteté distinguées, en traitant les matières les plus graves. Mais, ce qui a beaucoup augmenté la consolation que nous avions déjà conçue, c'est la grande piété et la religion du Roi Très Chrétien jointes au respect qui lui est héréditaire envers ce Siège Apostolique, piété et religion qui éclatent admirablement, non seulement dans les dernières lettres qu'il nous a adressées le 19 décembre de l'an passé, en envoyant ici la lettre du clergé ci-dessus mentionnée, mais encore dans toutes les autres qu'il nous a écrites et dans lesquelles nous pouvons et nous devons attester que nous avons toujours trouvé que les sentiments de son âme royale étaient véritablement dignes d'un Prince orthodoxe, pénétré d'une vraie religion envers Dieu, et d'un sincère respect envers le Siège de Rome, plein d'ardeur pour rétablir et conserver la paix et la concorde dans ses États.

La Constitution Apostolique qui commence par ce mot *Unigenitus* a certainement une si grande autorité dans l'Église de Dieu et a droit dans toute la chrétienté à une vénération si sincère, à un tel respect et à une telle obéissance, qu'aucun fidèle ne peut, sans mettre en danger son salut éternel, se soustraire à la soumission qui lui est due, ni y contrevenir en aucune façon. Or il suit de là que, dans la dispute qui s'est élevée, savoir si le Saint Viatique du corps de Jésus-Christ doit être refusé à ces sortes de réfractaires quand ils le demandent, on doit répondre sans hésiter que, toutes les fois qu'ils sont réfractaires notoirement et publiquement à la susdite constitution, on doit le leur refuser et cela par la règle générale qui défend d'admettre le pécheur public et notoire à la participation de la communion Eucharistique, soit qu'il la demande en public ou en particulier.

Or les réfractaires publics et notoires, dans l'espèce présente, sont tous ceux qui, par sentence émanée d'un juge compétent, ont été déclarés coupables parce qu'ils refusaient opiniâtrement à la susdite Constitution *Unigenitus* la vénération, le respect et l'obéissance qui lui sont dus; tous ceux encore qui se sont avoués en jugement coupables de cette résistance opiniâtre; de plus, tous ceux qui, sans avoir été condamnés par le juge et sans avoir avoué leur crime en jugement, déclarent néanmoins de leur propre mouvement leur désobéissance opiniâtre à la Constitution *Unigenitus* au moment même où ils vont recevoir le Saint Viatique; enfin ceux qui sont connus pour avoir fait notoirement dans le cours de leur vie passée quelque chose de manifestement opposé à la vénération, au respect et à l'obéissance dus à la même Constitution, et pour persévérer moralement dans ce qu'ils ont fait; ce qui est si notoire que le scandale public qui en est résulté n'a point cessé. Dans ces cas, la certitude morale est absolument la même que celle qu'on a des faits sur lesquels le juge a prononcé, ou du moins il y a une autre certitude morale semblable et équivalente à la précédente.

Sur quoi néanmoins il ne faut jamais perdre de vue la différence qu'il y a entre la notoriété qui tombe sur un fait dont le crime consiste dans la seule action même extérieure, telle qu'est la notoriété de l'usurier et du concubinaire, et un autre genre de notoriété qui tombe sur des faits extérieurs, dont le vice dépend beaucoup aussi de la disposition intérieure de l'esprit : ce qui est le genre de notoriété dont il s'agit ici. La première notoriété doit être appuyée assurément sur de fortes preuves ; mais il faudra que la seconde soit fondée sur des preuves encore plus fortes et plus certaines.

On ne doit nullement dire que la certitude que nous avons désignée ci-dessus se trouve dans les autres cas où l'accusation n'est appuyée que sur des conjectures, des présomptions et des discours incertains qui doivent souvent leur origine à des hommes mal intentionnés ou qui sont entraînés par des préjugés d'opinions ou par un esprit de parti, et à l'égard desquels l'expérience tant des temps passés que du nôtre a fait connaître en combien de manières il arrive, quand on leur ajoute foi, qu'on s'égare, qu'on se trompe, et qu'on donne dans des écarts.

Mais comme quelques pasteurs des âmes et autres ministres de l'Église, recommandables par leur zèle et par leur piété, déférant à de semblables conjectures, hésitent en eux-mêmes lorsqu'ils sont appelés pour administrer le Saint Viatique, appréhendant de ne le pouvoir administrer sans mettre en péril leur propre conscience, nous joignons ici la règle de conduite certaine qu'ils doivent suivre.

Ils doivent d'abord examiner si, lorsque celui qui demande le Saint Viatique s'est présenté à la Sainte Table, surtout au temps de Pâques, la Communion Eucharistique lui a été accordée par le curé du lieu où il demeurait. Car, si elle ne lui a point été refusée pendant la vie, ce sera une preuve, ou que ce particulier a été exempt de toute tâche, ou que du moins il n'a point été regardé comme un pécheur véritablement public : d'où il s'en suivra qu'on ne peut lui refuser à la mort le Saint Viatique qu'il demande publiquement; à moins que, depuis qu'il a été admis à la table eucharistique et avant le temps où il requiert les derniers sacrements, il ne soit connu pour avoir commis quelque action par laquelle il ait contracté, d'après les principes ci-dessus établis, la note de pécheur public et notoire.

Mais, lorsqu'aucun fait de cette espèce ne fournit aux ministres un fondement certain sur lequel ils puissent s'appuyer, que cependant il y a d'ailleurs contre le malade des présomptions, des indices forts et pressants, en sorte qu'ils ne peuvent raisonnablement déposer le scrupule qui s'est élevé en eux : dans ces circonstances, il faut qu'ils parlent au malade, après avoir fait sortir tous les témoins, et que, sans paraître disputer avec lui ou vouloir le convaincre, ils lui exposent avec douceur et avec bonté la nature et la qualité des indices qui rendent suspecte la conduite de sa vie, qu'ils le supplient et le conjurent de venir à résipiscence, au moins en ce dernier moment qui va décider de son salut éternel, que, de plus, ils lui remontrent que, quoiqu'ils soient prêts à lui administrer le Saint Viatique du corps de Jésus-Christ et qu'en effet ils le lui administrent, il n'en sera pas pour cela plus en sûreté devant le tribunal de Jésus-Christ, qu'au contraire il se rendra coupable d'un nouveau crime horrible puisqu'il mangera et boira son jugement. Qu'au reste, s'ils lui administrent le sacrement du corps de Jésus-Christ, ce sera uniquement pour obéir au commandement que lui en fait l'Église, également attentive à prévenir les scandales publics et à éviter la diffamation du malade même par un effet de sa tendresse pour lui. C'est pour cette raison qu'elle ne le rejette point de la Sainte Table tant qu'elle ne le reconnaît pas pécheur public et notoire à son tribunal quoiqu'elle le croît pécheur devant Dieu.

Telle est, nos Vénérables Frères, la règle que vous devez proposer de suivre pour se décider et pour agir aux pasteurs inférieurs des âmes et aux autres prêtres préposés à l'administration des sacrements dans les villes et les autres lieux de vos diocèses, puisqu'une règle est approuvée par notre jugement et celui du Saint-Siège Apostolique. Et ce jugement que nous prononçons sur vos disputes présentes est fondé sur les règles de l'Église et sur les décrets des conciles anciennement tenus dans les provinces mêmes des Gaules, et appuyé sur les sentiments de théologiens graves de votre nation même. Comme donc vous avez été louables de nous déférer et au Siège Apostolique, à l'exemple de vos illustres prédécesseurs, les controverses et les doutes qui se sont élevés parmi vous et de nous demander une règle qui pût rétablir et conserver la paix de vos Églises, de même vous achèverez de remplir votre devoir et vous mettrez le comble à vos mérites devant Dieu et devant l'Église, si vous avez soin de faire observer exactement la règle de conduite ci-dessus marquée par ceux qu'elle concerne, lorsque les cas se présenteront. C'est ce que nous attendons de vos fraternités et ce que nous nous promettons avec d'autant plus de confiance que nous pouvons nous rendre ce témoignage que nous avons apporté toute notre attention et que nous n'avons négligé aucuns soins, soit pour examiner et discuter les articles que les évêques réunis dans ladite Assemblée, mais divisés de sentiments, nous ont proposés, et pour tirer de leur diversité même d'opinions des notions propres pour approfondir la question et pour la décider par un juste jugement, soit pour lire nous-même et peser mûrement les avis que nous ont donnés par écrit nos vénérables Frères les cardinaux de la Sainte Église romaine que nous avons consultés sur cette affaire, soit enfin pour mettre en œuvre tous les autres moyens capables de nous attirer le secours de la lumière divine, que nous ne cessions cependant d'implorer par les vœux les plus ardents.

Au reste, nous ne doutons pas que notre très cher fils en Jésus-Christ, le Roi Très Chrétien, ayant non seulement approuvé le parti que vous avez pris, mais encore n'ayant pas fait difficulté, comme nous l'avons déjà dit, de le protéger et de l'appuyer par les lettres qu'il nous a écrites, ne se porte par un effet de sa religion et de son amour envers Dieu et envers l'Église, à prêter à vos fraternités son puissant secours, afin que vous et les ministres inférieurs de l'Église ayez une pleine liberté de régler l'administration des saints mystères sur les principes de conduite ci-dessus détaillés.

Dans cette confiance, nous avons estimé ne devoir pas nous expliquer ici sur les autres articles de vos Frères concernant les droits des évêques pour accorder ou refuser la participation à ces mêmes sacrements et sur les différentes contestations nées à ce sujet. Nous avons pensé qu'il valait mieux en traiter avec le Roi Très Chrétien lui-même par d'autres lettres que nous lui écririons, afin qu'il protège les droits sacrés de l'Épiscopat avec sa grandeur d'âme et le zèle éminent qui lui est ordinaire. Nous avons une ferme confiance qu'il ne manquera pas de s'y porter suivant son usage et celui de ses ancêtres, de manière que les illustres Églises de France, sous la protection royale qui secondera vos désirs et les nôtres, aient la joie de s'être maintenues dans leur ancienne splendeur, et d'avoir promptement recouvré leur tranquillité, après avoir été troublées pour un temps.

C'est en présage de cet événement tant désiré que nous donnons très affectueusement notre bénédiction Apostolique à vos fraternités et à tous les peuples confiés à votre vigilance pastorale.

Donné à Rome, à Sainte Marie Majeure, le 16 octobre 1756, la dix-septième année de notre Pontificat.

APPENDICE III

INVENTAIRE DES DÉPÊCHES DU COMTE DE CHOISEUL-STAINVILLE, CONSERVÉES AUX ARCHIVES DU MINISTÈRE DES AFFAIRES ÉTRANGÈRES

(*Correspondance de Rome*, t. DCCCXV-DCCCXXII).

Année 1754.

* (¹) A Rouillé,	6 novembre.	De Rome.	T. DCCCXV; fol.	165-172
Au même,	6	— (*bis*).	—	—	174-176
—	6	— (*ter*).	—	—	179
—	13	—	—	—	187-188
—	13	— (*bis*).	—	—	189
* Au Roi,	13	—	—	—	190-192
Au Garde des Sceaux,	13	—		—	193
A Rouillé,	13	—	—	—	194
* Au même,	18	—	—	—	200-203
—	19	—	—	—	205
—	20	—	—	—	208-213
—	20	— (*bis*).	—	—	214-215
—	20	— (*ter*).	—	—	216-219
Au Garde des Sceaux,	20	—	—	—	220-221
A Rouillé,	27	—	—	—	229

(¹) L'astérique désigne les dépêches reproduites en totalité ou par extraits dans ce volume.

A Rouillé,	27 nov. (bis).	De Rome.	T. DCCCXV;	fol.	230-232
—	27 — (ter).	—	—		233-234
—	27 — (4°).	—	—		235
—	27 — (5°).	—	—		237-244
—	4 décembre.	—	—		249-256
—	11 —	—	—		272-274
Au Garde des Sceaux,	11 —	—	—		275
A Rouillé,	11 —	—	—		276
Au même,	11 —	—	—		277-278
* —	18 —	—	—		299-307
Au Roi,	18 —	—	—		308
A Rouillé,	18 —	—	—		309
—	18 (bis).	—	—		310-311
—	25 —	—	—		324-325
* —	25 (bis).	—	—		326-333

Année 1755.

A Rouillé,	1ᵉʳ janvier.	De Rome.	T. DCCCXVII;	fol.	3-6
Au Roi,	1ᵉʳ —	—	—		9 -13
* A Rouillé,	8 —	—	—		18 -22
Au même,	8 —(bis).	—	—		23 -26
* —	15 —	—	—		35 -43
—	15 —(bis).	—	—		48 -49
—	15 —(ter).	—	—		50
—	15 —(4°).	—	—		51
—	22 —	—	—		65
—	22 —(bis).	—	—		66-67
—	22 —(ter).	—	—		72
—	29 —	—	—		77 -78
—	29 —(bis).	—	—		79 -80
Au Garde des Sceaux,	29 —	—	—		94 -95
A Rouillé,	5 février.	—	—		107-114
Au Roi,	5 —	—	—		115-117
A Rouillé,	5 —	—	—		181-182
* Au même,	12 —	—	—		189-194
Au Roi,	19 —	—	—		200-202
A Rouillé,	19 —	—	—		203-206
Au même,	19 —(bis).	—	—		207-209
* —	19 —(ter).	—	—		210-212

	A Rouillé,	26 février. De Rome. T. DCCCXVII; fol.	223-224
	Au Roi,	26 — — —	225
	A Rouillé,	26 — — —	226-227
	Au même,	26 — (bis). — —	229
	—	5 mars. — —	244-247
	—	12 — — —	250-252
	—	12 — (bis). — —	253-255
	—	12 — (ter). — —	256
	—	12 — (4°). — —	259-260
✱	—	19 — — —	281-285
	—	19 — (bis). — —	286-289
	—	19 — (ter). — —	290-293
	—	26 — — —	302
✱	—	26 — (bis). — —	303-307
✱	—	2 avril. — —	312-320
	—	2 — (bis). — —	321-323
	—	2 — (ter). — —	330-332
	—	9 — — —	343-346
✱	—	9 — (bis). — —	347-352
	—	16 — — —	365-367
✱	—	23 — — —	376-382
	—	30 — — —	401-406
	—	7 mai. — —	413-415
	—	7 — (bis). — —	418-419
	—	14 — — —	426-428
	—	14 — (bis). — —	429
✱	—	21 — — —	447-452
	—	28 — De Frascati. —	465-467
	—	4 juin. — —	474-475
	—	11 — — —	478-479
	—	18 — — —	482-483
	—	25 — — —	500
	—	25 — (bis). — —	501-503
✱	Au Roi,	2 juillet. De Rome. T. DCCCXVIII; fol.	4-6
	A Rouillé,	2 — — —	7 -11
	Au même,	9 — De Frascati. —	23 -24
	—	16 — — —	30 -32
	—	23 — De Rome. —	44 -47
	—	30 — — —	52 -53
	—	6 août. — —	67 -71
	—	13 — — —	85 -86
	—	13 — (bis). — —	87 -90
✱	—	20 — — —	99 -101
	—	27 — — —	110-111
	—	3 septembre. — —	122-123

CHOISEUL A ROME.

A Rouillé,	10 septembre.	De Rome.	T. DCCCXVIII; fol.	134-135
Au Roi,	17 —	—	—	149-151
A Rouillé,	17 —	—	—	152-154
Au même,	24 —	—	—	185-188
—	1ᵉʳ octobre.	—	—	223-226
—	8 —	—	—	243-245
—	9 —	—	—	266-271
—	22 —	—	—	276
—	22 — (*bis*).	—	—	279-280
—	29 —	—	—	295-298
—	29 — (*bis*).	—	—	299-301
—	5 novembre.	—	—	316-319
—	12 —	—	—	331-334
—	12 — (*bis*).	—	—	339-340
—	19 —	—	—	354-356
—	19 — (*bis*).	—	—	358-359
—	26 —	—	—	379-381
—	2 décembre.	—	—	388
* —	2 — (*bis*).	—	—	394-400
—	2 — (*ter*).	—	—	402-403
—	3 —	—	—	405-406
—	6 —	—	—	412-414
—	10 —	—	—	422-424
—	17 —	—	—	427-430
—	24 —	—	—	455-457
—	24 — (*bis*).	—	—	458
—	31 —	—	—	466-467

Année 1756.

A Rouillé,	2 janvier.	De Rome.	T. DCCCXX; fol.	3 -4
* Au même,	2 —	—	—	5 -11
—	7 —	—	—	24 -27
—	14 —	—	—	53 -57
—	14 — (*bis*).	—	—	58 -59
* Au Roi,	15 —	—	—	60 -61
* A Rouillé,	15 —	—	—	62 -67
Au même,	21 —	—	—	70 -73
* —	28 —	—	—	87 -89
—	4 février.	—	—	95 -97
* —	4 — (*bis*).	—	—	101-105
* Mémoire adressé au pape,	11 —	—	—	112-114

✱	A Rouillé,	11 février.	De Rome.	T. DCCCXX; fol.	115-120
	Au même,	11 — (bis).	—	—	121
✱	Au Roi,	18 —	—	—	141-142
✱	A Rouillé,	18 —	—	—	143-148
✱	Au même,	25 —	—	—	169-174
	—	3 mars.	—	—	183-184
✱	—	3 — (bis).	—	—	185-189
✱	—	10 —	—	—	193-197
✱	—	17 —	—	—	205-207
✱	—	19 —	—	—	230-234
	—	24 —	—	—	240-242
✱	—	31 —	—	—	249-251
	—	5 avril.	—	—	256-257
	Au Roi,	5 —	—	—	258
✱	A Rouillé,	5 — (bis).	—	—	261-262
✱	Au même,	7 —	—	—	265-268
	—	7 — (bis).	—	—	269
✱	—	14 —	—	—	273-276
✱	—	21 —	—	—	284-286
✱	—	28 —	—	—	362-366
✱	—	5 mai.	—	—	376-382
	—	12 —	—	—	388-391
✱	—	12 — (bis).	—	—	392-393
✱	—	19 —	—	—	466-477
	—	19 — (bis).	—	—	478-480
✱	—	26 —	—	—	488-490
	—	26 — (bis).	—	—	491-494
	—	2 juin.	De Frascati.	T. DCCCXXI; fol.	5 -9
✱	—	2 — (bis).	—	—	10 -13
✱	—	9 —	—	—	26 -28
✱	—	16 —	—	—	35 -38
	—	19 —	—	—	40
	—	23 —	—	—	45 -47
	Au Pape,	23 —	—	—	48
✱	A Rouillé,	30 —	—	—	54 -56
✱	Au même,	7 juillet.	—	—	68 -76
	—	7 —	—	—	77 -78
	Au Pape,	12 —	—	—	89
	Au même,	13 —	—	—	91
	A Rouillé,	14 —	—	—	92 -93
	Au même,	14 — (bis).	—	—	94
	—	14 — (ter).	—	—	95 -96
✱	Au Roi,	18 —	De Rome.	—	114-115
✱	A Rouillé,	18 —	—	—	116-117
	Au même,	21 —	De Frascati.	—	126-127

CHOISEUL A ROME.

	A Rouillé,	21 juil. (bis).	De Frascati.	T. DCCCXXI ; fol.	128
	—	28 —	—	—	136
	—	4 août.	—	—	148-151
*	—	11 —	De Rome.	—	167-168
*	—	18 —	—	—	180-184
	—	25 —	—	—	198-201
*	—	31 —	—	—	210-216
	—	1er septembre.	—	—	217-218
	—	8 —	—	—	236-238
	—	15 —	—	—	269-272
	—	22 —	—	—	278-280
	—	29 —	—	—	312-321
*	—	29 — (bis).	—	—	335-338
*	—	6 octobre.	—	—	355-360
	—	6 — (bis).	—	—	361-363
*	—	9 —	—	—	364-366
	Au Pape,	12 —	—	—	387-388
	A Rouillé,	13 —	—	—	389-390
	Au Pape,	17 —	—	—	425
*	A Rouillé,	17 —	—	—	428-430
	Au même,	17 — (bis).	—	—	431-432
	—	20 —	—	—	438-493
*	—	20 — (bis).	—	—	440-443
	—	27 —	—	—	457-458
	—	3 novembre.	—	T. DCCCXXII ;	7 -8
*	—	5 —	—	—	12 -15
	—	10 —	—	—	20
*	—	17 —	—	—	33 -37
	—	20 —	—	—	41 -42
	—	20 — bis).	—	—	43 -44
*	—	24 —	—	—	50 -52
	—	1er décembre.	—	—	64 -65
	—	8 —	—	—	93 -95
	—	8 — (bis).	—	—	96 -97
	—	8 — (ter).	—	—	101-103
*	Au Roi,	15 —	—	—	107-108
	A Rouillé,	15 —	—	—	109-110
*	Au même,	22 —	—	—	121-123
*	Au Roi,	22 —	—	—	124-126
*	A Rouillé,	29 —	—	—	132-134

Année 1757.

Au Pape,	5 janvier.	De Rome.	T. DCCCXXII; fol.	161-162
* Au Roi,	6 —	—	—	163-168
A Rouillé,	6 —	—	—	170
Au même,	6 — (bis).	—	—	182-184
* —	12 —	—	—	186-188
—	19 —	—	—	209-211
*Au pape (copie)	25 mars.	De Versailles.	—	329

FIN

TABLE

Introduction.. i

PREMIÈRE PARTIE

LETTRES

I.	Arrivée de Choiseul à Rome.............	3
II.	Choiseul est reçu par Benoît XIV...........	8
III.	Sentiment du pape sur les différends entre le clergé et les parlements.................	10
IV.	L'archevêque de Paris est exilé par Louis XV.	13
V.	Le pape semble disposé à abandonner l'archevêque................................	17
VI.	Fermentation à Rome.....................	22
VII.	Plaintes des évêques de France............	25
VIII.	Choiseul ambitionne le Cordon bleu.........	28
IX.	Choiseul déplore la faiblesse du pape.......	30
X.	Le pape écouterait-il les évêques « boute-feux »?	33
XI.	Choiseul travaille au futur conclave.........	36
XII.	Le pape, le roi et l'Assemblée du clergé de 1755.	37
XIII.	Intervention du Parlement.................	43
XIV.	Le roi casse l'arrêt du Parlement...........	48
XV.	Le pape voudrait que le roi mette fin aux troubles ecclésiastiques...................	51
XVI.	Sympathie du pape pour les évêques modérés.	53
XVII.	Scission des évêques français..............	55
XVIII.	Les évêques modérés sollicitent l'intervention du pape...............................	58
XIX.	Le roi la sollicite également...............	67

XX.	— Choiseul est décoré du Cordon bleu.........	77
XXI.	— Le pape consent à intervenir............... ..	79
XXII.	— Le pape et le roi seront-ils d'accord?.......	85
XXIII.	— Hésitations du roi........................	86
XXIV.	— Objections du pape.......................	89
XXV.	— Choiseul porte le Cordon bleu..............	97
XXVI.	— Le pape travaille à l'encyclique............	98
XXVII.	— Choiseul presse le pape...................	101
XXVIII.	— Le pape termine le projet d'encyclique......	103
XXIX.	— « Le roi sera content »....................	108
XXX.	— Choiseul traduit l'ouvrage du pape.........	110
XXXI.	— Le projet d'encyclique est envoyé à Versailles.	111
XXXII.	— Choiseul fait son entrée....................	116
	Entrée de campagne.......	117
	Audience publique...................	122
XXXIII.	— Le pape attend le retour de son projet d'encyclique...................................	127
XXXIV.	— Un mot sur les affaires d'Europe............	128
XXXV.	— Le roi voudrait des modifications...........	131
XXXVI.	— Le roi soumet le projet d'encyclique à un examen....................................	134
XXXVII.	— Choiseul attend le résultat de cet examen....	135
XXXVIII.	— Le pape marque de l'impatience......... ...	136
XXXIX.	— Il faut que le roi se décide.................	141
XL.	— Le pape ne veut plus écouter les plaintes des évêques français.......................	143
XLI.	— Le roi retourne le projet d'encyclique et demande des modifications...............	148
XLII.	— Le pape consulte.........................	151
XLIII.	— Les évêques « boute-feux » ne seront pas écoutés.................................	153
XLIV.	— Le pape ne prend pas encore de décision....	154
XLV.	— Le pape achève son travail.................	156
XLVI.	— Le pape assure que « l'encyclique sera conforme aux intentions du roi »............	158
XLVII.	— La minute de l'encyclique est envoyée à Versailles...................................	163
XLVIII.	— Le pape attend avec impatience............	165
XLIX.	— Choiseul songe à prendre un congé.........	167
L.	— La minute tarde à revenir.................	169
LI.	— Choiseul prépare son retour en France......	176
LII.	— Éclat de l'archevêque de Paris..............	178
LIII.	— Le pape désapprouve l'archevêque.........	182
LIV.	— L'encyclique est expédiée..................	184
LV.	— Archinto nommé secrétaire d'État...........	187

LVI.	— On écrit au pape des lettres « pleines de feu ».	189
LVII.	— L'encyclique ne pourra pas demeurer secrète.	191
LVIII.	— Le pape est malade....................	194
LIX.	— Pourquoi le roi ne publie-t-il pas l'encyclique?	197
LX.	— Le pape est inquiet sur le sort de l'encyclique.	199
LXI.	— La santé du pape donne des inquiétudes....	200
LXII.	— Le pape est à toute extrémité.............	201
LXIII.	— Le roi fait enregistrer l'encyclique..........	202
LXIV.	— Le pape est hors de danger................	204
LXV.	— Le pape est rassuré sur le sort de l'encyclique.	206
LXVI.	— Zèle maladroit du nonce à Paris............	212
LXVII.	— L'attentat de Damiens....................	214
LXVIII.	— Choiseul prend congé de Benoît XIV.......	217

DEUXIÈME PARTIE

MÉMOIRES

PREMIER MÉMOIRE.	— Le Sacré-Collège en 1756.........	221
DEUXIÈME MÉMOIRE.	— Quelle doit être la politique française à Rome.................	256
TROISIÈME MÉMOIRE.	— Tableau de la cour pontificale et de la société romaine en 1757......	266

APPENDICES

APPENDICE	I. — Lettres échangées entre Louis XV et Benoît XIV à l'occasion du départ de Choiseul........................	315
—	II. — La Bulle *Ex omnibus*............... ..	319
—	III. — Inventaire des dépêches rédigées par Choiseul........................	328

Coulommiers. — Imp. PAUL BRODARD. — 678-95.

CALMANN LÉVY, ÉDITEUR

DERNIÈRES PUBLICATIONS

— Format in-8° —

DUC D'AUMALE
Histoire des princes de Condé, 6 volumes... 45

C. DE BARANTE
Souvenirs du baron Claude de Barante, 5 volumes... 37 50

JOSEPH BERTRAND
Blaise Pascal, 1 volume... 7 50

FEU LE DUC DE BROGLIE
Souvenirs, 4 volumes... 30 »

DUC DE BROGLIE
La Paix d'Aix-la-Chapelle, 1 volume... 7 50

JAMES DARMESTETER
Les Prophètes d'Israël, 1 volume... 7 50

MADAME OCTAVE FEUILLET
Quelques années de ma vie, 1 volume... 7 50

ERNEST HAVET
La Modernité des Prophètes, 1 volume... 5 »

PRINCE DE JOINVILLE
Vieux souvenirs, édition illustrée, 1 volume... 20 »

DUC DE NOAILLES
Cent ans de République aux États-Unis, 2 volumes... 15 »

PRINCE HENRI D'ORLÉANS
Autour du Tonkin, 1 volume. 7 50

DUC D'ORLÉANS
Lettres, 1825-1842, 1 volume... 7 50
Récits de campagne, 1833-1841, 1 volume... 7 50

COMTE DE PARIS
Histoire de la Guerre civile en Amérique, t. I à VII... 52 50

LUCIEN PEREY
Le Roman du grand roi, 1 volume... 7 50

COMTE CH. POZZO DI BORGO
Correspondance diplomatique, t. Ier... 7 50

ERNEST RENAN
Histoire du peuple d'Israël, 5 volumes... 37 50

G. ROTHAN
L'Europe et l'avènement du second Empire, 1 volume... 7 50

PRINCE DE TALLEYRAND
Mémoires, avec une préface du duc de Broglie, 5 volumes.. 37 50

ALEXIS DE TOCQUEVILLE
Souvenirs, 1 volume... 7 50

GÉNÉRAL THOUMAS
Le Maréchal Lannes, 1 vol... 7 50

L. THOUVENEL
Nicolas Ier et Napoléon III, 1 volume... 7 50

Paris. — Imprimerie A. DELAFOY, 3, rue Auber.

www.ingramcontent.com/pod-product-compliance
Lightning Source LLC
Chambersburg PA
CBHW050255170426
43202CB00011B/1702